Viel Berlin für wenig Geld

Tausend aktuelle Low-Budget-Tips

Ausgewählt von Ruth Bombosch

Mit Potsdam-Teil

Alexanderplatz

Nr. 207

Nr. 228

Nr. 148

Nr. 1095

Nr. 99

Edition Gauglitz

Meinem Rudel

Alle Angaben ohne Gewähr.
Für Korrekturen, Anregungen und Vorschläge für neue Eintragungen sind Autorin und Verlag natürlich sehr dankbar!

Edition Gauglitz
Tel. (030) 69 50 83 00, Fax -01
E-Mail: verlag@edition-gauglitz.de
Homepage: www.edition-gauglitz.de

Druck und Bindung: Druckhaus Berlin Mitte

Printed in Germany ISBN 3-933502-19-5

Recherche/Auswahl/Texte/Erprobung:
Ruth Bombosch

Lektorat/Schriftschnitt/Typo-/Kartographie:
Gerd Gauglitz

Herzlicher Dank geht an Thomas Haberichter, München

Mitarbeit: Jens August, André Heyer
Mitarbeit Schriftschnitt: Philipp Poll
Photos: Umschlag Vorderseite (Oranienburger Str.) Mike Minehan; Umschlag Rückseite (Fähre) Erk Robert Singerhoff; alle sonstigen Photos, Karten und Pläne: G. Gauglitz

Inhalt

Vorwort

Unter Berlinern ist es ein beliebter Volkssport, über die ständig steigenden Preise zu lamentieren. Dennoch glaube ich, daß man in keiner anderen westlichen Großstadt auf so hohem Niveau so günstig leben kann wie hier.

Lassen Sie sich also zu einer Entdeckungsreise einladen, die Ihren Geldbeutel schonen, Sie selbst aber bereichern wird. Sie werden sich wundern, wie viele Dinge in unserer schönen Stadt immer noch umsonst oder fast umsonst sind und wie unglaublich viel es zu entdecken gibt.

Dabei möchte ich mich entschieden absetzen gegen »Schnäppchenführer« und »Geiz-ist-geil-Lebensanschauungen«. Geiz ist nicht umsonst eine Todsünde und »geil« schon überhaupt nicht. Hierbei geht es im Grunde meist darum, für die Hälfte Geld doppelt soviel Quatsch zu kaufen und dabei das Gefühl zu kultivieren, man hätte jetzt andern ein Schnippchen geschlagen.

Mir geht es mehr um Kreativität und Entdeckerfreude, und so habe ich den Untertitel »Low-Budget« nicht zufällig gewählt. Er bezeichnet in der Filmsprache eine Produktion, die ihre Qualität nicht hohen Kosten, sondern ihren künstlerischen Mitteln und neuen Ideen verdankt. Im Gegensatz zum »B-Movie« verbindet sich damit ein qualitativer Anspruch. Sie werden in diesem Buch also kaum etwas finden, nur weil es billig ist. Es geht mir fast immer auch um kulturellen, erlebbaren oder sozialen Mehrwert.

Lassen Sie mich kurz meine Einstellung zu Geld erläutern: Geld ist irgendwie notwendig und verdirbt auch nicht unbedingt den Charakter. Tragisch allein ist, daß das Geldverdienen nicht vielen Leuten in den Schoß fällt und auch nicht alle reich erben. Viel Geld zu verdienen erfordert viel Energie, die dann für andere wichtige Dinge im Leben nicht mehr zur Verfügung steht. Tatsache ist doch, daß bei den meisten Leuten die materiellen Wünsche das Realeinkommen bei weitem übersteigen, und falls Sie schuldenfrei sind, können Sie sich in Berlin schon zu einer kleinen wohlhabenden Elite rechnen.

Letztendlich gibt es nur zwei Lösungsmöglichkeiten: Man kann entweder sein Einkommen drastisch erhöhen oder seine Ausgaben drastisch herunterfahren. Ersteres scheitert eher an äußeren, letzteres mehr an inneren Barrieren.

Die meisten Menschen geben mehr Geld aus, als sie sich vernünftigerweise erlauben können, um sich emotional besser zu fühlen. Unbewußt wird doch mit dem Konsum, den sich jemand erlaubt, immer noch seine Wertigkeit in der Gesellschaft verbunden. Jemand, der sich teure Kleidung kauft oder eine große Wohnung bezieht, glaubt, dadurch an Wert zu gewinnen. Diese Mechanismen sind es auch, die jeden Gedanken, sich mit weniger zu begnügen, obszön erscheinen lassen, trifft er doch direkt ins Ego. Dies gilt übrigens für alle möglichen sozialen Schichten und alle möglichen Szenen, nur daß die Statussymbole jeweils andere sind.

Stellen Sie sich doch einmal vor, Sie hätten ein paar Millionen Euro. Gegen Bill Gates oder Donald Trump wären Sie dann immer noch ein ganz armes Schwein. Die finanzielle Kluft zwischen Ihnen und diesen Herren wäre ja auch immer noch um ein Vieltausendfaches größer als die, die Sie vom Motz-Verkäufer in der U-Bahn trennt.

Reich ist man letztlich nur dann, wenn das Einkommen die Wünsche übersteigt, egal auf welchem Niveau man lebt. Und da man sein Einkommen nicht beliebig erhöhen kann, lohnt sich vielleicht ein Blick auf die Wünsche. Es ist nämlich häufig so, daß man in Wirklichkeit ein Lebensgefühl braucht, dann aber eine Jeans kauft, oder irgendwo dazugehören möchte, und dann in einem überteuerten Laden Latte Macchiato trinkt. Ich halte diesen weit verbreiteten Mangel an Kreativität für ziemlich kostspielig.

Souverän, frei und echt luxuriös lebt man doch erst, wenn man beginnt, den Dingen ihren eigenen Wert zu verleihen, und aufhört nach Logos oder Preisen zu schielen. Die Gleichung gut = teuer gilt ja schon länger nicht mehr. Zumindest der materielle Luxus ist in der westlichen Welt komplett demokratisiert und wir haben eine Stufe von Egalität erreicht, die den Vätern der Französischen Revolution Schüttelfrost verursacht hätte. Zwar gibt es auch Dinge, die schön, wertvoll und teuer sind, aber es sind meistens nicht die, die man wirklich braucht. Und wenn Sie nicht gerade Fabergé-Eier sammeln wollen, können Sie sich einige vielleicht sogar erlauben (Aber auch falls Sie für ein Fabergé-Ei sparen, wird dieses Buch Ihnen weiterhelfen).

Ich bin erklärter Hedonist, und mir geht es immer um eine optimale Relation von Ausgaben und Lebensfreude. Entscheidend ist dabei weder die absolute Höhe der Ausgaben noch die Frage nach der billigsten Lösung, sondern wie ich für mein Geld den meisten Spaß haben kann.

Allerdings stellt sich hier nicht die Ballermann-Frage nach dem billigsten und hochtourigsten Alkohol und der billigsten und dicksten Bratwurst. Ich würde eher sehen, wo ich in kulturell interessanter Atmosphäre eine gute Bratwurst zu einem fairen Preis bekommen kann.

Ich werde Ihnen im folgenden eine Menge Vorschläge machen, wie man sich mit ein paar Euro einen schönen Tag machen kann, und würde mich freuen, wenn Sie sich darauf einlassen.

Mein Buch richtet sich in erster Linie nach touristischen Bedürfnissen, denen ich auch den Aufbau angepaßt habe. Wenn man in einer Stadt nicht zu Hause ist, bezahlt man vieles nur deshalb zu teuer, weil man sich nicht auskennt und weil man in die gängigen Touristenfallen tappt. Ich hoffe aber, daß es auch für Berliner noch viele Überraschungen bereithält. Einer der großen Reize Berlins ist ja seine Größe und Vielfalt, so daß man seit Jahrzehnten hier leben kann und dennoch immer wieder Entdeckungen macht.

Berlin hat nicht nur einige der bedeutendsten Museen der Welt, sondern eben auch eine ungeheure Fülle in der Alltagskultur. So kann man nahezu in allen Ländern dieser Welt kurz mal essen oder einkaufen gehen, ohne einen Flug zu buchen und sich einem Klimawechsel auszusetzen. Man kann in allen Sprachen der Welt Bücher und Zeitungen lesen und über kurz oder lang jeden noch so selten gezeigten Film irgendwo ansehen. Man kann auch Bollywood-Partys besuchen oder mitten in der Stadt am Sandstrand ein Bier trinken. Golfen, Klettern oder die Vogelwelt erforschen kann man ebenso wie Boote leihen für relativ wenig Geld.

Berlin war und ist auch ein Dorado für ungewöhnliche Ideen und skurrile Unternehmungen und vieles ist immer noch hochsubventioniert. Oder wo sonst kann man zwischen drei Opernhäusern wählen? Was dem Finanzsenator Alpträume verursachen mag, ist für Berliner und Berlin-Reisende gleichermaßen eine einmalige Chance kulturellen Erlebens.

Ich möchte übrigens all den Geschäftsleuten und Kulturschaffenden danken, die mit ihren mutigen Ideen und ihrem täglichen Einsatz unsere Stadt mit Leben erfüllen. Ihnen verdanke ich sehr viel Freude, Inspiration und einfach auch ein gutes Leben. Ich habe bei meinen Vorarbeiten zu diesem Buch unglaublich viele Geschäfte, Restaurants und Freizeitmöglichkeiten entdeckt, die ich ohne die Vorgabe »Low-Budget« nie entdeckt hätte. Die Sache hat mir riesigen Spaß gemacht und mein Leben sehr bereichert. Ich würde mich freuen, wenn ich etwas davon an Sie weitergeben könnte, denn dann hätte sich die Sache für uns beide gelohnt.

Ich wünsche Ihnen viel Spaß bei Ihren Entdeckungen

Ruth Bombosch

PS:
Vielleicht sollte ich noch etwas zu den Preisen sagen. Ich habe bei manchen Dingen preisliche Grenzen gesetzt, und zwar bei allen Dingen, die man ständig tut wie essen, trinken, schlafen. Mein ideales Essen liegt bei 5 Euro, meine Obergrenze für Bier 0,5l bei 2,90 Euro und für eine Übernachtung bei 30 Euro. Diese Preisgrenzen werden auch nur aus triftigen Gründen überschritten. Das ist so ungefähr die Übertragung meiner Theorie, daß man seine laufenden Lebenshaltungskosten niedrig halten sollte, um damit mehr Freiheit für besondere Ausgaben zu haben, ins touristische Element. In anderen Bereichen habe ich keine solchen Obergrenzen gezogen, weil sie unsinnig wären. Ich finde es nämlich nur klug, in einer guten Konditorei etwas mehr für Kuchen zu bezahlen oder einen überhaupt nicht billigen, dafür aber sehr gut ausgestatteten englischen Lebensmittelladen zu besuchen, oder an einem schönen Sommertag spontan ein Bötchen zu mieten. In diesen Bereichen sind es wenige Euro, die über das Gelingen oder Nichtgelingen eines Tages entscheiden können. Als Reisender sollte man immer auch die einmalige Chance, bestimmte Dinge zu tun, im Auge haben. Man kommt vielleicht nicht so schnell wieder und sollte sich zu Hause nicht ärgern, daß man bestimmte Sachen nicht gemacht hat.

Sie werden bei mir keine Gutscheine oder One-for-two-Angebote finden. Im ersten Fall wollte ich meine Unabhängigkeit nicht gefährden, im zweiten finde ich, daß ein solches Angebot nur zeigt, daß der Ursprungspreis schon hoffnungslos überteuert ist. Außerdem spricht so etwas niedere Instinkte an. Andererseits haben soziale Projekte bei mir einen eindeutigen Bonus.

Zeichenerklärung

978 Eintrag/Symbol im Stadtplan G3
Straße/Hausnummer (Ortsteil) U Verkehrsanbindung* ☎ Telefonnummer Öffnungszeiten Preise** ▶ Kommentar.
↗ Am gleichen Ort wie Eintrag oben.

Eintrag ohne Symbol im Stadtplan
Wo man nicht hingehen kann, z.B. Callcenter, oder was man nicht als Punkt in der Karte eintragen kann, z.B. eine S-Bahn-Linie.

Querverweis auf Eintrag 999

G3 Koordinaten des Hauptplans

Messekarte a Koordinate des kleinen Nebenplans oben links auf dem Hauptplan

Übersicht f3 Koordinaten der Übersichtskarte Berlin/Potsdam auf der Stadtplanrückseite ***

Potsd. Eintrag auf Potsdam-Innenstadtplan, Stadtplan-Rückseite, unten links

Buch	-	**Berlin-Infos**
Pfeil	-	**Bus, Bahn & Rad**
Haus	-	**Unterkunft**
Stern	-	**Sadtbesichtigung**
Kreis	-	**Kultur**
Krug	-	**Essen und Trinken**
Tasche	-	**Einkaufen**
Blume	-	**Freizeit, Sport & Spiel**

✍ Neueintag in dieser Auflage (Der Potsdam-Teil ist in Gänze neu)

Traditionsgeschäft (vgl. S. 106)

★★★ besonders empfehlenswert (49x)

SU S-/U-Bahnhof

Straßenbahn/Metrotram (M)

Bus/Metrobus (M)

Aldi Discounter z.B. Aldi, Lidl. Nur im Plan!

* Wenn der Eintrag ein Symbol im großen Hauptplan hat, findet man dort am besten die geeignete Verkehrsanbindung; dann sind die Verkehrsangaben im Text platzsparend knapp.

** Eintrittspreise, wenn so: »5/3€« aufgeführt, bedeuten: 5,-€ normaler 3,-€ ermäßigter (z.B. Studenten, Rentner) Einrtitt.

*** Der Übersichtsplan kann nur der groben Übersicht dienen und einen Ort nicht so genau lokalisieren wie der Hauptplan.

Berlin-Infos

Nr. 149

WENN MAN in einer fremden Stadt ankommt, möchte man sich zuerst informieren, falls man das nicht vorher getan hat. In diesem Kapitel habe ich ein paar Möglichkeiten kostenloser Information an verschiedenen Berliner Standorten und im Internet für Sie zusammengetragen.

Als Einstieg empfiehlt sich unter Umständen ein Besuch der folgenden Bibliotheken. Hier kann man auch kostenlos im Internet surfen, oder erstmal die Stadtzeitungen Tip und Zitty sowie Reiseführer ansehen, oder in der Lokalpresse lesen. Für Berliner empfiehlt sich ohnehin die Mitgliedschaft, die für einen lächerlich geringen Jahresbeitrag eine trotz Sparmaßnahmen immer noch ganz beachtliche Literaturversorgung sichert. Der Jahresausweis gilt für alle öffentlichen Bibliotheken Berlins.

Bibliotheken

1 Amerika-Gedenkbibliothek G7
Blücherplatz 1 (Kreuzberg) U Hallesches Tor ☎902 26 105/-401 Mo–Fr 10–20, Sa 10–19 Jahresausweis 10/5€ (gültig für alle öffentlichen Bibliotheken Berlins + Senatsbibliothek) ▶Vier kostenfreie Internetzugänge im Foyer. Einen Ausweis benötigt man nur für die Ausleihe, so daß man hier sämtliche Berliner Tageszeitungen und Programmzeitschriften wie auch Reiseführer kostenlos lesen kann. Internetzugang über W-LAN 1€ p.St (auch ohne Leserauswes). *www.voebb.de* + *www.zlb.de/index.html*

↗ Artothek ☎902 26 104 Mo–Fr 10–20, Sa 10–19 Normaler Jahresausweis 10/5€ pro Jahr. ▶Bilder kann man hier wie Bücher entleihen. Neben zahlreichen Drucken gibt es auch Plastiken und Malerei nahmhafter Berliner Künstler. *www.zlb.de* + *www.zlb.de/index.html*

2 Berliner Stadtbibliothek E8
Breite Str. 30-36 (Mitte) U Märkisches Museum ☎902 26 105/-401 Mo–Fr 10–21, Ausleihe bis 19, Sa 10–19. Jahresausweis 5/10€ ▶Zwölf kostenfreie Internetzugänge im Foyer. Auch hier Stadtzeitungen und Reiseführer.Internetzugang über W-LAN 1€ p.St (auch ohne Leserauswes). *www.voebb.de* + *www.zlb.de/index.html*

3 Zentrum für Berlin-Studien E8
Breite Str. 36 (Mitte) U Märkisches Museum ☎902 26 485 Mo–Fr 10–19, Sa 13–18 Jahresausweis 10/5€ ▶Hier erfährt man alles über die Berliner Stadtgeschichte und findet jede Menge Stadtführer. Die Bücher sind nicht ausleihbar. Die gleichen Titel sind aber oft in der Stadtbibliothek (s.o.) vorhanden, also entleihbar. Das Ribbeckhaus ist übrigens das älteste erhaltene Wohnhaus im Stadtkern und das einzige erhaltene Gebäude der Spätrenaissance in Berlin. *www.voebb.de* + *www.zlb.de/index.html*

4 Senatsbibliothek Berlin E3
Straße des 17.Juni 112 S Tiergarten (Charlottenburg) ☎399 87-324 Mo–Mi Fr 9:30–16:30, Do 9:30–18 Kostenlos im Lesesaal. Ausleihen 10/5€ pro Jahr, wobei der Ausweis für die anderen öffentlichen Bibliotheken anerkannt wird. ▶Berlin-Literatur zu Städtebau, Verwaltung, Stadtentwicklung, Tourismus etc. ✍ *www.senatsbibliothek.de*

Touristeninformation

5 EurAide F3
Im Bahnhof Zoo, wenn man vom Hardenbergplatz kommt, hinter dem Reisezentrum, hinter den Schließfächern (Charlottenburg) SU Zoolgischer Garten Juni–Oktober 8–12 und 13–18, Rest des Jahres 8–12 und 13–16.45 ▶Gute und hilfsbererite Information, besonders gute Zugauskünfte in vielen Sprachen. *www.euraide.de*

6 Berlin Infostore Touristeninformation D9
Panoramastr. 1a, (Alexanderplatz am Fuß des Fernsehturms in Mitte) SU Alexanderplatz ⌚tgl.10–18 ▶Neben kostenlosen Prospekten (in verschiedensten Sporachen) bekommt man hier die Welcome-Card. Die Investition von 22/16€ lohnt sich u.U., denn für einen Erwachsenen mit bis zu drei Kindern ist die Benutzung der öffentlichen Verkehrsmittel für 72 Stunden kostenlos und es gibt zahlreiche Rabatte bis 50% in Theatern und Museen. Ausgenommen sind allerdings die Museen der Stiftung Preußischer Kulturbesitz, also die Highlights. *www.btm.de*

7 Berlin Infostore Gedächtniskirche Touristeninformation F4
Budapester Str. 45 (Europa-Center, Charlottenburg) SU Zoolg. Garten ⌚Mo–So 10–18 ▶s.o.

8 Berlin Infostore Brandenburger Tor Touristeninformation E6
Pariser Platz (Brandenburger Tor Südflügel) (Mitte) S Unter den Linden ⌚Mo–So 10–18 ▶s.o.

9 Berlin Infostore im Kranzler-Eck Touristeninformation F3
Kurfürstendamm 21 im »Kranzler-Eck« (Charlottenburg) SU Kurfürstendamm ⌚Mo–So 10–18 ▶s.o. ✍

10 Berlin Infostore im Hauptbahnhof Touristeninformation D6
Europaplatz, im Hauptbahnhof (Mitte) SU Hauptbhf. ⌚Mo–So 10–18 ▶s.o. ✍

Berlin Tourismus Marketing Callcenter
☎250 025 ⌚Mo–Fr 8–19, Sa+So 9–18 € Reservierungsservice (Hotels, Bahn). Hier erhalten Sie aber auch allgemeine touristische Informationen zum telefonischen Ortstarif.
www.berlin-tourist-information.de

☛ **Berlin Story 626**

☛ **Touristen-Info Kulturbrauerei 191**

Speziellere Informationen

11 Berlin Story E7
Unter den Linden 40 (Mitte) SU Friedrichstraße, SUnter den Linden ☎204 53 842 ⌚tgl.10–19 ▶Gut, daß der Spezialist für Berlinliteratur auch am Sonntag öffnet, denn gerade dann hat man Zeit, sich zu informieren. Hier gibt es auch kostenlos einen 25-minütigen Berlin-Film zu sehen. Kostenlose Ausstellung zur Geschichte Berlins im OG, mit Stadtmodell (Pariser Platz bis Schloß, ca. 1920-30) und Straube-Plan von 1910.

12 Landeszentrale für politische Bildungsarbeit G5
An der Urania 4-10 (Schöneberg) U Kurfürstenstr. ☎ 901 62 552 ⌚Mo–Mi 12–16, Do 12–18, Fr 10–18 € Eintritt Infothek 2/1€ ▶Vor allem politische Informationen, auch über Berlin. Neben den ausliegenden Heften für alle, werden Bücher nur an Interessenten ausgegeben, die in Berlin wohnen, arbeiten oder studieren. Die meisten Broschüren sind nicht mehr kostenlos und kosten 2€. *www.berlin.de/rbm-skzl/landpol/index.html*

13 Verbraucherzentrale F4
Bayreuther Str. 40 (Schöneberg) U Wittenbergplatz ☎214 850 ⌚Mo 9–13, Di, Fr 9–16:30, Mi, Do 9–20 ▶Telefonische Rechts-, Versicherungs, und Mieterberatung kosten 1,86€ die Minute. Ernährungstips gibt es zum Ortstarif.
www.verbraucherzentrale-berlin.de

14 Der Kiosk D7
Chausseestr. 123 (Mitte) U Zinnowitzer Str. ⌚Mo–Fr 7:30–20, Sa 11:30–17, So 11–17 ▶Hier kann man v.a. stundenlang intensiv Zeitung lesen, dabei auch essen und trinken. Gebäck und Sandwiches sowie kleine Tagesgerichte. ✍

Berlin im Internet

Hotspots

Wenn man W-LAN hat, reicht es in Mitte manchmal schon, einfach mal den Laptop anzuwefen und zu gucken, ob man einen feien Zugang findet.

www.hotspot-locations.de
▶Listet v.a. gebührenpflichtige hotspots auf.

www.cafespots.de
▶Hier findet man viele Cafes, die kostenlosen W-LAN-Zugang bieten

15 Gaststätte St. Oberholz D8
Rosenthaler Str. 72a (Mitte) U Rosenthaler Platz ☎ 240 855 86 Mo–Fr 8–24, Sa/So 9–24, tatsächlich aber länger, die Küche schließt um 24 Uhr ▶Wechselnde Tagesgerichte, Sandwiches, Kuchen und Gebäck, frische Säfte etc. Das Bemerkenswerte ist hier weniger die Kulinarik, sondern der kostenlose Internetzugang über freies W-LAN. ✍

16 Sony Center Forum F6
Potsdamer Str. (Mitte) SU Potsdamer Platz ▶Unter der großen Kuppel kann man überall kostenlos W-LAN-surfen. ✍

Amerika-Gedenkbibliothek 1

Berliner Stadtbibliothek 2

Zeitungen und Zeitschriften

www.berlin1.de
▶Betreiber ist die Springertochter Ullstein, Informationen im Stil eines Boulevardblattes. Berliner Morgenpost, BZ und Verantaltungskalender.

www.berlinonline.de
▶Tochter des Verlages Gruner und Jahr. Hier kann man auch die Programmzeitschrift Tip, sowie die Berliner Zeitung und den Berliner Kurier einsehen.

www.ex-berliner.com
▶Online-Auftritt der gleichnamigen Zeitschrift für englischsprachige Berliner. Neuigkeiten aus der Community und Veranstaltungstips.

www.maerkischeallgemeine.de
▶Die Märkische Allgemeine Zeitung für Potsdam und Brandenburg.

www.prinz.de
▶Klatsch, Tratsch und Lifestyle sowie Veranstaltungstips für Teens und Twens vom bundesweit agierenden Prinzen.

www.berlinonline.de/tip/.bin/index.php
▶Internetauftritt des »Tip«. Der Tip ist (im Vergleich zur Zitty) das etabliertere, unpolitischere, farbigere und besonders cineastische Stadtmagazin Berlins (erscheint 14-tägig).

www.zitty.de
▶Internetauftritt der »Zitty«. Hier kann man das Stadtmagazin Zitty (erscheint 14-tägig) sowie den Tagespiegel und ein Berlin-Programm einsehen.

Touristeninformation

www.berlin.citysam.de
▶Online Reiseführer informiert über Hotels und Hotelbewertungen sowie Stadtpläne, Fotos und Insidertips für den Besuch der Hauptstadt.

www.Berlin.de
▶Offizieller Internetauftritt des Landes Berlin, sehr informativ für alle Bereiche des Lebens in der Stadt.

www.berlin-bookmarks.de
▶4.800 kommentierte und bewertete Links für Berlin und das Berliner Umland.

www.berlin-tourism.de
▶Portal der Berlin Tourismus Marketing GmbH speziell für Reiseveranstalter.

www.berlin-tourist-information.de
▶Portal der Berliner Tourismus Marketing GmbH.

Speziellere Informationen

BAK-Information.ub.tu-berlin.de
▶Großartige Linksammlung mit so ziemlich allem was man über Berlin wissen kann. Website vom Berliner Arbeitskreis Information.

userpage.chemie.fu-berlin.de/adressen/berlin-info.html.
▶Ähnlich hochwertige Adressensammlung.

www.cityinspace.de
▶Schönew Seite über Weltraumarchitektur in Berlin

www.exchange-me.de
▶Austausch von Dienstleistungen in ganz Deutschland.

www.dieborger.de
▶Austausch von Büchern, DVDs, Möbeln etc.

www.diekantinen.de
▶Kantinentips für ganz Deutschland, mit Schwerpunkt Berlin

www.tauschringe-berlin.de
▶Auch hier geht es um das Tauschen von Dienstleistungen und Gegenständen.

stressfaktor.squat.net/adressen.php
▶Berliner Terminkalender für linke Subkultur und Politik.

www.adfc-berlin.de
▶Internetseite des Allgemeinen Deutschen Fahrrad-Clubs. Hier kann man sich auch geeignete Routen durch die Stadt anzeigen lassen.

www.berlin-partner.de
▶Seite der Marketing-Gesellschaft Partner für Berlin. Eher für Geschäftsleute als für Touristen.

www.bvg.de
▶Seite der Berliner Verkehrsgesellschaft Wege und Verbindungen.

www.dascorps.de
▶Weltweit erstes Modell eines Botschaftsnetzwerkes. Hier kann man das Neueste aus den Botschaften und z.B. auch Ausstellungstermine erfahren.

www.ddr-im-www.de
▶Die Seite zur DDR: Personen, Fakten, Musik, Bücher, Geschichte und viele Links.

www.Frankreich-in-Berlin.de
▶Einziger Stadtführer für französische Kultur und Gastronomie in Berlin.

www.musikinkirchen.de
▶Auf dieser sehr schönen Internetseite kann man Musikveranstaltungen in allen evangelischen Kirchen in Berlin und Brandenburg, sowie in einigen katholischen Kirchen recherchieren. Es gibt auch ein gedrucktes Heft in bibliotheken und anderen Kulturinstitutionen.

www.objectsofdesire.de
▶Entwürfe junger Berliner Designer zum Nachbauen.

www.planet-tegel.de
▶Die Internetseite von Deutschlands größtem Gefängnis dürfen die Häftlinge selbst gestalten.

www.politexkurs-berlin.de/
▶Ein politischer Reiseführer für Lehrer und Schüler zu Bundestag, Bundesrat, Bundeskanzleramt und anderen interessanten historisch-politischen Orten in der Hauptstadt.

www.senbjs.de
▶Internetauftritt der Senatsverwaltung für Bildung, Jugend und Sport. Interessant im Hinblick auf Sportstätten etc.

www.statistik-berlin.de
▶Gut gegliedertes Material des statistischen Landesamtes Berlin: Aktuelle Daten, zahlreiche Links.

www.berliner-mauer.de/mauer
▶Neues Internetportal des Senats rund um die Berliner Mauer. So kann man neben dem Verlauf Grenzübergänge, noch vorhandene Mauerreste, Gedenkorte und Dokumentationszentren ausfindig machen.

www.deutsche-moderne.de ★★★
▶Berliner CD-Marke, die seltene Originalaufnahmen deutscher Tanzmusik der 40er Jahre anbietet.
deutschemoderne@aol.com

Nachtleben

www.b-030.de
▶Cocktailbar Guide. Hier kann man Bars suchen und sich die Happy-Hour anzeigen lassen.

www.berlin030.de
▶Online Version des kostenlosen Shopping und Partymagazins 030.

www.happyhourberlin.de
▶Hier kann man sich anzeigen lassen, wo es zu welchen Stunden Happy-Hour und halbe Preise gibt.

www.partysan.de
▶Alles was man in Sachen elektronischer Musik nicht verpassen sollte.

www.siegessaeule.de
▶Eurpas größtes schwul-lesbisches Magazin ist auch in der Printversion kostenlos. Umfangreiche Veranstaltungstips und Adressenteil.

www.tendance.de ▶Nightlife Magazin.

www.berlinien.de/kino
▶Gute Seite für das Berliner Kinoprogramm.

Besondere Veranstaltungen

www.berlinale.de
▶Seite zu den internationalen Filmfestspielen Berlin.

www.berlinerfestspiele.de
▶Die Berliner Festspiele konzipieren seit 1953 eine Reihe von Festivals.

www.berlinparade.com
▶Seite zur Skaterparade in den Sommermonaten und rund um das Skaten in der Hauptstadt.

www.fetedelamusique.de
▶60 Bühnen im gesamten Stadtgebiet mit Musik aller Stilrichtungen versprechen eine aufregende längste Nacht des Jahres.

www.karneval-berlin.de
▶Der sommerliche Karneval der Kulturen ist ein multikulturelles Fest.

www.museumsinselfestival.info
▶Museumsinselfestival im Sommer (ca. Mai bis Sept., u.a. mit Freiluftkino.

www.lange-nacht-der-museen.de
▶Der Museumspädagogische Dienst gibt Auskunft rund um die Berliner Museen.

www.LangeNachtDerWissenschaften.de
▶Wie die Lange Nacht der Museen findet auch die Lange Nacht der Wissenschaften größe Resonanz bei Berlinern und Berlin–Besuchern. Zahlreiche wissenschaftliche Einrichtungen öffnen in dieser Nacht ihre türen und erlauben Einblicke in ihre Arbeit. Für Unterhaltung und Verpflegung wird auch gesorgt.

www.loveparade.de
▶Alles um die Loveparade.

www.skate-night-berlin.com
▶C.a. 10 Termine pro Jahr.

Freikarten und Schnäppchen

Im folgenden noch ein paar Schnäppchenjägerportale, die allerdings meist bundesweit agieren. Ich persönlich halte nicht viel davon, aber wer will kann es ja probieren. Man kann auch »Freikarten« und »Berlin« in eine Suchmaschine eingeben.

www.berlin-bookmarks.de/freikarten.php
▶Freikartenseite des sehr guten Berlin-Portals.

www.geizkragen.de
▶Verbraucherthemen für Smart-Shopper, Schnäppchenjäger und Exilschotten.

www.gewinnspiele.com
▶Wie der Name sagt.

www.kostenlos.de
▶Was im Internet kostenlos zu haben ist.

www.nulltarif.de
▶Produktproben zum Nulltarif.

Bus, Bahn & Rad

Nr. 24

WIE MAN SICH am besten in einer Stadt bewegt, kann ein Buch mit sieben Siegeln sein – oder ganz einfach. Ich möchte Ihnen deshalb hier meine besten Erkenntnisse zur Verfügung stellen.

Nahverkehr

Wer kein Fahrrad zur Verfügung hat, bewegt sich in Berlin immer noch am billigsten und schnellsten mit BVG (Berliner Verkehrsbetriebe), S-Bahn und VBB (Verkehrsverbund Berlin-Brandenburg). Für Vielnutzer macht es Sinn, gleich am Anfang einer Reise zu überlegen, welche Angebote den eigenen Plänen am besten entsprechen. Es kann nämlich weitaus günstiger sein, gleich zu Anfang eine WelcomeCard, eine Tageskarte, oder eine 7-Tage-Karte zu erwerben, als für jede Tour einen Einzelfahrschein zu lösen. Die Karten zieht man dann entweder an den überall aufgestellten Automaten oder kauft sie bei den S-Bahn oder BVG-Kundencentern, die sich z.B. in allen Fernbahnhöfen befinden.

Informationen

17 S-Bahn-Kundenservice C7
Invalidenstr. 19 (Mitte) Ⓢ Nordbhf. ☎297 43 333 🕒Mo–Fr 6:30–22, Sa+So 7–21. *www.s-bahn-berlin.de*

18 VBB-Infocenter F3
Hardenbergplatz 2 (Charlottenburg) ⓈⓊ Zoolg. Garten ☎254 14 141 🕒Mo–Fr 8–20, Sa+So 9–18 ▶Verkehrsverbund Berlin-Brandenburg. *www.vbb-online.de*

BVG-Auskunft
☎ 19 44 9 vermutlich ab Juli 2006 kostenpflichtig (ca. 0,80€ p.M.) Das Callcenter ist rund um die Uhr und auch am Wochenende besetzt. ▶Auskunft über Nahverkehrsverbindungen.

Tarife S U & Regionalzüge

Tarifbereiche ABC
A = Innenstadt (S-Bahn-Ring) B = übriges Berlin, C = Umland, AB = ganz Berlin, BC Außenbezirke von Berlin mit Umland (z.B. wenn man von Bhf. Steglitz nach Potsdam fährt).

Kurzstrecke
1,20/1€ normal/ermäßigt* (maximal 3 Stationen S- oder U-Bahn, 6 Stationen Straßenbahn oder Bus)

Fahrschein AB
2,10/1,40€ normal/ermäßigt*

Fahrschein BC
2,30/1,55€ normal/ermäßigt*

Fahrschein ABC
2,60/1,90€ normal/ermäßigt*

Tageskarte AB
5,80/4,20€ normal/ermäßigt (Fahrrad/Hund frei), gültig bis Folgetag 3 Uhr morgens

Tageskarte BC
5,70/4,30€ normal/ermäßigt (Fahrrad/Hund frei), gültig bis s.o.

Tageskarte ABC
6/4,50€ normal/ermäßigt (Fahrrad/Hund frei), gültig bis s.o.

7-Tageskarte AB 25,40 €

7-Tageskarte ABC 31,40€

Kleingruppe AB
14,80€ ▶bis 5 Personen fahren einen ganzen Tag im Bereich AB des Tarifbereichs Berlin, ein Fahrrad inklusive

Kleingruppe ABC
15€ ▶bis 5 Personen fahren einen ganzen Tag im Bereich ABC des Tarifbereichs Berlin. Ein Fahrrad inklusive, gültig bis Folgetag 3 Uhr morgens

Fahrräder
Personenfahrkarte zum Ermäßigungstarif. Bei einer Kleingruppenkarte ist ein(!) Rad inklusive.

* Ermäßigt fahren nur Kinder von der Vollendung des 6. bis zur Vollendung des 14. Lebensjahres.

WelcomeCard 16€ für 2 Tage, 22€ für 3 Tage ▶72 Stunden freie Fahrt im gesamten Tarifbereich ABC und zusätzlich Ermäßigungen bei Theatern, Museen, Schiffahrten, etc. Rabatt u.a. bei Hertha BSC Berlin Thunder und bei Führungen im Olympiastadion.

Fahrräder

Im Sommer ist Berlin ein Paradies für Radfahrer und wenn man als Tourist hierher kommt, bringt man am besten sein Fahrrad mit. Viele Hostels verleihen auch Fahrräder zu guten Konditionen und man sollte sich am besten gleich danach erkundigen.

19 Allgemeiner Deutscher Fahrradclub ADFC C8
Brunnenstr. 28 (Mitte) U Rosenthaler Platz ☎ 448 47 24 Mo–Fr 12–20, Sa 10–16. Mo+Mi Selbsthilfewerkstatt. ▶Geschäftstelle, Buch- und Infoladen, Selbsthilfewerkstatt, Reiseradler-Treff. In der Selbsthilfewerkstatt kann man unter kostenloser fachkundiger Anleitung sein Fahrrad reparieren. Im Internet kann man sich die besten Rad-Routen durch Berlin anzeigen lassen, was für Touristen bestimmt nützlich ist. *www.adfc-berlin.de*

Fahrräder leihen

20 Christoph Beck F2/3
Goethestr. 79 (Charlottenburg) U Ernst-Reuter-Pl. ☎ 318 06 010, 0173 198 28 13 Mo–So auf Anfrage 10€/Tag, ab 3. Tag günstiger, 38€/Woche. ▶Kaution nach Absprache, 40 Räder, zusätzlich auch Tandem, Falträder, Anhänger. *www.faltrad-direktor.de*

21 Fahrradcenter Friedrichshain F11
Warschauer Str. 55a (Friedrichshain) S U Warschauer Str. ☎ 291 07 41 Mo–Fr 10–18:30, Sa 9–13 6–8€/Tag ▶Kaution 80€. Bestand 12 Räder.

22 Fahrradladen Mehringhof H7
Gneisenaustr. 2a (Kreuzberg) U Mehringdamm ☎ 691 60 27 Mo 12–19, Di–Fr 10–19, Sa 11–15 9€/Tag (1 Tag), 8€/Tag (3–4 Tage), 20€ (Wochenende = Fr–Mo), 45€ (1 Woche). Selbsthilfewerkstatt ab März Sa 11–15 mit Anmeldung 3€/Std. + Ersatzteile ▶ Immer noch ein selbstverwaltetes Projekt. Kaution: Personalausweis.

23 Fahrradservice Kohnke D7
Friedrichstr. 133 (Mitte) SU Friedrichstraße ☎ 447 66 66 Mo–Fr 9–24, Sa 9-20 12€/Tag, 25€ (Wochenende=Fr–Mo). 3 Tandems, Kindersitze, Beat-Cruiser, Fahrradkneipe ▶ Kaution: Perso, Bestand: 80 Räder.

24 Fahrradstation E7
Dorotheenstr. 30 (Mitte) SU Friedrichstr. ☎ 204 54 500 tgl. 8–20 15€ (1 Tag), 30€ (3 Tage), 50€ (1 Woche) ▶ Kaution: Perso; Bestand: 2000 Räder (alle Stationen). *www.fahrradstation.de*

25 Fahrradstation D8
Auguststr. 29a (Mitte) U Weinmeisterstraße ☎ 285 99 661 Mo–Fr 10–19, Sa 10–15 15€ (1 Tag), 30€ (3 Tage), 50€ (1 Woche). Für Schulklassen ab 30 Pers. 10€ für 2,5 Stunden mit Führung ▶ s.o.

26 Fahrradstation F8
Leipziger Str. 56 (Mitte) U Hausvogteiplatz ☎ 666 49 180 Mo–Fr 10–19, Sa 10–15 10€ (10-19Uhr), 15€ (24h), Sondertarife auf Anfrage ▶ s.o.

27 Fahrradstation H7
Bergmannstr. 9 (Kreuzberg) U Mehringdamm ☎ 215 15 66 Mo–Fr 10–19, Sa 10–15 15€ (1 Tag), 30€ (3 Tage), 50€ (1 Woche). Für Schulklassen ab 30 Pers. 10€ für 2,5 Stunden mit Führung ▶ s.o.

28 Fahrradstation F2
Goethestraße 46 (Charlottenburg) U Wilmersdorfer Str. ☎ 939 52 757 Mo–Fr 10–19, Sa 10–16 15€ (1 Tag), 30€ (3 Tage). ▶ s.o.

29 Famos D8
Oranienburger Str. 16 (Mitte) S Hackescher Markt ☎ 280 84 32 Mo–Fr 10–20, Sa 10–13 2€/Std., 9€/Tag, jeder weitere Tag 6€, 13€ (WE bis Montag um 10) ▶ Kaution: 30€.

30 FTL Rent-a-Bike Übersicht g6
Rheinstr. 61 (Friedenau) U Friedrich-Wilhelm-Platz ☎ 852 40 99 Mo–Fr 10–19, Sa 10–14 10€ (1. Tag), jeder weitere Tag 5€. Tandem, Kinderfahrräder ▶ Kaution: Perso.

31 Pedalkraft G11
Skalitzer Str. 69 (Kreuzberg) U Schlesisches Tor ☎ 618 77 72 Mo–Fr 10–19, Sa 10–14 10€ (1. Tag), ca. 9€ (2–4 Tage), 7€ (ab 7 Tage), 20€ (WE: Fr 14:00–Mo 14:00). Liegedreiräder, Kinder/Lastenanhänger, Kindersitze ▶ Kaution: Perso oder 100€. *www.pedalkraft-berlin.de*

32 Pedalpower F13
Pfarrstr. 115 (Lichtenberg) S Ostkreuz ☎ 551 53 270 Mo–Fr 10–18:30, Sa 10–13 10€/Tag, 35€/Woche ▶ Kaution: 50€, Bestand: 100 Räder, z.B. Tandems. *www.pedalpower.de*

33 Pedalpower H7
Großbeerenstr. 53 (Kreuzberg) U Mehringdamm ☎ 789 91 939 Mo–Fr 10–18:30, Sa 11–14 10€/Tag, 35€/Woche ▶ Kaution: 50€, Bestand: 80 Räder. Bietet alle möglichen Fahrräder, auch Kindersitze und Anhänger. *www.pedalpower.de*

Potsdam per pedales (Wannsee) 1090a
Eine Zweigstelle des Potsdamer Unternehmens an prominenter Stelle. Bis Wannsee mit der S-Bahn fahren und dann an der Havel entlang nach Potsdam radeln. Eine der schönsten Touren überhaupt.

35 Prenzl'berger Orange Bikes C9
Kollwitzstr. 35 (Prenzl. Berg) U Senefelderpl. ☎ 442 81 22 oder 0160-234 88 36 Mo–Sa 12–18, So nach Vereinbarung 1Tag 5€, jeder weitere 4€ ▶ Fahrradverleih des Abenteuerspielplatzes Kolle 37 e.V. – Bitte auf jeden Fall vorher anrufen; da es sich um ein flexibles Jugendprojekt handelt, ändern sich Öffnungszeiten und Preise. Kindersitze, 20er Räder, Rodeo-Rad. Kaution: Perso + 20€, Bestand: 30 Räder.

36 Velofit G-H7
Zossener Str. 5 (Kreuzberg) U Gneisenaustr. ☎ 695 06 460 Mo–Do 14:30–19, Fr/Sa nach Absprache (vgl. unten) Ab 1€/h, 5€/Tag, 25€/Woche, danach verhandelbar. Man zahlt nur was man fährt, auch wenn man das Fahrrad schon früher ausleiht. ▶Christlicher Verein zur Förderung von Jugendlichen, die hier alte Fahrräder wieder fit machen. Man kann Räder leihen, gebraucht kaufen oder reparieren lassen. Freitag: Offene Werkstatt (Reservierung möglich) mit Beratung: 1.h/5€, jede weitere h/3€. Samstag Bastelzeit: außergewöhnl. Fahrradumbauten. Fahrradverk. (gebraucht) ab 40€.

Fahrräder reparieren

37 Vereinigung für Jugendhilfe Fahrradladen Übersicht g9
Grenzallee 53 (Neukölln) U Grenzallee ☎ 682 81 435 Mo–Do 7:30–15:30, Fr 7–13 Reparaturen werden hier preisgünstig durchgeführt, kein Verleih. ▶Die »Vereinigung für Jugendhilfe« will behinderte Jugendliche integrieren, die hier Arbeit finden.

Velofit

Eisenbahn

Für Städtereisen ist v.a. das Angebot »surf&rail« interessant, mit dem man für 50 Euro in ausgewählte Städte hin und zurück fahren kann. Die Reisen sind nur über das Internet buchbar: *www.bahn.de*

Eisenbahngesellschaften

Deutsche Bahn AG
☎ 0800 150 70 90 – kostenlose Info durch Sprachcomputer, 11 8 61 – persönliche Auskunft rund um die Uhr, kostet (Preise aus dem Festnetz) zuerst 3 Cent/Min. (Vermittlung), dann z.B. 39 Cent/Min. (Reiseservice/Buchung). *www.bahn.de*

Interconnex
▶Hält Bhf. Lichtenberg, Zahlung im Zug. Gera–Rostock und Zittau–Stralsund. *www.interconnex.com*

Mitfahrzentralen (Bahn) im Internet

Im Internet gibt es folgende Mitfahrzentralen für Bahnreisende:

www.fahrkartenpartner.de
www.kartenfuchs.de
www.ticket-teilen.de

Mitfahrzentralen PKW

38 City Netz G3
Joachimstaler Str. 17 (Charlottenburg) U Kurfürstendamm ☎ 194 40 Mo–Fr 9–20, Sa/So 10–18 Berlin- Köln 28,50€. Davon Vermittlungsgebühr 10€. *www.mf24.de*

38 Shuttlenet Mitfahrzentrale F3
Hardenbergplatz 14 (Charlottenburg) SU Zoolg. Garten ☎ 194 20 00 tgl. 8–20 Berlin-Köln 31€, davon 11€ Vermittlungsgebühr.

Mitfahrbörsen im Internet PKW

Die folgenden Mitfahrzentralen im Netz sind frei von Vermittlungsgebühren

www.alles-und-umsonst.de
www.mitfahrgelegenheit.de
www.mitfahrzentrale.de
www.studentenseite.de/schwarzes brett/mitfahrzentrale/index.html

Busreisen

www.Mietbuszentrale.net
▶Vermittlungsplattform von Busreisen innerhalb Deutschlands.

39 BerlinLinienbus GmbH H2
Mannheimer Str. 33-34 (Wilmersdorf) U Fehrbelliner Platz ☎ 861 93 31 Mo–Do 7–16, Fr 7–15 Rabatt für Studenten. ▶National und Europa, alle fahrten ab ZOB (s.u.). *www titanic.de www.berlinlinienbus.de*

40 Gullivers Reisen GmbH F3
Hardenbergplatz 14 (Charlottenburg) SU Zoolg. Garten ☎ 194 20 tgl. 10–18 Spezielle Tarife für Studenten und Leute unter 26. *www.gullivers.de*

41 Zentraler Omnibusbahnhof ZOB Messekarte c/d
Masurenallee 4-6 (Charlottenburg) S Messe Nord U Kaiserdamm ☎ Auskunft: 302 53 61, 301 00 175, Fahrkarten: 301 03 80 Mo–Fr 6–21, Sa/So 6–

15. *www.zob-berlin.de*
www.zob-reisebuero.de

Fliegen

Internetz

Im Internet gibt es billige Flüge am besten unter: *www.billig-flieger-vergleich.de*
Wichtig: für Berlin alle 3 Flughäfen einzeln berücksichtigen:
www.billig-flieger-vergleich.de/flughafen/flughafen-Berlin-Tempelhof.html
... */flughafen-Berlin-Tegel.html*
... */flughafen-Berlin-Schoenefeld.html*

Oder bei den Fluggesellschaften nachsehen. Es fliegen:

ab Tegel:
Condor *(www.condor.com)*
airBaltic *(www.airbaltic.com)*
Air Berlin *(www.airberlin.com)*
Blue1 *(www.blue1.com)*
dba *(www.dba.de)*
Hapag-Fly *(www.hapagfly.com)*
HLX *(www.hlx.com)*
Sterling *(www.sterlingticket.com)*
Transavia *(www.transavia.com/)*

ab Schönefeld:
Air Berlin *(www.airberlin.com)*
Condor *(www.condor.com)*
Easyjet *(www.easyjet.com)*
Germanwings *(www.germanwings.com)*
Hapag-Fly *(www.hapagfly.com)*
LTU *(www.ltu.com)*
Ryanair *(www.ryanair.com)*
Virgin Express *(www.virgin-express.com)*

ab Tempelhof:
SN Brussels Airlines *(www.flysn.com)*
Dauair *(www.dauair.com)*
dba *(www.dba.de)*
Intersky *(www.intersky.biz)*
Sterling *(www.sterlingticket.com)*

Auch interessant: *www.TUI.de*, *www.opodo.de*

Reisebüros

Im Folgenden auch einige Reisebüros, die sehr günstige Flüge anbieten

42 Flugbörse F-G9
Oranienstr. 44 (Kreuzberg) U Moritzplatz ☎ 616 56 116 Mo–Fr 10–18:30, Sa 11–13 Zugriff auf sämtliche Last minute Anbieter ▶ 11 Filialen in Berlin.
www.flugboerse-kreuzberg.de

43 L'tur Last Minute Urlaub D9
Alexanderplatz 6 (Mitte) SU Alexanderplatz ☎ 247 22 913 Mo–Fr 9–19, Sa 10–14, So/Feiert. 11–14 Ausschließlich Last Minute Reisen weit unter Katalogpreis ▶ Mehrere Filialen in Berlin.
www.ltur.de + *www.ltur-berlin-alex.de*

44 Passat Reisen H7
Gneisenaustr. 97 (Kreuzberg) U Mehringdamm ☎ 695 820 Mo–Fr 10–20, Sa 10–15 Schwerpunkt Last Minute Reisen ▶ In allen Filialen erscheint täglich die Broschüre mit über 500 Schnäppchentips.
www.passat-reisen.de

45 Reisebüro Palatia Travel G9
Spreewaldplatz 12 (Kreuzberg) U Görlitzer Bahnhof ☎ 615 92 62 Mo–Fr 10–19, Sa 11–14 Sehr günstige Preise auf dem Berliner Reisemarkt.
www.palatiatravel.de

46 Titanic Reisen H8
Südstern 14 (Kreuzberg) U Südstern ☎ 695 76 100 Mo–Fr 10–19, Sa 10:30 –14 Last Minute und billige Charterflüge ▶ Mehrere Filialen. *www.titanic.de*

47 Travel Overland H5
Goltzstr. 14 (Schöneberg) U Eisenacher Str. ☎ 217 38 90 Mo–Fr 10–18:30, Sa 10–14 Ständige Sonderangebote von über 400 Airlines. Schon 4 Std. nach Buchung sind die Tickets bei ihnen zu Hause. *www.travel-overland.de*

48 Travel Overland H2-H3
Pfalzburgerstr 12 (Wilmersdorf) U Fehrbelliner Platz ☎ 880 30 70 Mo–Fr 10–18:30 s.o. / *www.travel-overland.de*

Autovermietung

49 Robben & Wientjes F-G8
Prinzenstr. 90-91 (Kreuzberg) U Moritzplatz ☎ 616 770 Mo–Fr 7–19, Sa 7–18, So 8–9:30+17–19 Ein Fiat mit 100 Freikilometern inkl. Versicherung kostet 24€/Tag. LKW ab 2,50€/Std. Personenbusse ab 60€/Tag ▶ Es gibt 3 weitere Filialen in Berlin. *www.robben-wientjes.de*

Unterkünfte

Nr. 99

NICHT ZU HAUSE zu sein, birgt immer gewisse Tücken. Ich habe mich aber hier bemüht, Ihren Aufenthalt so angenehm wie möglich zu gestalten, denn ich glaube nicht, daß man in anderen deutschen Städten billiger und besser übernachten kann. Das liegt allein am zur Verfügung stehenden Raum und der quasi-sozialistischen Tradition.

Mein persönlicher absoluter Höchstsatz für eine Übernachtung liegt bei 30 Euro. Im Einzelfall habe ich auch etwas teurere Möglichkeiten berücksichtigt, falls es sich um eine besonders schöne Lage handelt. Mir ist auch klar, daß nicht alle Menschen gerne in einem Mehrbettzimmer mit Dusche auf dem Flur wohnen. Und so habe ich mich bemüht, auch denen gerecht zu werden, die etwas mehr Komfort wünschen. Wenn Sie Ihren Berlin-Aufenthalt nicht als Dauerparty begreifen oder schon etwas gesetzteren Alters sind, rate ich von Hostels in der Innenstadt ab. Sie sind dann wahrscheinlich in einem christlichen Wohnheim am Stadtrand einfach besser aufgehoben. Falls Sie ein besonders ruhebedürftiger oder sonstwie empfindlicher Mensch sind, empfehle ich Ihnen dringend, vorher anzurufen und Ihre Wünsche aufrichtig zu artikulieren, beispielsweise eventuell auch die Belegung zu erfragen. In den meisten der hier aufgeführten Unterkünfte besteht nämlich wegen des günstigen Preises immer die Gefahr pubertierender Schulklassen oder anderer marodierender Horden, die sich in Ihrem Amüsierwillen nicht durch andere Reisende stören lassen wollen.

Allgemein gilt: die Preise sind oft sehr differenziert und sollten je nach Bedürfnis erfragt werden. Auch nach ruhigen Zimmern sollte man zuerst telefonisch fragen.

Abkürzungen

Ü = Übernachtung(en)
F = Frühstück
MBZ = Mehrbettzimmer
2BZ = Zweibettzimmer
3BZ = Dreibettzimmer
EZ = Einzelzimmer
DZ = Doppelzimmer
WE = Wochenende
p.P. = pro Person

Jugendherbergen DJH

So verdienstvoll das Deutsche Jugendherbergswerk (DHJ) auch ist, in Berlin lohnt es sich nicht unbedingt in seinen Gästehäusern abzusteigen. Hier gibt es so viele billige Wohnmöglichkeiten und die Hostels liegen meist auch sehr zentral – was bei den Jugendherbergen oft nicht der Fall ist – und man muß keinen Mitgliedschaftsbeitrag bezahlen. Man braucht nämlich einen Ausweis, der erstmal 15,50€ kostet bevor man ein Bett gesehen hat. Andernfalls zahlt man 3,10€ Aufpreis pro Nacht. Also eigentlich teuer.

50 Jugendherberge Ernst Reuter Übersicht c5-6

Hermsdorfer Damm 48-50 (Hermsdorf) U Alt-Tegel, dann 5 Min. Bus 125 bis Jugendherberge ☎ 404 16 10 24 std. Rezeption Ü/F MBZ 17€ (bis 26 J.), 20€ (über 26 J.) ▶ 111 Betten, Internetzugang. *www.djh-berlin-brandenburg.de*

51 Jugendgästehaus am Wannsee Übersicht h4

Badeweg 1 (Wannsee) S Nikolassee, dann 10 Min. Fußweg ☎ 803 20 34 24 std. Rezeption Ü/F MBZ 21€ (bis 26 J.), 24€ (über 26 J.) 290 Betten. *www.djh-berlin-brandenburg.de*

52 Jugendgästehaus Berlin International F5

Kluckstr. 3 (Tiergarten Süd) Bus M29 Gedenkstätte Deutscher Widerstand ☎ 257 99 808 24-Std.-Rezeption Ü/F 4-5BZ 24€ (bis 26 J.), 21€ (über 26 J.) ▶ Internetzugang, kleines Kino. 350 Betten. *www.djh-berlin-brandenburg.de*

Kirchliche Hostels

53 Amstelhaus D4
Waldenserstr. 31 (Moabit) U Turmstraße ☎ 395 40 72 24-Std.-Rezeption Ü (p.P.) ab 13€ Schlafsaal/Etagendusche; ab 16€ 3BZ/Etagendusche; ab 33€ EZ mit Du/WC; F 3,50€, Wäsche einmalig 2,50€ ▶Es gibt ein Internet-Cafe. Zeitgenössische saubere Unterkunft in Jugendstilgebäude. 300 Betten, 89 Zimmer.

54 CVJM Jugendgästehaus G5
Einemstr. 10 (Schöneberg) U Nollendorfplatz ☎ 264 91 088 8–16 Uhr Rezeption, danach Zugang mit Schlüssel bei Gruppen Ü/F 22€ p.P; Einzelreisende 30€; Wäsche 4€ ▶80 Betten; alle Zimmer mit WC/Dusche, HP+VP möglich. *www.cvjm-berlin.de*

55 Diakoniestiftung Lazarus C7
Bernauer Straße 115-118 (Gesundbrunnen) S Nordbahnhof, U Bernauer Str. ☎ 46 96 0/-160 Anreise bis 18 EZ/Ü/F 35-40€; DZ/Ü/F 55-60€; Mittagessen 5€ ▶Sehr zentral am Nordbahnhof. Nach Bedarf als EZ/DZ 10 Betten mit Bad. *www.lazarus-berlin.de*

56 Ev. Johannesstift Jugendhaus und Gästetage Übersicht d4
Schönwalder Allee 26 (Spandau) U Rathaus Spandau, dann Bus M45 ☎ 336 060 Ü/F (bis 18J.) 15,50€, Sonderpreise erfragen. Für Gruppen, ausnahmsweise auch für Einzelreisende ▶ 62 Betten, v.a. Etagenduschen.

57 IN VIA-Center Karlshorst Übersicht f9
Marksburgstr. 38-40 (Karlshorst) S Karlshorst ☎ 501 02 60 EZ/F 32–42€, DZ/F 24,50–32€ p.P.; Jugendliche MBZ 16,50-18,50€ p.P. ▶Kapelle, Gruppenraum, Raum der Stille, 26 Zimmer für bis zu 50 Personen. *www.invia-center-berlin.de*

58 Meerbaumhaus E3-4
Siegmunds Hof 20 (Hansaviertel) S Tiergarten ☎ 747 648 06/-07 DZ€ 50; EZ€ 30 ▶Das Meerbaumhaus ist das Familienzentrum der Kaiser-Friedrich-Gedächtnis-Gemeinde. Küche für Gäste. *www.meerbaum-haus.de*

59 Paul Gerhard Stift zu Berlin Übersicht e6
Müllerstraße 56-58 (Wedding) U Seestraße ☎ 450 05 116 EZ/Du/F 35€, DZ 60€ ▶7EZ, 5DZ, 1 MBZ, 20 Betten insgesamt, Zimmer- oder Etagenduschen.

60 Sophienhof D8
Sophienstr. 19 (Mitte) U Weinmeisterstr. ☎ 284 97 777 Z mit D/WC: EZ–4BZ, 30–80€, Ermäßigung für Kinder und Jugendliche bis 13 J. ▶Voller Name: »Internationale Jugend- und CVJM-Begegnungsstätte«. EZ, DZ, MBZ. ca. 50 Betten insgesamt, teilweise mit Dusche/Etagendusche. Mehr Hotel als Jugendherberge, auch ruhige Zimmer, sehr zentral. *E-Mail:sophienhof@cvjm-Ostwerk.de*

61 St. Michaels-Heim Übersicht f5
Bismarkallee 23 (Grunewald) Bus M29, 110 bis Herthastr; S Grunewald ☎ 896 880 Einzelreisende im MBZ 17,00€; im EZ 20,00€; im Komfortbereich ab 41,00€ ▶St. Michaels-Heim Jugendgästehaus (Johannisches Sozialwerk e.V.), 200 Betten, ruhige Gegend, etwas außerhalb. *www.johannisches-sozialwerk.de*
Restaurant EG links 7–11 Frühstück, 12–15 Mittagessen, 17–21 Abendessen. Geöffnet –23 Essen ab 3,50€

Hostels diverser Träger

62 Bildungsstätte der Sportjugend Berlin Übersicht e5-f5
Hanns-Braun-Str. Haus 27 (Charlottenburg) S Olympiastadion ☎ 300 07 13 Ü/F ab 24,50€ ▶EZ/DZ, nur Gruppen ab 8 Personen. *www.lsb-berlin.net/lsb.cfm*

63 Fuchsbau Übersicht g10
An der Wuhlheide 171 (Oberschöneweide) S Wuhlheide ☎ 535 44 95 Ü/F 15,50€; (Schüler-Ermäßigungen), Ü für Selbstversorger 12€ ▶Voller Name: »Fuchsbau – Umwelt und Begegnungszentrum der Naturfreundejugend«. Aufenthalts- Speise- und Seminarraum, Garten, Terrasse mit Grillmöglichkeiten. Idealer Ort, um Kinder und Jugendliche mit Umweltthemen vertraut zu machen. Die Parklandschaft der Wuhlheide liegt mitten im Grünen. 75 Betten für Gruppen. 2BZ–13BZ, besonders geeignet für Kinder, Ju-

gendliche, junge Familien und Behinderte. *www.naturfreundejugend.info/berlin/fuchsbau.htm*

64 Happy Bed Hostel Übersicht g6
Körnerstraße 53 (Steglitz) SU Schloßstr. ☎713 91 734 € ÜF (p.P.) ab 14,80€ (MBZ/Etagendusche), 28€ (EZ + Du/WC) ▶ Wäsche p.Tag 3,50€. Internetzugang, 24-Std.-Service, 141 Betten/ 60 Zimmer. *www.happybed.de*

65 Jugendgästeetagen »Pro-social« Übersicht e10
Blumberger Damm 12-14 (Biesdorf) Bus X69/190 Haltestelle Buckower Ring ☎562 92 60 € 1- bis 4-Pers.-Appartements mit Du/WC ab 11€ p.P. inkl. Bettwäsche, F; HP/VP gegen Aufpreis ▶Zahlreiche Freizeiteinrichtungen für Jugendliche, Sportgeräte, Seminarräume, Internetcafé. *www.pro-social.de*

66 Jugendgästehaus des Sport-Clubs Charlottenburg Übersicht f4
Glockenturmstr. 23 (Charlottenbg.) S Pichelsberg ☎302 01 704 Bürozeiten: 11–14 € Ü 15€; Ü/F 17,50€ ▶Selbstversorgung sehr gut möglich. Aufenthalts und Seminarräume. 96 Betten in 3 Wohnungen. 1-8BZ, einige mit DU/WC. *www.gruppenhaus.de/Berlin*

67 Jugendgästehaus der Schreberjugend F-G8
Franz-Künstler-Str. 4-10 (Kreuzberg) U Hallesches Tor ☎615 10 07 € Ü/F MBZ 21/15€ (je nach Saison), Wäsche 3,50€. *www.gaestehaus-berlin.de*

68 Landessportbund – Jugendhotel F1
Kaiserdamm 3 (Charlottenburg) U Sophie-Charlotte-Platz ☎322 10 11 € Ü/F (unter 27 J.) 3BZ 25,40€, EZ 30,10€; (über 27 J.) 3BZ 29,50€; EZ 35€ ▶EZ – 3BZ, 117 Betten. *www.sportjugend-berlin.de*

69 Meininger City Hostel G7
Tempelhofer Ufer 10 (Kreuzberg) S Anhalter Bahnhof, U Möckernbrücke ☎666 36 100 € EZ 49€, DZ 33€, MBZ ab 13,50€ ▶19 Zimmer/60 Betten, alle mit Du/WC. *www.meininger-hostels.de*

70 Meininger City Hostel H4
Meininger Str. 10 (Schöneberg) U Rathaus Schöneberg ☎666 36 100 € EZ 33€, DZ 23€, MBZ ab 12,50€ *www.meininger-hostels.de*

71 Meininger City Hostel G7
Hallesches Ufer 30 (Kreuzberg) U Hallesches Tor ☎666 36 100 € EZ 33€, DZ 23€, MBZ ab 12,50€ ▶Dachterrasse. *www.meininger-hostels.de*

72 NaturFreunde Haus »Karl Renner« Übersicht h6
Ringstr. 76/77 (Lichterfelde) S Lichterfelde-West ☎832 03 913 € Ü/F EZ 23€, Gruppe p.P. 18,50€, Familienpreise erfragen ▶Einrichtung des Naturfreunde Landesverbands e.V. – Speisesäle, Seminarräume, Gruppenräume, Garten, Tischtennis. In insgesamt drei villenartigen Gebäuden stehen 117 Betten zur Verfügung. *www.naturfreunde-berlin.de*

73 Regenbogenfabrik G10
Lausitzer Str. 22a (Kreuzberg) U Görlitzer Bahnhof ☎695 79 522 € MBZ 10€, Wäsche 3€. *www.regenbogenfabrik.de*
Café und Kantine ☎695 79 513 (Café), 695 79 516 (Kantine) Café: Do–Di 10–22, So ab 14. Mittwochs Ruhetag. Kantine: Mo–Fr 13–14:30 ▶Das Café des selbstverwalteten Projektes freut sich über Besucher und hat verbraucherfreundliche Preise. Der gemeinnützige Verein bietet in der Kantine Essen mit und ohne Fleisch zu 3/2,50€ an.

74 Studentenhotel Hubertusallee Übersicht f5
Delbrückstr. 24 (Grunewald) z.B. Bus M29 bis Delbrückstraße ☎891 97 18 € EZ 48€ (Stud. 30€), 4BZ 104€ p. Zimmer (Stud. 72€) ▶Hotelsaison 11. März bis Oktober. November – Februar ausschließlich monatsweise an Studierende. EZ, DZ, 3BZ, 4BZ. *www.studentenwerk-berlin.de/wohnen/02*

Private Hostels

75 A & O Hotel & Hostel F13
Boxhagener Str. 73 (Friedrichshain) S Ostkreuz ☎297 78 10 + 0800 222 57 22 (kostenlos) € EZ ab 39€; MBZ ab 19€ p.P. je nach Saison; Zum Teil inkl. Frühstück und Bettwäsche ▶Überdurchschnittliche Leistungen, Internetzugang, Fahrradverleih, Biergarten, Waschen. Über 400 Betten. *www.aohostels.com*

76 A & O Hotel & Hostel F3
Joachimstaler Str. 1-3 (Charlottenburg) SU Zoologischer Garten ☎ 889 13 510 und 0800-222 57 22 (kostenlos) EZ ab 59/70€; MBZ ab 13€ p.P. je nach Saison; Easy dorm (nicht buchbar) 10€. Zum Teil inkl. Frühstück und Bettwäsche. *www.aohostels.com*

77 A & O Hotel & Hostel F9
Köpenicker Str. 127-129 (Mitte) S Ostbahnhof ☎ 809 47 37 o. 0800-222 57 22 (kostenlos) EZ ab 39€; MBZ ab 19€ p.P. je nach Saison; zum Teil inkl. Frühstück und Bettwäsche. *www.aohostels.com*

78 Alcatraz B9
Schönhauser Allee 133a (Prenzl. Berg) SU Schönhauser Allee ☎ 484 96 815 24 std. Rezeption Ü MBZ ab 12€, EZ ab 30€, Bettwäsche 3€ ▶ Klein und gemütlich, Gemeinschaftsraum, Selbstversorger-Küche, Terrasse. 57 Betten. *www.alcatraz-backpacker.de*

79 aletto Jugendhotel H4
Grunewaldstr. 33 (Schöneberg) U Bayerischer Platz ☎ 210 03 680 Ü/F MBZ 14€–EZ 35/55€ je nach Saison ▶ Keine Altersbeschränkung. Alle Zimmer mit Du/WC, Kabel-TV, Radio und Wecker. Internetzugang gegen Gebühr. Spiele-Raum. 72 Zimmer. *www.aletto.de*

80 aletto Jugendhotel G6
Tempelhofer Ufer. 8-9 (Schöneberg) U Möckernbrücke ☎ 25930480 Ü/F 3BZ 63€, EZ ab 39€, je nach Saison. *www.aletto.de*

81 BaxPax Hostel G10
Skalitzer Str. 104 (Kreuzberg) U Görlitzer Bahnhof ☎ 695 18 322 Ü 6BZ–DZ 12-22€ p.P., EZ ab 29€, Bettwäsche 2,50€, Fahrradverleih, Waschmaschine 3€ ▶ Sehr relaxtes, hauptsächlich englischsprachiges Publikum. Keine Sperrstunde 24h Rezeption, Internetzugang, Küchenbenutzung. *www.baxpax.de*

82 BJC Jugendgästehaus Nordufer B3
Nordufer 28 (Wedding) U Seestraße, dann mit 🚋 M13, 50 bis Virchow-Klinikum ☎ 451 99 112 Büro-Kernzeiten: Mo–Fr 8–17 Ü/F 20€, EZ 27€; Kinder bis 3J. frei, 4-8 J. die Hälfte ▶ Freizeiträume, Seminarraum, Tischtennis, Garten, Liegewiese, Grillplatz, Fahrräder, 130 Betten. *www.jugendgaestehaus-nordufer.de*

83 BJC Jugendgästehaus Tegel Übersicht c6
Ziekowstr. 161 (Tegel) U Alt-Tegel, dann 🚌 222 Richtung Alt-Lübars bis Titusweg ☎ 433 30 46 Büro-Kernzeiten: Mo–Fr 8–17 Ü/F 20€, EZ 27€; Kinder bis 3J. frei, 4-8 J. die Hälfte ▶ Speisesaal, Aufenthaltsräume, Garten, Grillplatz, Tischtennis. 220 Betten, Etagenduschen. *www.jugendgaestehaus-tegel.de*

84 Circus Hostel D9
Rosa-Luxemburg-Str. 39-41 (Mitte) U Rosa-Luxemburg-Platz ☎ 283 91 433 24 std. Rezeption Ü 8BZ–EZ 17–33€ p.P. je nach Saison. Bettwäsche 2€, Fahrrad 12€ ▶ Internetzugang, Infos über Nachtleben, keine Sperrstunde. 150 Betten. *www.circus-berlin.de*

85 Circus Hostel C8
Weinbergsweg 1a (Mitte) U Rosenthaler Platz ☎ 283 91 433 24 std. Rezeption Ü EZ–8BZ 17–33€ p.P. je nach Saison. Bettwäsche 2€, Fahrrad 12€ ▶ Internetzugang, Infos über Nachtleben, keine Sperrstunde. Cafe/Bar. 230 Betten. *www.circus-berlin.de*

86 Davids Cozy Backpacker's Home C4–D4
Bredowstr. 35 (Moabit) U Birkenstr. ☎ 393 53 59 Schlafsaal 14€, in der 7. Nacht nur noch 9€ ▶ Nichtraucher Hostel. Auch interessant für längere Reisen, denn hier wird die Übernachtung immer billiger. *www.david-berlin.de*

87 Die Etage G1
Katharinenstr. 14 (Wilmersdorf) S Halensee ☎ 890 90 820 EZ 22,50–10BZ 160€; Sonderpreise für Gruppen ▶ Absolut unhippes Hostel mit 54 Betten. *www.die-etage.de*

88 East Seven C9
Schwedter Str. 7 (Prenzl' Berg) U Senefelderpl. ☎ 93 62 22 40 DZ 40–46€ ▶ Charmantes Hostel in einer Seitenstr. der Kastanienallee mit charmanter Atmospäre und pittoreskem Innenhof. Größere Gruppen sind nicht erwünscht.

89 Eastern Comfort-Hostel Boat F10
Mühlenstr. 73-77 (Friedrichshain) SU Warschauer Str. ☎ 66 76 38 06 € 17–36€ ▶Zentral gelegenes Hostelboot , v.a. bei anglophonen Jugendlichen beliebt, da im sommer auch Partyort. ✍ *www.eastern–comfort.com*

↗ **World Language Party** ☎ Charles Clawson 0163–527 22 13 Mittwochs ab 19 Uhr ▶Hier treffen sich Leute, die gerne Englisch sprechen oder ihr Englisch verbessern wollen. Die Athmosphäre auf dem Hostel-Schiff ist sowieso multikulturell und ziemlich zwanglos. ✍

☛ **Gäste-Etage Berlin** **194**

90 Gästehaus Freiraum G10
Wiener Str. 14 (Kreuzberg) U Görlitzer Bahnhof ☎ 618 20 08 € EZ ab 20€, DZ ab 31€. Auch Appartments für Gruppen, vermitteln WG-Zimmer, Untermiete, etc. ▶EZ, MBZ. *www.freiraum-belin.com*

91 Generator C-D12
Storkower Str. 160 (Friedrichshain) S Landsberger Allee ☎ 417 24 00 € Ü/F MBZ ab 12€, EZ 28/40€ je Saison, inkl. Handtücher u. F ▶Größtes Hostel Deutschlands mit 904 Betten im Plattenbau. International Bar, Restaurant, Internet Café. *www.generatorhostels.com*

92 Hotel die Fabrik G11
Schlesische Str. 18 (Kreuzberg) U Schlesisches Tor ☎ 611 71 16, 617 51 04 24 std. Rezeption € EZ 38, MBZ ab 18€ p.P., F ab 3,50€ ▶enorme Räume in altem Fabrikgebäude, groß, hell und ruhig. *www.diefabrik.com*

93 Haus Julia Ubersicht d7
Koloniestr. 23-24 (Gesundbrunnnen) U Osloer Str. ☎ Kein Tel. € 4BZ 25€ p.P; 60€ für 4BZ als Gruppe gemietet; ab / Übernachtungen billiger ▶Hauptsächlich Monteurspension, aber auch Schulklassen und Kegelclubs. Mittwochs ist in der Bar Oben-ohne-Bedienung. 84 Betten, 2-4BZ.

94 Heltershelter Hostel D-E7
Kalkscheunenstr. 4-5 (Mitte) SU Friedrichstraße ☎ 280 97 979 € 10BZ–EZ 14-46€ p.P.; Internet, Frühstücksbüffet 3€ ▶Schwesterhostel von Circus. Englischsprachiges Publikum. *www.heltershelterhostel.com*

95 Heart of Gold Hostel Berlin D7
Johannisstr. 11 (Mitte) S Oranienburger Str. ☎ 290 03 300 24 std. Rezeption € Ü MBZ 14, EZ 40€ ▶Bar, Internet, Kino-Specials. *www.heartofgold-berlin.de*

96 Hoffmanns Hostel A12
Charlottenburger Str. 135 (Weißensee) 🚋 M4 12 bis Antonplatz ☎ 924 09 849 € Alle Zimmer 20€ pro Bett und Nacht inkl. Bettwäsche ▶Gepflegte 2-BZ, ruhige Lage mit Garten, separates Grundstück mit Garten. *www.hoffmanns-hostel.de*

97 Hostel Adler D7
Friedrichstr. 124 (Mitte) U Oranienburger Tor ☎ 28 29 352 € 15–39€ ▶Zentral gelegenes Hostel mirt einer ganzen Palette von Einzel–Mehrbettzimmer. Preise sind stark saisonabhängig. ✍ *www.hostel-adler.com*

98 Hostel am Flußbad Übersicht h10
Gartenstr. 46-48 (Köpenick) 🚋 27, 62, 67 Müggelheimer Str. /Wendenschloss-Str. ☎ 658 80 094 € Ü 17€ p.P., F 3,50€ ▶Im Sommer kann man hier auch baden. *www.der-coepenicker.de*

99 Hotel Transit H7
Hagelberger Str. 53-54 (Kreuzberg) U Mehringdamm ☎ 789 04 70 € Ü/F EZ 59€, DZ 69€, 6BZ 180€; Room sharing 19€ ▶Große helle Zimmer mit Du/WC, Internetanschluß und große Caféteria mit TV. Viele Schulgruppen. *www.hotel-transit.de*

100 Jugendgästehaus am Zoo F3
Hardenbergstr. 9a (Charlottenburg) Bahnhof Zoolg. Garten ☎ 312 94 10 24std. Rezeption, durchgehend geöffnete Bar, Gemeinschaftsräume € Ü/F EZ 25€, DZ 44€ ▶85 Betten mit Duschen im Flur. *www.jgh-zoo.de*

101 Jugendgästehaus Central G-H3
Nikolsburger Str. 2-4 (Wilmersdorf) U Hohenzollernplatz, U Güntzelstr. ☎ 873 01 88/-89 € Ü+F MBZ 18/21,50; EZ +5,50€; unter 3 Tagen Bettwäsche 2,50€ ▶450 Betten. *www.jugendgaestehaus-central.de*

102 Jugendgästehaus Feurigstr. H5
Feurigstr. 63 (Schöneberg) S Schöneberg ☎ 781 52 11 € Ü/F MBZ–DZ ca. 17-22€

p.P. je nach Saison ▶Umbau bis vortaussichtlich Oktober 2006. *www.jgh.de*

103 Jugenddorf am Müggelsee Übersicht g12
Fürstenwalder Damm 838 (Köpenick) Ⓢ Friedrichshagen, dann 🚋 6 ☎ 648 18 96 ❸ Übernachtungen ab 8,70€ ▶V.a. für Jugendliche und Gruppen gedacht, aber auch für andere Menschen. Man wohnt in Bungalows direkt am Müggelsee in schöner, waldreicher Umgebung. ✍ *www.jugenddorf–berlin.de*

104 Jugendhotel berlincity H5
Crellestr. 22 (Schöneberg) Ⓤ Kleistpark ☎ 787 02 130 ❸ Ü 16,50/25,20€; min. 3 Nächte ▶Gruppen ab 15P., Seminarräume. *www.jugendhotel-berlin.de*

105 Jugendhotel Vier Jahreszeiten H3
Bundesallee 31a (Wilmersdorf) Ⓤ Güntzelstr. ☎ 873 20 14/-17 ❸ Ü/F MBZ 17/22,50€, je nach Saison ▶EZ, DZ, MBZ; 4-Personen-Gruppen, Schulklassen, reichhaltiges Frühstückasbuffet. *www.jugendhotel-4j.de*

106 Jugendkulturzentrum »Die Pumpe« F5
Lützowstr. 42 (Schöneberg) Ⓤ Nollendorfplatz ☎ 264 84 830 ❸ Ü/MBZ 16€, für Gruppen von mehr als 10 Pers. 16€ p.P. ▶Hauptsächlich für Gruppen. Auch Frühstück gibt es erst ab 10 Personen. *www.jugendkulturzentrumpumpe.de*

107 Lette 'm Sleep Hostel B9
Lettestr. 7 (Prenzl. Berg) Ⓤ Eberswalder Str. ☎ 447 33 623 🕒 24 std. Rezeption ❸ Ü 6BZ 18–EZ 49€, -10% ab 3 Nächten, Bettwäsche 2€, DZ+EZ inkl. F ▶Freier Internetzugang, Küchenbenutzng, sehr entspannte Atmosphäre. *www.backpackers.de*

108 Mitte's Backpacker Hostel C6-7
Chausseestr. 102 (Mitte) Ⓤ Zinnowitzer Str. ☎ 283 90 965 ❸ Ü 6BZ–DZ 13-24€ p.P.; EZ ab 29€; Bettwäsche 2,50€; Fahrradverleih; Waschmaschine 3€ ▶Sehr relaxtes, hauptsächlich englischsprachiges Publikum. Keine Sperrstunde 24 h Rezeption, Internetzugang, Küchenbenutzung. *www.backpacker.de*

109 Odyssee Globetrotter Hostel E11
Grünberger Str. 23 (Friedrichshain) Ⓤ Frankfurter Tor ☎ 290 00 081 🕒 24 std. Rezeption ❸ Ü MBZ 13–EZ 35€; F 3€ ▶Mit Billard und billigem Bier. Waschen und Banking. Legendäre Partys, Restaurant. *www.globetrotterhostel.de*

110 Pegasus-Hostel E11
Straße der Pariser Kommune 35 (Friedrichshain) Ⓤ Weberwiese, Ⓢ Ostbahnhof ☎ 297 73 60 🕒 24 std. Rezeption ❸ MBZ 10/13€; EZ/DZ/Du ab 30€ p.P., je nach Saison, Bettwäsche 2,50€ ▶Das Hostel befindet sich in einem schönen ruhigen Hinterhof, voll ausgestattete Küche und reichhaltiges Frühstücksbuffet. Internetzugang (hier auch Restaurant Nr. 520). *www.pegasushostel.de*

111 Tagungshaus in der Alten Feuerwache F8
Axel-Springer-Str. 40–41 (Kreuzberg) 🚌 M29 ☎ 25 39 92 20 ❸ Ü15.50–23, EZ/F ab 25€ ▶Das Tagungshaus ist tendenziell für Gruppenreisende vorgesehen, wenn aber genug Platz ist, sind auch Einzelreisende herzlich willkommen. Im »Café brennBar« (s. dort) kann man preiswet essen. ✍ *www.alte-feuerwache.de*

112 The Sunflower Hostel F11
Helsingforser Str. 17 (Friedrichshain) ⓈⓊ Warschauer Str. ☎ 440 44 250 ❸ Ü/EZ–8BZ 30–10€, Studentenrabatt 5%, F 3€ ▶24h Rezeption, Internetanschluß, relaxte Atmosphäre in großem alten Haus. *www.sunflower-hostel.de*

113 Touristenhaus Grünau Übersicht h10
Dahmestr. 6 (Grünau) Ⓢ Grünau ☎ 674 44 22 🕒 Anreise bis 20Uhr ❸ Ü/F 17€, Kinder 11€, Gruppen 13€, Fahrrad 3€, Lunchpaket 3,50€, Abendessen 4,50€ ▶Fitnessraum, Restaurant, Grillplatz mit Fluß-Blick. Billard, Fahrradverleih. 37 Zimmer mit 90 Betten, Etagenduschen. *www.berlintouristenhaus.de*

Mitwohnzentralen

114 Agentur Wohnwitz H3
Holsteinische Str. 55 (Wilmersdorf) Ⓤ Blissestr. ☎ 861 82 22 🕒 Zentrale Mo–Fr 10–19, Sa 11–14 ❸ Ü EZ ab 25€, Appartements ab 45€ + 15% Provision ▶Wohnen auf Zeit, auch wenige Tage. *www.wohnwitz.com*

115 Bed & Breakfast Übersicht j8
Tietjensstr. 40 (Tempelhof) Ⓢ Schichauweg ☎ 440 50 582 oder 0172 302 20 00 ● Zentrale: Mo–Fr 10–18 ● EZ 28-32€, FeWo 2 P. 52-63€ ▶ Privatzimmer, Ferienwohnungen.
www.bed-and-breakfast-berlin.de

116 City Mitwohnzentrale GmbH D7
Linienstraße 111 (Mitte) Ⓤ Oranienburger Tor ☎ 194 30 ● Mo–Fr 10–18, Sa 10–15 ▶ Möbliertes Wohnen auf Zeit.
www.city-mitwohnzentrale.com

117 erste mitwohnzentrale G1
Sybelstr. 53 (Charlottenburg) Ⓢ Charlottenburg, Ⓤ Adenauerplatz. ☎ 324 30 31 ● Mo–Fr 9–19, Sa 10–15 ● Ü EZ 35€, App. ab 25€ + 20-25% Provision
www.mitwohn.com

118 fine + mine D8
Neue Schönhauser Str. 20 (Mitte) Ⓤ Weinmeister Str., Ⓢ Hackescher Markt ☎ 235 51 20 ● Zentrale Mo–Fr 9–19, Sa 10–18 ● Ü EZ 20€, Appartements 40€ zuzgl. Provision ▶ Wohnen auf Zeit.
www.fineandmine.de

119 Home Company Mitwohnzentrale G3
Joachimstaler Str. 17 (Charlottenburg) Ⓤ Kurfürstendamm ☎ 194 45 ● Mo–Do 9–18, Fr 9–17, Sa 11–14 ● Preise + 20-25% Provision ▶ Möblierte Wohnungen und Zimmer. *www.homecompany.de*

120 WG-Company G10
Reichenberger Str. 136 (Kreuzbg.) Ⓤ Görlitzer Bhf. ☎ 610 73 213 ● Mo+Di, Do+Fr 16–20, Sa 12–16 ▶ Wer ein Zimmer sucht oder eins anzubieten hat kann sich hier kostenlos registrieren lassen. Am besten via Internet: *www.wgcompany.de*

121 WG-Party im Magnet Club C10
Greifswalder Str. 212/213 (Prenzlauer Berg) ⓈⓊ Alexpl. - M4/5/6 ☎ 42 02 14 08 ● So 20 Uhr ▶ Bei der Party gleich den neuen Mitbewohner kennenlernen und so das Angenehme mit dem Nützlichen verbinden. ✍ *www.wg-party.com*

122 Zeit-Raum-Wohnkonzepte C9-10
Immanuelkirchstr. 8 (Prenzl. Berg) 🚋 M2 Knaakstr., 🚋 M4 Hufelandstr. ☎ 441 66 22 ● Zentrale Mo–Fr 10–18 ● Ü/F EZ 25€, App 30€ + 20-25% Provision ▶ Wohnen auf Zeit, auch wenige Tage.
www.zeit-raum.de

Private Gästezimmer

123 Privatzimmer Familie Dr. Ruben Übersicht d7-d8
Kavalierstr. 19 (Pankow) ⓈⓊ Pankow ☎ 475 49 137 ● 25€ p.P./Nacht ▶ Balkon/Wohnzimmer, Bad/Dusche,/WC, Kabel TV, Küche, sauber, solide, ruhig.

☛ Thai Stube 503

124 Zajonz F1-2
Kantstr./Ecke Wilmersdorfer (Charlottenburg) Ⓢ Charlottenburg, Ⓤ Wilmersdorfer Str. ☎ 324 53 73 oder 0172-395 50 44 ● DZ 19€, EZ 20€ p.P. ▶ 1DZ+1EZ. Ruhig, sauber, KabelTV, Bad/WC für 2 Z, Küche mitbenutzbar. Voranmeldung unbedingt erforderlich, für Katzenallergiker ungeeignet.

Gehag & Zimmervermittlung

Berliner Domizile F2
☎ 312 50 03, Fax 312 50 13 ▶ Für Berlin-Touristen, Ferienwo. 1-3 Zi. ab 50€ inkl. Provision. *www.berlindomizile.de*

Gästewohnungen der Gehag
Hotline: 897 86-711, -630 ▶ Wohnungen liegen in Westbezirken und kosten je nach Größe zwischen 40–80€ (max. 6 Personen).Die Berliner Wohnungsbaugesellschaft GEHAG vermietet leerstehende Wohnungen an auswärtige Gäste.
www.gehag.de

Unterkünfte im Internet

www.BerlinZimmer.de
▶ Diese Website bietet 750 Unterkünfte mit rund 3.400 Betten. Hier finden sich Plattenbauten, Datschen, Wohnheime für Monteure und Doppelbetten bei den »Schlummermuttis«, also Privatzimmer. Wer gleich hierbleiben und eine WG gründen möchte, findet Informationen unter: *www.studenten-wg.de; www.wg-gesucht.de; www.wgcompany.de.*

www.spaceXchange.de
▶Weltweit arbeitende Wohnugnstauschagentur im Internet.

www.ebab.de
▶Zimmervermittlung für Schwule und Lesben.

Wohnmobil-Stellplätze

125 Internationale Reisemobilstation Berlin Mitte B6
Chausseestr. 82 (Wedding) U Schwartzkopfstraße ☎ 0171/474 08 36 Tag 14,50€ inkl. Strom und Sanitär-Anlagen ▶Zentral gelegener Platz. *www.reisemobilstationberlin-mitte.de*

126 Reisemobilhafen Berlin Spandau Übersicht e4
Streitstr. 86 (Spandau) ☎ 355 06 074 12€ pro Nacht und Mobil ▶Platz für 130 Mobile, Du/WC, Bodeneinlaß zur Entsorgung, Propangaslager, Stromanschlüsse. *www.womotreff.de*

127 Steinbock & Sohn G8
Alexandrinenstr. 125-127 (Kreuzberg) ☎ 215 90 51 15€ p. Nacht u. Wohnmobil ▶Stellplatz auf dem Gelände einer ADAC-Stelle, bewacht, Frischwasser, F.-Entsorgung, aber keine sanitären Anlagen. Ruhig und grün.

128 Wohnmobil-Park D
Waidmannsluster Damm 12–14 (Reinickendorf) ☎ 0177/440 81 65 10-15€ ▶Der Stellplatz ist etwas außerhalb gelegen. *www.stellplatz-berlin.de*

Campingplätze

129 BCC Campingplatz Bürgerablage Übersicht d4
Niederneuendorfer Allee (Spandau) 136 Bürgerablage ☎ Fr. Mix 335 45 84 April–Oktober Pro Nacht: Zelt 4,50€, 1 Pers. 4,50€ ▶Schöner, direkt am Wasser liegender Campingplatz. Eine Badestelle ist auch in der Nähe. *www.berliner–camping–club.de*

130 City-Camping Hettler und Lange Übersicht e5
Gartenfelder Str. 1 (Spandau) U Haselhorst, dann 133, 236 ab bis Gartenfeld ☎ 335 03 633 5€ p.P, 3€ Zelt, EZ 18–25€ ▶Auf einer Halbinsel, nahe Altstadt-Spandau, auch Hotelbetrieb. *www.hettler-lange.de*

131 DCC-Campingplatz am Krossinsee Übersicht j12
Wernsdorfer Str. 38 (Schmöckwitz) 68 ☎ 675 86 87 Ganzjährig DCC-Preise: 5,60 p.P + 7,10€ Stellplatz. *www.dccberlin.de/*

132 DCC-Campingplatz Gatow Übersicht g3/4
Kladower Damm 213-217 (Gatow) 134, X34 bis Halt General-Steinhoff-Kaserne ☎ 365 43 40 Ganzjährig geöffnet DCC-Preise: 5,60 p.P + 7,10€ Stellplatz. *www.dccberlin.de*

133 DCC-Campingplatz Kladow Übersicht g3
Krampnitzer Weg 111-117 (Kladow) 243, Halt: Krampnitzer Weg ☎ 365 27 97 Ganzjährig geöffnet DCC-Preise: 5,60 p.P + 7,10€ Stellplatz. *www.dccberlin.de*

134 Jugendcamp Backpacker's Paradise Übersicht c6
Ziekowstr. 191 (Tegel) U Alt-Tegel, dann 222 Richtung Alt-Lübars bis Titusweg ☎ 433 86 40 leider nur 1. Juni bis 31. August Ein Schlafplatz im 15-Personen-Zelt kostet inklusive Isomatte und Decke ca. 8€ pro Nacht ▶Einrichtung des Berliner Jugendclubs e.V. Mit Kochgelegenheit und Lagerfeuer. *www.backpackersparadise.de*

135 Tentstation Berlin D5
Seydlitzstr. 6 (Tiergarten) S Hauptbahnhof ☎ 680 87 199 8-15€ ▶Urbanes Campen mitten in der Stadt. Sarah Oßwald und Jessica Zeller hatten die geniale Idee, auf dem Gelände eines geschlossenen Sommerbades diesen wirklich zentralen Campingplatz einzurichten. Mit Blick auf den Fernsehturm sind auch Lesungen, Performances und die Übertragung von Fußballspielen geplant. *www.tentstation.de*

Stadtbesichtigung

Nr. 207

EINEN ÜBERBLICK über die wichtigsten Sehenswürdigkeiten und Aussichtspunkte der Stadt finden Sie in diesem Kapitel

Berlin ist sehr weiträumig und zum Teil immer noch zerrissen. Sie können also nicht – wie in jeder römisch angelegten Stadt – einfach in die Innenstadt gehen und sich erstmal umschauen. Es gibt in Berlin nämlich mehrere Innenstädte. Ich rate deshalb für einen ersten Eindruck zu einem Besuch der (Nr. 141). Wenn Sie dann noch laufen können, bummeln Sie »Unter den Linden« (»Brandenburger Tor/Unter den Linden« Nr. 149) und machen Sie einen Abstecher zum Gendarmenmarkt (Nr. 150), fahren Sie mit dem 100er oder 200er Bus zum Alex und genießen die Aussicht. Achten Sie dringend auf gutes Schuhwerk. In keiner anderen europäischen Stadt liegen die Sehenswürdigkeiten so weit auseinander wie in Berlin.

Kostenlose An- und Aussichten

Im folgenden möchte ich Ihnen ein paar Gebäude zeigen, von denen man sich einen kostenlosen Überblick über die Stadt verschaffen kann.

136 Behmstraßenbrücke A8

(Prenzl. Berg) Zwischen den S-Bahnhöfen Schönhauser Allee, Gesundbrunnen und Bornholmer Straße ▶Guter Blick über den Schienenstrang. Im Hintergrund ein ungetrübter Blick auf Mauerpark, Friedrich-Jahn-Sportpark und den dahinter liegenden Fernsehturm. Großstadtatmosphäre pur.

137 Elsenbrücke G12

An den Treptowers (Friedrichshain)
Ⓢ Treptower Park ▶Der »Molecule Man«, eine riesige Aluminium-Skulptur von Jonathan Borofsky, wurde zu einem Symbol des Neuen Berlin.

138 »Kreisel«/ Rathaus Steglitz Übersicht g6

Schloßstr. 80 (Steglitz) ⓈⓊ Rathaus Steglitz 🕒Mo–Fr 7–15 € kostenlos ▶Mit dem Aufzug in den 20. Stock fahren. Hier befinden sich auch ein Casino und eine Kantine (s.u.).

↗ **Kantine im Bezirksamt 24. Stock**
🕒Mo–Do 7–15 und Fr 7–14:30 € 0,80–4,30€ ▶Man braucht einen robusten Magen, da der Aufzug sehr schnell ist.

↗ **Globetrotter 878**

139 Oberbaumbrücke G11

Oberbaumbrücke (Kreuzberg, Friedrichshain) Ⓤ Schlesisches Tor, Warschauer Str. ▶Restaurierte und zum Teil neugestaltete ehemalige Zollbrücke. Einer der bedeutendsten Berliner Brückenbauten des 19. Jahrhunderts auf dem auch die U1 die Spree überquert. Symbol der Berliner Einheit.

140 Rathaus Schöneberg H-J4

John F.-Kennedy-Platz (Schöneberg)
Ⓤ Rathaus Schöneberg ☎756 02 200 🕒tgl.10–18 € kostenlos ▶Den Turm kann man im Sommer besteigen und die Freiheitsglocke ansehen. Guter Blick über die Stadt. Die Glocke ist ein Geschenk des amerikanischen Volkes an die Berliner und eine Nachbildung der »Liberty Bell«, die 1776 in Philadelphia die amerikansiche Unabhängigkeit verkündete. Ständige Ausstellung über Willy Brandt

↗ **Ratskeller** (im Untergeschoß)
☎787 46 93 🕒Mo–Do 7–14:30, Fr 7–14 € 2,50–4€ ▶Spuren des alten pompösen Westberlin, sehr plüschig mit Teppichen.

141 Reichstagsgebäude/Kuppel E6

Platz der Republik 1 (Tiergarten Süd)
Ⓢ Hauptbahnhof / Lehrter Bhf. ☎227 32

152 tgl. 8–22 Einlass, Aufenthalt bis 24 Uhr kostenlos ▶(»Eingang West«) In der riesigen Glaskuppel kann man einen herrlichen Blick über die Stadt genießen. Sehr schön in der Abenddämmerung, dann sind auch die Schlangen kürzer. Unangemeldet nur Aufgang zur Kuppel; lange Wartezeiten.
www.bundestag.de

142 TU-Hochhaus 20. Stock E2
Ernst-Reuter-Platz 7 (Charlottenburg)
U Ernst-Reuter-Platz kostenlos ▶Mit dem Aufzug in den 20. Stock fahren. Hier ist auch eine Caféteria.

caféteriaimtelefunkenhochhaus dertuberlin
☎314 25 074 tgl. 9–17, Mittagstisch 12–14 Mittagstisch 2.50–4.50€ ▶Neben dem leckeren Essen sollte man v.a. den Blick über die ganze westliche Innenstadt genießen.

143 Warschauer Brücke F11
Warschauer Brücke (über dem S-Bhf.) (Friedrichshain) SU Warschauer Str.
▶Fulminanter Blick über die Stadt. Alte Gleisanlagen und der Fernsehturm. Am besten in der Dämmerung zu genießen.

Potsdam: Glienicker Brücke 1094

Potsdamer Platz 155

Rathaus Kreuzberg 383

solar 615

Die letzten 3 sind nicht kostenlos, bieten aber sensationelle Aussichten.

Besondere Stadtführungen

New Berlin Tours
☎0179-973 03 97 teilweise kostenlos, bzw. gegen Trinkgeld ▶Englische Muttersprachler bieten hier teilweise kostenlose Führungen auf Englisch mit bestimmten Themenschwerpunkten an. So kann man sich mit dem jüdischen oder dem nationalsozialistischen Berlin vertraut machen, oder sich in die Club–Kultur einführen lassen. ✍ *www.newberlintours.com*

145 Berliner Unterwelten A7
Brunnenstr. 108a, Vorhalle U–Bhf. Gesundbrunnen (Wedding) SU Gesundbrunnen ☎49 91 05 18, 49 91 05 17 nach Veranstaltung ▶Der Verein Berliner Unterwelten macht sich seit Jahren verdient um die Erforschung des Berliner Untergrundes, der ja voller unheimlicher und interessanter Geschichte ist. Da vieles nicht frei zugänglich ist, lohnt sich eine Führung auf jeden Fall. ✍
www.berliner–unterwelten.de

www.hidden-places.de
▶Führungen zu Themen jenseits des klassischen Touristenprogramms. Industriebrachen, Militäranlagen, Bunker, Flughafen Tempelhof und Berlin/Germania (geplant). Bei den versteckten Orten gibt es garantiert etwas zu entdecken. Tel.: 420 29 392 ✍

www.berlincrimetours.de
▶Führungen zu ungewöhnlichen Orten: Flughafen Tempelhof, Verkehrsleitzentrale Polizei Berlin, Holocaustmahnmal, Alliierte in Berlin, Welthauptstadt Germania, Pfaueninsel, Albert Einstein, Avus-Zubringer etc... Tel.: 22 19 40 78 ✍

Stadttouren mit Bus und Bahn

Seit kurzem ist es nicht mehr möglich mit einem Normalfahrschein kreuz und quer 2 Stunden lang hin und her zu fahren. Das geht jetzt leider nur noch in eine Richtung.

Bus Linie 100 z.B. E5, E7
Zoologischer Garten, Nordische Botschaften, Siegessäule, Schloß Bellevue, Haus der Kulturen der Welt, Bundeskanzleramt, Reichstag/Bundestag. Man umfährt dann das Brandenburger Tor, Holocaust Mahnmal und kommt auf die Prachtstraße »Unter den Linden«. Hier sieht man u.a. Humboldt-Universität, Staatsoper, Zeughaus mit Deutschem Historischen Museum, Lustgarten und Altes Museum, Berliner Dom, Schloßplatz, Marx-Engels-Forum, Marienkirche und Fernsehturm/Alexanderplatz.

Bus Linie 200 z.B. F4, E7
Zoologischer Garten, Nordische Botschaften, dann am Rand des Tiergartens am Diplomatenviertel (alte und neue Botschaften und Landesvertretungen) vorbei zum Kulturforum/Philharmonie und weiter über Potsdamer und Leipziger Platz durch

die Wilhelmstraße (das ehemalige Regierungsviertel) auf die Prachtstraße »Unter den Linden«. Ab hier wie Linie 100.

S-Bahn-Ring z.B. C4, H1, E13
S41+ 42. In genau ener Stunde einmal um die Stadt fahren. Allerdings mehr geeignet für die Freunde von Plattenbauten und Industriebrachen.

Stadtbahn: Zoo - Ostbahnhof F3 - D9
S5, S7, S75, S9. Man kann hier jede S-Bahn Richtung Osten nehmen und erlebt in kurzer Zeit einen fantastischen Überblick: Gedächtniskirche, Versuchsanstalt für Wasser und Schiffbau, Tiergarten, Siegessäule, Hansaviertel, Bundesschlange (Wohnungen für Bundesbedienstete), Haus der Kulturen der Welt, Carillon, Kanzleramt, Hauptbahnhof/Lehrter Bahnhof, Paul-Löbe- und Marie-Elisabeth-Lüders-Haus, Reichstagskuppel, Charité-Hochhaus, Bahnhof Friedrichstraße, Hakkescher Markt, Alexanderplatz. Hinter dem Alex überwiegen Plattenbauten und Industriebrachen. Wenn Sie aber eine Tageskarte haben, können Sie am Ostkreuz auf die Ringbahn umsteigen (um noch mehr Industriebrachen zu sehen, s.o.).

Berge

Richtige Berge gibt es in Berlin ja nicht, es gibt aber ein paar Erhebungen, von denen aus man sich ebentalls einen Überblick verschaffen kann.

146 Großer Bunkerberg D10
Im Volkspark Friedrichshain (Friedrichshain) M5, M6, M8 ▶Höhe 78 m. Im Sommer ziemlich zugewachsen.

147 Humboldthöhe A-B7
Im Humboldhain (Gesundbrunnnen) SU Gesundbrunnen ▶Höhe 86 m. Hier kann man auch im Winter rodeln und im Sommer klettern.

148 Kreuzberg mit Wasserfall H7
Kreuzbergstr., im Viktoriapark (Kreuzberg) U Mehringdamm ▶Der 16 Hektar große Park wurde 1888-1894 vom Gartenbaudirektor Hermann Mächtig auf dem Kreuzberg angelegt und 1914 erweitert. Hauptattraktion des Parks ist der gewaltige künstliche Wasserfall, der dem Zackelfall im Riesengebierge nachempfunden ist. Weil die öffentliche Hand trotz kassierter Steuern nicht immer in der Lage ist, den Betrieb des einzigartigen Brunnens aufrechtzuerhalten, kann mann den »Zackenfall« auch ausgetrocknet vorfinden. Normalerweise aber ist er in den Sommermonaten zwischen 10 und 22 Uhr in Betrieb. Schinkels 20m hohes »Kreuzbergdenkmal« aus dem Jahr 1822 erinnert an die Freiheitskriege gegen Napoleon. Es thront auf einer Aussichtsplattform. Man steht hier 66m hoch und hat einen besonders schönen Blick über die Stadt.
↗ **Rodeln** ▶Der 66 Meter hohe Berg hat eine Rodelbahn

☛ **Teufelsberg 1066**

Die größten Sehenswürdigkeiten

Im folgenden seien ein paar nicht nur touristische Highlights vorgestellt. Den obligatorischen Bummel auf der Straße Unter den Linden habe ich ja schon als Fahrt mit dem 100 oder 200 Bus erwähnt, man kann ihn natürlich auch zu Fuß absolvieren.

149 Brandenburger Tor & Unter den Linden E6
Pariser Platz (Mitte) S Unter den Linden ▶Das Tor ist das Symbol Berlins schlechthin. In der jüngsten Geschichte steht das von 1788-1791 errichtete Bauwerk vor allem für Teilung und Wiedervereinigung Deutschlands. Wenn man von hier aus in Richtung Alexanderplatz geht, kommt man an zahlreichen bedeutenden Bauten vorbei: Russische Botschaft im Stalin-Stil (rechts), Staatsbibliothek, Humboldt-Uni (links), Reiterdenkmal Friedrich d. Große (in der Mitte), Staatsoper, St.-Hedwigs-Kathedrale (rechts), Neue Wache von Schinkel, Zeughaus (links), Kroprinzenpalais (rechts), Altes Museum, Lustgarten, Dom, (links), Schloßplatz, Schinkels Bauakademie (rechts, in Rekonstruktion).

150 Gendarmenmarkt E7
(Mitte) U Stadtmitte € Kostenlos: Glokkenspiel um 10, 12, 14, 16 und 18 Uhr.

Die Besteigung der Plattform des französischen Doms kostet 2/1,50€ ▶Konzerthaus, Französischer Dom, Deutscher Dom: Einer der schönsten Plätze der Stadt. Das Schauspielhaus wurde von Schinkel entworfen, man sollte einen Blick hineinwerfen. An der Nordseite des Platzes steht der Französiche Dom, der für die eingewanderten Hugenotten errichtet wurde. Über ihre Geschichte informiert das Hugenottenmuseum. Im Deutschen Dom wird die Dauerausstellung des Deutschen Bundestages gezeigt (Nr. 207).
Tip: Im Sommer kann man auch in den Galeries Lafayette (Friedrichstr. 76, Mo–Sa 10–20) ein paar Schleckereien kaufen und hier picknicken.

151 Karl-Marx-Allee (D9-) E11

zwischen Strausberger Platz und Frankfurter Tor (Friedrichshain) SU Frankfurter Tor ▶1949 wurde die Straße Stalinallee benannt und mit Häusern im stalinistischen Zuckerbäckerstil bebaut. Von hier aus gingen die Erhebungen der Arbeiterschaft aus, die 1953 am 17. Juni zum Aufstand in der DDR führten. Die 2,3 km lange und bis zu 90m breite imposanteste Straße Berlins steht heute unter Denkmalschutz.

152 Kulturforum F6

(Tiergarten) SU Potsdamer Platz
€ Jeden Tag um 13 Uhr findet eine kostenlose Führung durch die Philharmonie statt (Treffpunkt Pförtner). Jeden 3. Samstag im Monat um 10:30 findet eine kostenlose Führung in der Staatsbibliothek Potsdamer Straße statt (Treffpunkt Kartenstand. Für Einzelpersonen ohne Voranmeldung). ▶Neue Nationalgalerie (Mies van der Rohe), Gemäldegalerie, Kupferstichkabinett, Kunstgewerbemuseum, Instrumentenmuseum, Philharmonie und Staatsbibliothek (die beiden letzteren von Scharoun). Hauptsächlich geprägt von den Vorstellungen des Architekten Hans Scharoun entstand hier ab 1960 ein Ensemble von Kulturbauten. Die aufgelokkerte Bauweise setzt sich in bewußten Gegensatz zur Stadt des 19. Jahrhunderts. Museen siehe Seite 39.

153 Neue Synagoge D7-8

Oranienburger Str. 28/30 (Mitte) S Oranienburger Str. € Ausstellungseintritt 3/2€ ▶Schon von weitem ist die prächtige goldene Kuppel sichtbar. Das von den Nazis zerstörte und seit den 80er Jahren restaurierte Gebäude muß leider permanent polizeilich bewacht werden. Man sollte die Besichtigung mit einem Bummel durch die Oranienburger Straße verbinden. Eine Ausstellung im Inneren des Gebäudes unterrichtet über Kunst und Geschichte der jüdischen Gemeinde in Berlin. Am selben Ort: Centrum Judaicum.

154 Olympiastadion F5

Olympischer Platz (Charlottenburg)
U Olympiastadion S Olympiastadion
☎ 25 00 23 22 🕒 nach Veranstaltung
€ Besichtigung: 3/2€ ▶Für die Olympischen Spiele 1936 zunächst von Werner March errichtet, wurde das Stadion nach dem Willen Hitlers von Albert Speer noch einmal überarbeitet und erhielt dadurch erst seinen antikisierenden Charakter. Die Renovierung 2004 durch Gerkan, Marg & Partner, die eine lichte Überdachung geschaffen haben, kann man nur als gelungen bezeichnen. ✍ *www.olympiastadion-berlin.de*

↗ Geschichtsort Olympiagelände 1909 - 1936 - 2006 (in der Langemarck-Halle unter dem Glockenturm)
☎ 305 8 123 🕒 tgl. 8–18 € Ausstellung +Turm 3,50€, Kinder 6–14 1,50€ ▶In der Langemarckhalle gibt es eine neue Ausstellung, die über das Verhältnis von Sport und Gesellschaft, die Baugeschichte des Olympiastadions und die Spiele 1936 informiert. Ferner wird der Langemarck-Mythos erklärt. Die Ausstellung hat das Deutsche Historische Museum konzipiert. ✍ *www.glockenturm.de*

155 Potsdamer Platz F6

(Tiergarten Süd) SU Potsdamer Platz
€ Auch hier gilt für die meisten gastronomischen Einrichtungen: Vorsicht, teuer!
▶Bis zu seiner Zerstörung im 2. Weltkrieg galt der Potsdamer Platz als verkehrsreichster Platz Europas. Während der deutschen Teilung dämmerte das Gelände Jahrzehnte als Brachland vor sich hin. Seit 1993 ist hier von Sony und Daimler-Chrysler eine Art neues Zentrum der Hauptstadt errichtet. Für Freunde moder-

ner Architektur unverzichtbare Touristenattraktion. ▶Aussichtspunkt: Mit dem schnellsten Aufzug Europas in 20 Sekunden auf den Panorama-Punkt des Daimler-Chrysler-Gebäudes (das aus roten Ziegeln) fahren. ☎25 29 43 72 Di–So 11–20, letzte Auffahrt 19:30 Montags außer feiertags geschlossen 3,50/2,50€

156 Schloß Charlottenburg D1–E1
Spandauer Damm (Charlottenburg) U Richard-Wagner-Platz Kostenlos: Eine Besichtigung des Schloßes von außen und ein Bummel durch den Schloßpark. Hier befinden sich auch ein Teehäuschen, der Schinkel Pavillon und das Mausoleum, die aber leider Eintritt kosten. Der Park ist geöffnet von 7 Uhr morgens bis zur Einbruch der Dunkelheit. ▶Das Schloß, das König Friedrich der I. in Preußen für seine Gemahlin erbauen ließ, gilt heute als der prunkvollste Hohenzollern-Bau. Der wunderschöne Schloßpark ist halb französisch, halb englisch gehalten.

157 Sowjetisches Ehrenmal H12–13
zwischen Puschkinallee und Am Treptower Park (Alt-Treptow) S Treptower Park ▶Die monumentale Anlage im Stil der Stalin-Ära dient als letzte Ruhestätte für 5000 im Kampf um Berlin gefallene Rotarmisten. Das Symbol des Sieges der ruhmreichen Sowjetarmee über den Nationalsozialismus ist ein beeindruckendes Beispiel der Sowjetarchitektur. Laut Einigungsvertrag ist die Bundesregierung für den Unterhalt zuständig. Bis zum Frühjahr 2004 wurde das Monument komplett saniert.

158 Museumsinsel (s. Nr. 226–28) D–E8
(Mitte) S Hackescher Markt ▶Die zwischen Spree und Kupfergraben gelegene Museumsinsel ist das älteste Berliner Kunstzentrum und wurde im Jahr 2000 von der UNESCO in das Weltkulturerbe aufgenommen. Im 1830 eröffneten Alten Museum wurden erstmals die Kunstschätze der königlichen Schlösser öffentlich zugänglich gemacht. Als letzter Bau wurde 1930 das Pergamonmuseum vollendet. Unter Wilhelm von Bode, 1872-1920 Generaldirektor des Museums, erreichte die Sammlung Weltgeltung. Zur Zeit werden umfangreiche Umbauten diskutiert.

159 Jüdisches Museum G8
Lindenstr. 9-14 (Kreuzberg) U Hallesches Tor ☎259 93 300 Di–So 10–20, Mo 10–22. Geschlossen an jüdischen Feiertagen und am 24. Dez. Eintritt 5/2,50€ ▶1993-99 erbaut, Architekt Daniel Libeskind, einer der spektakulärsten Neubauten Berlins seit dem 2. Weltkrieg. Der zickzackförmige Grundriß wird auch als aufgesprengter Davidstern verstanden. Große Dokumentation jüdischen Lebens in der deutschen Vergangenheit. *www.juedisches-museum-berlin.de*

Das »Band des Bundes« und der Hauptbahnhof

Das »Band des Bundes« besteht aus Kanzleramt, Paul-Löbe- und Marie-Elisabeth-Lüders-Haus. Das Band überbrückt an zwei Stellen die Spree und verbindet den ehemaligen Westteil mit dem ehemaligen Ostteil der Stadt. Die Gebäude beziehen sich andererseits auch auf das Reichstagsgebäude und das Jakob-Kaiser-Haus. Schöner Rundblick von der Kronprinzenbrücke (Konrad-Adenauer-Str.) aus (D6).

160 Bundeskanzleramt E6
Willy-Brandt-Straße (Tiergarten Süd) S Hauptbhf./Lehrter Bhf. ▶Die Architekten Axel Schultes und Charlotte Frank haben zwei 18m hohe, langgestreckte Bürotrakte entworfen, die ein 36m hoher Kubus zusammenhält. Dieser Kubus ist die eigentliche Machtzentrale mit Kabinettssaal und Kanzlerbüro. Das Kanzleramtsgebäude ist in seiner Monumentalität als Gegenpol zum Reichstag konzipiert.

161 Marie-Elisabeth-Lüders-Haus E6
Schiffbauerdamm (Mitte) SU Friedrichstraße ▶Architekt: Stephan Braunfels; Enthält die Parlamentsbibliothek, die zu einer der größten der Welt zählt und das Parlamentsarchiv.

162 Paul-Löbe-Haus E6
Paul-Löbe-Allee (Tiergarten Süd) S Hauptbahnhof / Lehrter Bhf. ▶Architekt: Stephan Braunfels; Enthält rund 1000 Büros für Abgeordnete.

163 Hauptbahnhof D6

Invalidenstraße (Moabit) Ⓢ Hauptbahnhof ▶Mehrgeschossiger Kreuzungsbahnhof (Glasdach nur verkürzt, unterirdische Bahnhofshalle vereinfacht ausgeführt) an Stelle des alten Lehrter Bahnhofs (1953 abgerissen). Die verglaste obere Halle des Bahnhofs ist auf 3.500 m² mit Solarmodulen zur Stromgewinnung ausgestattet. Der oberirdische Teil des Bahnhofs wird nur zum Teil genutzt. Entwurf/Planung: Gerkan, Marg & Partner; Ausführung: Deutschen Bahn AG.

164 Spreebogenpark D6

Erreichbar über Kronprinzen-, Moltke- oder Gustav-Heinemann-Brücke (Mitte) ⓈⓊ Hauptbahnhof/Lehrter Bahnhof ▶Mit der 6 Hektar großen Rasenfläche an der Spree wurde die landschaftsgärtnerische Gestaltung des Regierungsviertels abgeschlossen. Mehr als hundert Bäume wurden hier gepflanzt und eine rostige Stahlwand begrenzt die schiefen Rasenflächen. Picknicken ist hier erlaubt, grillen nicht gestattet. ✍

Weitere Sehenswürdigkeiten

165 Akademie der Künste E6

Pariser Platz 4 (Mitte) Ⓢ Unter den Linden, 🚌 100, 200, TXL ☎ 200 57–10 00 🕓 tgl. 10–22, Ausstellungen Di–So 11–22 € von umsonst bis 15/10€ (Konzerte) ▶Für Berlin-Touristen besonders interessant dürfte dieser Neubau am Pariser Platz von Günter Behnisch sein. Der transparente Bau eröffnet Blicke auf das Brandenburger Tor und den Reichstag und löste seinerzeit den »Berliner Architekturstreit« um Stein oder Glas aus. Die hier stattfindenden Veranstaltungen sind meist hochrangig. *www.adk.de* ✍

166 Anatomisches Theater D7

Luisenstr. 56 (Mitte) Ⓢ Oranienburger Tor ▶In einer etwas versteckten, parkähnlichen Anlage, die sich im Sommer auch für ein Ruhepäuschen anbietet, befindet sich einer der wenigen erhaltenen Bauten des frühen Berliner Klassizismus. Das Anatomische Theater von Karl Gotthard Langhans, der übrigens auch das Brandenburger Tor errichtete, diente der Tierärztlichen Hochschule regulär als Hörsaal. Er ist im Stile eines Amphitheaters mit ansteigenden Rängen gestaltet. ✍

167 Berliner Bärengehege E9

Am Köllnischen Park (Mitte) ⓈⓊ Jannowitzbrücke, Ⓤ Märkisches Museum ☎ 275 00 50 € Eintritt frei ▶Bärengehege: Ausgang nach der Winterschlafzeit und bis Ende September, Fütterung tgl. um 12:30.

168 Bibliothek »The Berlin Brain« Übersicht g5

Habelschwerter Allee 45 (Dahlem) Ⓤ Thielplatz ☎ 838 588 88 🕓 Mo–Fr 9–22, Sa 10–17, Gruppen sollten sich bitte anmelden € frei ▶Die neue Bibliothek für die philologischen Fächer an der Freien Universität Berlin wurde von Sir Norman Forster entwickelt, der auch schon das Reichstagsgebäude umgestaltet hat. Der nach ästhetischen wie ökologischen Gesichtspunkten konstruierte Bau ist das neue Wahrzeichen der FU. ✍

169 East Side Gallery F11

Mühlenstraße (Friedrichshain) Ostbahnhof, ⓈⓊ Warschauer Str. € Eintritt frei ▶1,3km langer, teilw. restaurierter Mauerabschnitt. Bemalt von 118 Künstlern aus 21 Ländern mit 101 Werken ist sie die größte Open-Air-Galerie der Welt. *www.eastsidegallery.com*

170 Finanzministerium F7

Wilhelmstr. 97/Leipziger Str. (Mitte) Ⓤ Mohrenstraße ☎ 224 24 644 € leider nur mit Gruppen nach Voranmeldung, sonst nur von außen zu besichtigen ▶Das Gebäude war unter Göring Reichsluftfahrtministerium und ist von Ernst Sagebiel im zeittypischen Monumentalstil erbaut. Eines der wenigen Gebäude der Nazi-Machtzentrale, das komplett erhalten geblieben ist. Fries von Max Ligner »Vision des Sozialismus« zeigt nach einem Auftrag von Ministerpräsident Otto Grothewohl eine Festkollektive auf dem Weg in eine glückliche Zukunft. *E-Mail: poststelle@bmf.bund.de*

171 Flughafen Tempelhof J7

Platz der Luftbrücke (Tempelhof) Ⓤ Platz der Luftbrücke ▶Imposantestes Beispiel nationalsozialistischer Architektur in Berlin. In den 30er Jahren galt er als der mo-

dernste Flughafen Europas, obschon die gigantischen Planungen wegen des Krieges nie zu Ende geführt wurden. Während der Berliner Blockade 1948/49 versorgten die Westalliierten über die Luftbrücke von hier aus die Stadt. Nach der Zerstörung des World Trade Centers in New York ist er das drittgrößte Gebäude der Welt. Größer sind nur der Sears Tower in Chicago und das Pentagon in Washington. Seine Bruttogeschoßfläche beträgt 285.000 m². Wer sich ernsthaft für das Gebäude interessiert, sollte eine Führung vereinbaren, da nach Schließung des Restaurants das Rollfeld nicht mehr einsehbar ist und man anhand der Haupthalle nicht unbedingt einen Eindruck von den Dimensionen des Gebäudes bekommt. Führungen kann man bei der Berlin Brandenburg Flughafen Holding unter der Tel. 609 11 660 oder *www.berlin-airport.de* vereinbaren. Eine 2-stündige Führung kostet 6€. Führungen auch unter:
www.hidden-places.de
www.berlincrimetours.de

172 Hansaviertel F3
Altonaer Straße / Bartningallee / Klopstockstraße (Hansaviertel) U Hansaplatz ▶Das zur Interbau 1957 neu errichtete Hansaviertel zeigt beispielhaft die Vorstellungen der »aufgelockerten Stadt« in den 50er Jahren. Es bildet gleichzeitig einen Kontrapunkt zum »sozialistischen Bauen« der Stalinallee und sucht den Wiederanschluß an die Vorkriegsmoderne.

173 Haus des Lehrers D-E9
Alexanderplatz (Mitte) Bahnhof Alexanderplatz ▶Wurde zusammen mit der Kongreßhalle von DDR Star-Architekt Herrmann Henselmann entworfen. Der berühmte Wandfries von Walter Womacka besteht aus 800 000 Glassteinchen, die sich auf einer Länge von 127 Metern rund um das Gebäude ziehen.
www.bcc-berlin.de

Friedhöfe

Friedhöfe sind gleichermaßen Orte der Besinnung und offene Geschichtsbücher. Auf den Berliner Friedhöfen finden sich zahlreiche Prominenten-Gräber. Die Geschichten dieser Menschen sind häufig eng verwoben mit der Geschichte der Stadt. Die Interessengemeinschaft »Historische Friedhöfe Berlin« kümmert sich um dieses bedeutende Erbe und organisiert hierzu auch Führungen. Kontakt: Carl-Peter Steinmann, Tel. 803 66 90,
www.historischefriedhoefeberlin.de

174 Dorotheenstädtischer und Friedrichwerderscher Friedhof D7
Chausseestr. 126 (Mitte) U Oranienburger Tor ☎282 61 19 🕒9 bis Anbruch der Dunkelheit ▶1762 angelegter Friedhof für Künstler, Politiker, Industrielle und Gelehrte seit der Zeit Schinkels. Hier ruhen Karl Friedrich Schinkel, Johann Gottfried Schadow, August Borsig, Heinrich Mann, Berthold Brecht und Heiner Müller.

175 Friedhof der Märzgefallenen D10
Ernst-Zinna-Weg (Friedrichshain) 🚋 M5, M6, M8 ▶Auf dem Friedhof am Volkspark Friedrichshain ruhen, fast vergessen, die Toten der ersten deutschen Demokratiebewegung. Barrikadenkämpfe markierten am 18. Und 19. März 1848 den Beginn der bürgerlichen »48er Revolution«. ✍

176 Friedhof Friedenau Übersicht g6
Stubenrauchstr. 43-45 (Friedenau) SU Bundesallee ☎756 06 898 🕒9 bis Anbruch der Dunkelheit ▶Spiegelt die Geschichte der von J.A. Wilhelm Carstenn begründeten Vorstadtsiedlung Friedenau und seiner Bewohner wider. Durch die Nähe zur Künstlerkolonie am Laubenheimerplatz fanden hier zahlreiche Schriftsteller, Maler, Bildhauer und Musiker ihre letzte Ruhe. Das prominenteste Grab ist das von Marlene Dietrich. Zwei Gräber weiter fand unlängst der Fotograf Helmut Newton seine letzte Ruhe.

177 Friedhöfe vor dem Halleschen Tor G7
Mehringdamm 21 (Kreuzberg) U Mehringdamm ☎627 09 720 🕒9 bis Anbruch der Dunkelheit ▶Die vier seit 1735 genutzten Begräbnisplätze gehören zu den ältesten und interessantesten Berlins. Hier ruhen u.a. Felix Mendelssohn-Bartholdy, Rahel Varnhagen, E.T.A. Hoffmann und Adalbert von Chamisso.

178 Matthäus-Kirchhof H6
Großgörschenstr. 12-14 (Schöneberg)

Ⓢ Yorkstraße ☎ 781 12 97 ⏲ 9 bis Anbruch der Dunkelheit ▶ Eine Vielzahl prominenter Persönlichkeiten aus dem »Geheimratsviertel«, das im Krieg zerstört wurde, fanden hier ihr letzte Ruhe, u.a. Jacob und Wilhelm Grimm und Rudolf Virchow. Ein Gedenkstein erinnert an die Widerstandskämpfer des 20. Juli.

179 Selbstmörder-Friedhof Übersicht g5

Im Jagen 137 / Nahe Schildhornweg (Dahlem) Ⓤ Dahlem-Dorf ⏲ 9 bis Anbruch der Dunkelheit ▶ Da die Kirche die Bestattung von Menschen, die Suizid begangen hatten, ablehnte, begruben die Angehörigen sie eigenhändig auf einer Waldlichtung im Grunewald. Erst 1928 wurde daraus ein legaler Begräbnisort.

180 Stahnsdorfer Friedhöfe Übersicht j4

Bahnhofstraße (Stahnsdorf) Am besten mit dem Auto hinfahren. ⏲ 9 bis Anbruch der Dunkelheit ▶ Auf dem 1909 eröffneten Friedhof finden sich die Gräber vieler Berühmtheiten. Er zählt zu den bedeutendsten Waldfriedhöfen Deutschlands. Hier ruhen u.a. Werner von Siemens, Lovis Corinth und Heinrich Zille.

181 Türkischer Friedhof J8-9

Columbiadamm 126-128 (Neukölln) 🚌 104 ☎ 692 11 18 ⏲ Mo–Do 10–18 ▶ Lange Zeit der einzige türkische Friedhof in Mitteleuropa und bis heute türkisches Hoheitsgebiet. Gäste sind willkommen. Hier steht auch eine neue prächtige Moschee.

Jüdische Friedhöfe

Beim Besuch jüdischer Friedhöfe müssen Männer eine Kopfbedeckung tragen (eventuell am Ort entleihbar).

182 Jüdischer Friedhof Schönhauser Allee C9

Schönhauser Allee 22-23 (Prenzl. Berg) Ⓤ Senefelderpl. ☎ 441 98 24 ▶ 1827 wurde dieser Friedhof als Ersatz für den alten jüdischen Friedhof an der Großen Hamburger Straße angelegt, von dem heute kaum noch etwas erhalten ist. Hier ruhen u.a. Giacomo Meyerbeer, Leopold Ullstein und Max Liebermann.

183 Jüdischer Friedhof Weißensee B12

Herbert-Baum-Straße 45 (Weißensee) 🚋 M4, M13, 12 Antonplatz ☎ 925 33 30 ▶ 1880 eröffneter 40ha großer Friedhof. Er ist der größte jüdische Friedhof Westeuropas. Hier begraben sind u.a. Hermann Tietz, Rudolf Mosse, Theodor Wolff und Stefan Heym. Ferner finden sich hier die Urnenstätten von 809 in den Konzentrationslagern ermordeten Juden und die Gräber von rund 3000 Menschen, die während der Nazi-Zeit Selbstmord begingen.

Sehenswerte Kirchen

Im Gegensatz zu vielen katholischen Ländern sind die künstlerisch interessanten Kirchen in Berlin und Brandenburg eher rar. Dennoch gibt es einige.

184 Berliner Dom E8

Am Lustgarten (Mitte) Ⓢ Hackescher Markt ☎ 202 690 ⏲ April–Sept. Mo–Sa 9–20, So/Feiertags 12–20; Okt.–März tgl.12–19. Andacht: Mo–Sa 12 Uhr (15min) und 18 Uhr (20 min/1Std.) So 10–11:30 und 18 Uhr Gottesdienst. € Eintritt 5/3€ mit Krypta und Kuppelbesteigung (bei schönem Wetter.) Kostenfrei: Besuch einer Andacht. ▶ 1894-1905 auf Wunsch Kaiser Wilhelms II. als Hauptkirche des Protestantismus und Grablege der Hohenzollern errichtet. Ausstattung von Anton v. Werner, Friedrich Schinkel, Andreas Schlüter und Rauch. *www.berliner-dom.de*

↗ **Musik** Alle 14 Tage finden Sonnabends um 18 Uhr Domvespern statt. *www.berliner-dom.de*

185 Maria Frieden Übersicht g7

Kaiserstr. 29 (Mariendorf) Ⓤ Westphalweg ☎ 706 55 28 ⏲ Die katholische Wallfahrtskirche kann nur während der Gottesdienste, oder kurz vorher besichtigt werden, außer Freitag 8–18. Dienste: Jeden Tag 18:00 Rosenkranzgebet. Gottesdienste: Mo 18:30, Di 8:00, Mi 8:30, Do 15:00, Fr 18:30, Sa 18:30, So 9:30, 11, 18:30 ▶ In der 1969 eingeweihten Kirche findet sich ein Altartryptichon, das Otto Dix 1945 in Kriegsgefangenschaft geschaffen hat. Es schmückte damals eine Gefangenenkapelle bei Colmar.

186 St. Annen Übersicht g6
Königin-Luise-Str. 22 (Dahlem) U Dahlem Dorf ☎ 841 70 50 Gottesdienst So 9:30, Sonst geöffnet: Sa, So 11–13. Bei Veranstaltungen auf der Domäne Dahlem 13–15 ▶Einschiffiger Backsteinbau auf einem Feldsteinsockel aus dem 14 Jh. Mittelalterliche Wandbilder und ein gotischer Schnitzaltar.

187 St. Hedwigs-Kathedrale E7-8
Hinter der Katholischen Kirche 3 (Mitte) U Französische Str. ☎ 203 48 10 Mo–Sa 10–17 (Advents–und Fastenzeit Sa nur bis 16:30), So 13–17. Keine Besichtigung während Gottesdiensten und Veranstaltungen. Gottesdienste: Mo–Fr 8+18, Sa 8+19; So 8, 10 (Hochamt), 12 + 18 Uhr ▶Der erste katholische Kirchenbau in Berlin nach der Reformation sollte Preußens Religionsfreiheit symbolisieren. Die dem Pantheon in Rom nachempfundene Kirche basiert auf Zeichnungen des Großen Friedrich, der sie von Knobelsdorf realisieren ließ. Nach den Kriegszerstörungen geriet der Innenraum ziemlich kahl.
www.hedwigs-kathedrale.de
↗ **Musik** Jeden Mittwoch 15 Uhr, 30 Minuten Orgelmusik.
www.hedwigs-kathedrale.de

188 St. Marien-Kirche D-E8
Karl-Liebknecht-Str. 8 (Mitte) SU Alexanderplatz ☎ 234 57 468 Gottesdienst: So 10:30, sonst: tgl. 10–20, Führung tgl. 14, Führung zum Totentanz Mo+Di 13 ▶In der bis Ende des 15. Jahrhunderts fertiggestellten Kirche findet sich die bedeutendste mittelalterliche Wandmalerei, die sich im norddeutschen Raum erhalten hat. Der Totentanz aus den Jahren 1484/85 stammt vermutlich von einem Mönch des nahegelegenen Franziskanerklosters.

Industriearchitektur

Nach der Reichsgründung im Jahre 1871 erlebt Berlin einen boomartigen industriellen Aufschwung. Lebten hier 1871 noch 865 000 Menschen so waren es um die Jahrhundertwende bereits zwei Millionen. Die vielen tausend Zuwanderer die ihr Glück in der aufstrebenden Industriemetropole suchten, fanden Arbeit v.a. in den Fabriken in Moabit und dem neu entstandenen Arbeiterbezirk Wedding. Der Maler Heinrich Zille hat uns bleibende Eindrücke vom Elend der schlecht bezahlten Menschenmassen hinterlassen. Ein anderer unvergessener Künstler dieser Zeit ist der Industriedesigner Peter Behrens, der das industrielle Design revolutionierte – wenn nicht gar erfand, denn vor seiner Zeit bediente man sich auch für Industriebauten einer historisierenden Formensprache. Behrens, der Chefdesigner der AEG und Lehrer von Mies van der Rohe und Le Corbusier, erfand hier sozusagen die spätere Formensprache des Bauhauses und gestaltete seine Bauten nüchtern, funktional und schön.

189 AEG am Humboldthain A-B7
Brunnenstr. 107 (Gesundbrunnnen) SU Gesundbrunnen ▶Emil Rathenau kaufte das Gelände 1895 und ließ es mit AEG Maschinenfabriken bebauen. Auffällig ist das monumentale Eingangstor von F. Schwechten. Die meisten der roten Backsteinbauten entstanden dann aber ab 1907 unter Peter Behrens. Man kann das Gelände entlang der Schienen durchqueren. Dabei sollte man unbedingt einen Blick in die von der TU genutzte Großmaschinenhalle werfen. Man verläßt das Gelände durch den Neubau von Paul Keihues an der Voltastraße (Deutsche Welle).

190 AEG Montagehalle B7
Hussitenstr. 24 (Gesundbrunnnen) U Voltastraße ▶Angelehnt an die Turbinenhalle baute Peter Behrens 1911 die Montagehalle für Großmaschinen mit einer Länge von 180m. Besonderheit: Ein komplett verglastes Dach.

191 AEG Oberschöneweide und Turm von Peter Behrens Übersicht g9
Wilhelminenhofstr. 76-78 (Oberschöneweide) S Schöneweide ▶Das riesige Gelände wurde 1915 für die Nationale Automobil AG gebaut. Planungen u.a. von Peter Behrens. Allein die Fronten des Hauptgebäudes sind über 1km lang.

192 AEG Turbinenhalle D3
Huttenstr. 12-16 (Tiergarten Süd) S Beusselstraße ▶Gilt als wichtigster Industrie-

bau Berlins. Halle ohne tragende Wände in Stahlskelettbauweise. Die Turbinenhalle von Peter Behrens ist bis heute wegweisend für Industriebauten. Man sollte sich die Seitenansicht von der Berlichingenstraße aus ansehen Hier wurde erstmals absichtlich die nackte Konstruktion eines Industriebaus als Stilmittel benutzt. Hier arbeitet heute noch die Firma Siemens, so daß die Halle leider nicht von innen besichtigt werden kann.

193 Borsigwerke Übersicht d5-d6
Berliner Str. 11 (Tegel) U Borsigwerke ▶Industriekomplex mit zehn Einzelbauten, die entlang einer Hauptachse angelegt sind. Besonders schönes Beispiel einer Industriearchitektur des ausgehenden 19. Jahrhunderts, die mit Rundbogenfenstern, Giebeln, Pilastern und anderen Schmuckelementen einer historisierenden Idee verpflichtet ist. Der Borsigturm ist mit einer Höhe von 63m das erste Hochhaus Berlins. Heute ist hier v.a. Einkaufen angesagt.

194 Fabrik Osloer Straße Übersicht d-e7
Osloer Str. 12 (Gesundbrunnnen) U Osloer Str. ☎493 90 42 ▶In der ehemaligen Maschinenfabrik Roller herrscht heute alternatives Kulturleben. U.a. gibt es ein Kindermuseum und ein Hostel.
↗ **Gäste-Etage** ☎493 10 70 € (Preise 2004) Ü/Selbstversorger 14€, Ü/F 16–17€, Bettwäsche 4€ (kann auch mitgebracht werden); Lunchpaket, warmes Essen 3–6€ ▶Alternativ, Selbstversorgerküchen, Aufenthaltsräume, Seminarausstattung. 70 Betten in ehemaliger Maschinenfabrik in Wedding. *www.gaesteetage.de*

195 Heizkraftwerk Moabit C4
Friedrich-Krause-Ufer 10 (Moabit) SU Westhafen ▶Architekt: Franz H. Schwechten, 1899.

196 Hochbahnanlage Bülowstraße G5
Bülowstraße (Schöneberg) U Bülowstraße ▶Weil die um 1902 angelegte Hochbahnstrecke mit ihrem funktionalen, schlichten Charakter den feinen Anliegern nicht zusagte, mußte dieser Bahnhof im Nachhinein verhübscht werden. Architekten: Heinrich Schwieger, Alfred Grenander, Bruno Möhring, Cremer & Wolfenstein, 1899.

197 Kulturbrauerei B9
Knaackstr. 97 (Prenzl. Berg) U Eberswalder Str. ☎443 150 ▶Die Formensprache mittelalterlicher Burgarchitektur täuscht leicht darüber hinweg, daß mit diesen Gebäuden eine der ersten industriemäßig organisierten Bierbrauereien errichtet wurde. In der 2. Hälfte des 19. Jh. verlegte die Schultheiss-Brauerei ihren Standort hierher. Heute kommerziell genutzt.
↗ **Touristen-Info Kulturbrauerei** 912 06 775 🕒So–Mi 12–18, Do–Sa 12–20 ▶Touristeninfo für den Großbezirk Pankow (Penzl' berg, Weißensee, Pankow) *www.tic-prenzlauerberg.de*

198 Osramhöfe Übersicht e7
Oudenarder Str. 16 (Wedding) U Seestraße, U Nauener Platz ▶Die schön restaurierten Osramhöfe werden vielfältig genutzt, u.a vom Tagesrestaurant Rossi und einigen Outlets.
↗ **Marc Cain Second Season** ☎455 00 90 🕒Mo–Fr 10–19, Sa 10–16 ▶Vorjahresmodelle des Designers für die Hälfte des Preises. Nur für Frauen. Immer noch happig, aber ein Besuch der Osramhöfe lohnt auf jeden Fall.
↗ **Ausbildungsrestaurant Rossi** Aufgang 9, 4.OG ☎455 08 050 🕒Mo–Fr 11.45–13.45 € 1,80–4,19€, Frühstücksbuffet für 3,50 von 8:30–10:30 ▶In dem Ausbildungsrestaurant des SOS-Berufsausbildungszentrums lernen benachteiligte Jugendliche. Sehr gutes Speiseangebot.

199 Pfefferberg C9
Schönhauser Allee 176 (Prenzl. Berg) U Senefelderpl. ☎443 83 342 ▶Ehemals Brauerei des bayrischen Braumeisters Pfeffer. Ein Verein bemüht sich um den Erhalt der Anlage. Wenn schon Biertrinken, dann lieber hier.
↗ Biergarten ab April tgl. 12:00–open end € Bier (0,4 l) 2,50 ☎ Büro 8-17 Uhr: 443 83 342 ▶Kostenfreie und kostenpflichtige Musikveranstaltungen an den Wochenenden. *www.pfefferwerk.de*
☛ **café cantina** zum Pfefferberg **357**

200 Shell-Haus F5
Reichpietschufer 60-62 (Tiergarten Süd) 🚌 M29 ▶Herausragendes Beispiel für

die Architektur der Weimarer Republik von Emil Fahrenkamp. Die wellenförmige Fassade steigt von 5 auf 10 Geschosse an.

201 Siemenswerke Übersicht e5
Nonnendammallee 72, 101 und 104 (Spandau) U Rohrdamm ▶Architekten: K. Janisch, Carl Dihlmann, F. Blume, Hans Hertlein, Walter Henn (1906-1959).

202 Ullsteinhaus Übersicht g7
Mariendorfer Damm 1-3 (Tempelhof) U Ullsteinstraße ▶Das Gebäude mit einer Nutzfläche von 52.000m² wurde 1925-27 nach Entwürfen von Eugen Schmohl für den Ullstein-Verlag als Druckerei und Buchbinderei erbaut. Es stellt ein hervorragendes Beispiel expressionistischer Architektur dar. Bemerkenswert ist der plastische Schmuck, wie die Ullstein-Eule von Fritz Klimsch. Der 77m hohe Turm hat v.a. emblematische Bedeutung.

Kultur

Nr. 226

BERLIN ist im Kulturbereich – trotz ständiger Kürzungsdebatten – wahrscheinlich immer noch viel besser ausgestattet als die meisten Städte der Welt.

Das ist weitgehend ein Überbleibsel aus Berlins Zeit als Frontstadt zwischen Sozialismus und Kapitalismus. Jede Seite der geteilten Stadt hatte eine Art Schaufensterfunktion sowohl für die Welt wie auch für die eigenen Leute. In der Hauptstadt der DDR wollte man die Überlegenheit des Sozialismus demonstrieren, im eingemauerten Westberlin die Herrlichkeiten des Kapitalismus als des besseren Systems anpreisen. Es war sicher auch eine wichtige Überlegung, die Stadt für die verbliebenen Eingeschlossenen wenigstens kulturell attraktiv zu machen, denn ein Umland gab es ja praktisch nicht. Die lange Zeit der Teilung ist ja auch der Grund dafür, daß es hier viele Institutionen doppelt gibt. In welcher Stadt der Welt kann man schon zwischen drei Opernhäusern, zwei Staatsbibliotheken und zwei Nationalgalerien wählen? Ferner war hier das Überleben zu Mauerzeiten geradezu traumhaft billig, was immer auch kreative Menschen anzieht. Es gab reichlich Nischen. Die Sache war hochsubventioniert und hing komplett am üppigen Tropf der Bundesrepublik – woraus übrigens die meisten heutigen Probleme der Stadt entstanden sind.

Die Teilung ist immer noch nur zum Teil behoben, und die Berliner Kulturlandschaft in einer von zahlreichen Diskussionen begleiteten Umgestaltung begriffen, die man täglich in den Medien verfolgen kann. Für kulturinteressierte Besucher und auch für die Berliner selbst kann das durchaus ein Vorteil sein, denn Sie haben viel mehr Auswahl als in jeder anderen deutschen Stadt und müssen häufig auch weitaus weniger dafür bezahlen.

Die Geschichte beginnt aber im Grunde wesentlich früher. Um Sie jetzt nicht mit steinzeitlichen Haufendörfern zu langweilen, hier nur ein paar Sätze. Die Gründung des Königreichs Preußen im kargen märkischen Sand begann mit Friedrich I (1701-1713), dem Großvater Friedrichs des Großen, der sich zunächst »König in Preußen" nannte. Auf ihn gehen auch die ersten Prachtbauten wie das Zeughaus (Nr. 238) und das Charlottenburger Schloß (Nr. 156) zurück. Friedrich Wilhelm I, (1713-1714), bekannter unter dem Namen »Soldatenkönig«, rüstete dann erstmal mächtig auf, wobei für kulturelles Engagement nicht viel übrigblieb. Der pfeifenrauchende und prügelnde König war ohnehin nicht gerade ein Feingeist, wie vor allem bei Fremdenführern beliebte Anekdoten immer wieder illustrieren. Erst Friedrich II »der Große" verlieh seinem Königreich und damit vor allem der Stadt durch seine gnadenlose Eroberungspolitik und sein kulturelles Mäzenatentum eine im europäischen Maßstab ernstzunehmende Dimension. Er machte Berlin zur deutschen Hauptstadt der Aufklärung und veranlaßte den Ausbau der Linden und des Schlosses Charlottenburg sowie den Bau von Schloß Bellevue. Seine bekannteste Schöpfung dürfte allerdings Schloß Sanssouci (Nr. 1095) in Potsdam sein. Er trieb mit der Gründung von Seiden-und Porzellanmanufakturen auch den industriellen Aufschwung Berlins voran. Spuren seiner Kulturpolitik und der seiner Nachfolger begegnet man heute noch auf Schritt und Tritt. Ein wichtiger Schritt in der Bildungspolitik war die Gründung der Berliner Universität durch Wilhelm von Humboldt 1810. Das Stadtbild wurde in dieser Zeit vor allem durch Bauten Karl Friedrich Schinkels geprägt, der u.a. die Neue Wache, das Schauspielhaus (1818-1821 heute Konzerthaus, Nr. 258) und das Alte Museum (1824-30, Nr. 227) entwarf. Es ist übrigens das älteste Museum Berlins.

Als 1871 nach dem Sieg über Frankreich Berlin zur Reichshauptstadt und Wilhelm I zum deutschen Kaiser erhoben wurde, zog das einen unvorstellbaren Wirtschaftsboom nach sich. Man muß sich nur einmal vorstellen, daß der Berlin immer noch prägende gründerzeitliche Altbaubestand in dieser Zeit errichtet wurde. Damit verbunden war ein Aufschwung der Künste und Wissenschaften, so daß sich das gestiegene deutsche Selbstbewußtsein in zahlreichen neuen Bauten für Kultur und Wissenschaft repräsentierte. Naturkundemuseum (1875-1889, Nr. 246), Staatsbibliothek Unter den Linden (1903-1914), Museumsinsel und wichtige Bauten der Museumsinsel (Nr. 158).

Die kulturell außerordentlich kreative Weimarer Republik läßt sich heute vor allem in der Gemäldesammlung der Neuen Nationalgalerie (Nr. 234) bewundern, aber auch in einigen Bauwerken wie dem Ullstein-Haus (Nr. 202), Shell-Haus (Nr. 200) und dem Einstein-Turm in Potsdam ist ihr bahnbrechender Wille zur Modernität spürbar.

Der Nationalsozialismus hat seine Spuren dann vor allem in der Zerstörung von Kultur hinterlassen. Von dieser schlimmen Zeit künden zahlreiche Gedenkstätten für die Opfer, aber auch noch ein paar Monumentalbauten wie das Olympiastadion mit Langemarckhalle (Nr. 145) oder der Flughafen Tempelhof (Nr. 171). Nicht zu vergessen auch die unglaublichen Kriegsschäden, die in vielen Brachen noch spürbar sind, aber auch echte Städtebau-Sünden mit denen der Westberliner Klüngel einträglich die Lücken füllte.

Ich habe auch bei der Kultur auf kulturellen Mehrwert geachtet, was vielleicht absurd klingt. Aber ich höre mir ein Konzert zum Beispiel viel lieber in einem baulich interessanten Gebäude an oder sehe einen Film in einem total verplüschten Filmpalast, statt in einem einheitsdesignten Multiplex. Das gehört ja zum Erleben irgendwie dazu. Diese Kombination findet man in Berlin ziemlich häufig, und vor allem zu Preisen, die alles schlagen.

Ich habe mich in diesem Kapitel ziemlich an den Mainstream gehalten, denn für Menschen die sich aus bestimmten Gründen einer bestimmten Szene zugehörig fühlen, sind die zugehörigen Informationen eine Selbstverständlichkeit. Ich meine, wenn Sie zum Beispiel Anhänger einer bestimmten Musikrichtung sind oder Mitglied der schwul-lesbischen Community, sind Sie in dem für Sie interessanten kulturellen Teilbereich sowieso besser informiert als ich das jemals sein werde. Andererseits wird Sie das nicht unbedingt daran hindern, sich für einen Besuch des Konzerthauses oder des Pergamonmuseums zu begeistern. Ich habe auch einen gewissen Respekt vor »Geheimtips", vor denen dann leider schon der Touristenbus wartet.

Ein großer Reichtum unserer Stadt ist auch die Vielfalt der Kulturen. Es dürfte kaum eine zweite Stadt in Deutschland geben, wo man eine schwul-lesbisch-türkische Disko (Nr. 333) besuchen oder ein ehemaliges DDR-Lehrer-Kabarett (Nr. 55) erleben kann. Deshalb möchte ich Ihnen auch diese Chancen besonders ans Herz legen.

Museen Gedenkstätten

Für alle Museen gilt:
»SchauLust Museen Berlin« ist eine Drei-Tages-Karte, die zum Besuch von 61 Museen berechtigt und 12 bzw. 6€ kostet. Allerdings gilt die Karte nur für die ständigen Sammlungen, nicht für Sonderausstellungen. Erhältlich bei der Touristeninformation und in den beteiligten Museen. Weitere Informationen sind erhältlich beim Museumspädagogischen Dienst Berlin (Tel. 283 97 444), beim Besucherdienst der Staatlichen Museen (Tel. 209 05 566) und unter: *www.mdberlin.de*

Immer umsonst

203 Abguß-Sammlung E1
Schloßstr. 69b (Charlottenburg) Ⓤ Richard-Wagner-Platz ☎342 40 54 ◷Do–So 14–17 ⓔ frei ▶Kopien antiker Meisterstücke beim Schloß Charlottenburg.

204 Alliierten Museum Übersicht g5
Clayallee 135 (Dahlem) Ⓤ Oskar-Helene-Heim ☎818 19 90 ◷tgl. 10–18, außer Mittwoch ⓔ Eintritt frei ▶Geschichte der Alliierten in Berlin von 1945-1994. Militaria, Waffen, technische Geräte. Prunkstück ist ein »Rosinenbomber«, der als Kino dient. *www.alliiertenmuseum.de*

205 Anti-Kriegs-Museum B4
Brüsseler Str. 21 (Wedding) Ⓤ Amrumer Str. ☎454 90 110 ◷tgl. 16–20 ⓔ Eintr. frei ▶1982 von engagierten Kriegsgegnern in der Tradition des Gründers *Ernst Friedrich* wiedereröffnetes Museum (gegr. 1925). Alles was mit Krieg zu tun hat; u.a. ein begehbarer Luftschutzkeller aus dem Zweiten Weltkrieg.
www.antikriegsmuseum.de

206 Daimler Chrysler Contemporary im Haus Huth F6
Alte Potsdamer Str. 5 (Tiergarten Süd) ⓈⓊ Potsdamer Platz ☎259 41 420 ◷tgl. 11–18 ⓔ Eintritt frei ▶Der Konzern zeigt hier seine Kunstsammlungen der Öffentlichkeit. Wechselnde Ausstellungen moderner Kunst.
www.sammlung.daimlerchrysler.com

207 Deutscher Dom E7
Gendarmenmarkt (Mitte) Ⓤ Stadtmitte ☎227 30 431 ◷Okt.–April Di–So 10–18; Mai–Sept Di–So 10–19; Führungen tgl. 11 u. 13:00; Gruppenführungen rechtzeitig vereinbaren. ⓔ Eintritt frei ▶Die Ausstellung »Wege, Irrwege, Umwege« dokumentiert die Geschichte des Parlamentarismus ab 1848.
www.bundestag.de/deutscherdom

208 Deutsch-Russisches Museum Karlshorst Übersicht f10
Zwieseler Str. 4 (Karlshorst) Ⓢ Karlshorst ☎501 50 810 ◷Di–So 10–18 ⓔ Eintritt frei ▶Hier wurde mit der bedingungslosen Kapitulation der deutschen Wehrmacht der Zweite Weltkrieg beendet. Filmisch-akustische Dokumente sowie vielfältige Originalstücke dokumentieren die deutsch-sowjetischen Beziehungen v.a. im Krieg. *www.museum-karlshorst.de*

209 Dokumentationszentrum Berliner Mauer C7
Bernauer Str. 111 (Gesundbrunnnen) Ⓤ Bernauer Str., Ⓢ Nordbahnhof ☎464 10 30 ◷April–Okt. Di–So 10–18, Führungen Sa+So 14 ⓔ Eintr. frei ▶Im Zentrum steht hier die Ausstellung »Berlin, 13. August 1961«. Digitales Besucherarchiv, O-Ton Berichte und Zeitzeugenaussagen. Mit Aussichtsplattform über dem ehemali-

gen Todesstreifen, der hier über ein kurzes Stück vollständig konserviert ist. *www.berliner-mauer-dokumentations zentrum.de*

210 Friedrichswerdersche Kirche E8
Werderscher Markt (Mitte) U Hausvogteiplatz ☎ 208 13 23 tgl.10–18
Eintritt frei ▶ In der von Schinkel erbauten Kirche befindet sich das Schinkel-Museum. Schinkels Wirken in Berlin und Skulpturen von Schadow, Rauch und Schinkel. *www.smb.museum*

211 Gedenkstätte Deutscher Widerstand F5
Stauffenbergstr. 13-14 (Tiergarten Süd) Bus M29 bis Gedenkstätte Dt. Widerstand ☎ 269 950 00 Mo–Mi 9–19, Do 9–20, Fr 9–18, Sa/So 10–18. Jeden Sonntag 15 Uhr kostenlose Führung. Sporadisch werden thematisch passende Filme gezeigt. Es gibt viele Vorträge und Diskussionsrunden. Bitte erfragen. Eintritt frei ▶ Widerstand gegen den Nationalsozialismus. Die führenden Offiziere des 20. Juli 1944, unter ihnen Graf Stauffenberg, wurden hier noch in der Nacht nach dem Attentat auf Hitler erschossen.

212 Gedenkstätte Plötzensee B3
Hüttigpfad (Charlottenburg) S Beusselstraße ☎ 344 32 26 tgl. 9–17, ab Nov. 9–16 Eintritt frei ▶ Gedenkstätte für die Opfer des Nationalsozialismus aus dem In-und Ausland. Hier wurden zahlreiche Widerstandskämpfer hingerichtet.

212 Gedenkstätte und Museum Sachsenhausen Außerhalb der Karten, nördlich Übersicht a6
Straße der Nationen 22 (Oranienburg) ☎ (03301) 20 00 S Oranienburg 15. März.–14. Okt: Di–So 8:30–18, 15. Okt.–14. März: Di–So 8:30–16:30 Eintritt frei für Einzelpersonen. Gruppen bis 15 Personen 15€. Bei ausländischen Gruppen zzgl. 25€ für die Betreuung in der Fremdsprache. ▶ Hier waren nach dem Novemberpogrom von 1938 bis zu ihrer Deportation in die Vernichtungs-lager jüdische Häftlinge untergebracht.
www.gedenkstaette-sachsenhausen.de

213 Haus der Wannsee-Konferenz Übersicht h4
Am Großen Wannsee 56-58 (Wannsee) S Wannsee, weiter mit Bus 114 ☎ 805 00 10 tgl. 10–18 Eintritt frei ▶ Hier wurde am 20. Januar 1942 die »Vernichtung« der europäischen Juden beschlossen. Eine Ausstellung informiert über die sog. Wannsee-Konferenz und der Völkermord an den europäischen Juden.

214 Holocaust-Mahnmal E6
Cora-Berliner-Straße S Unter den Linden ☎ 26 39 43 11 tgl. 24 h, Ort der Information Di–So 10–20 Eintritt frei
▶ Das Denkmal für die Ermordeten Juden Europas wurde von Peter Eisenmann gestaltet. *www.holocaust–mahnmal.de*

www.hgb–leibzig.de/mahnmal/
(Leipziger Kunststudenten haben diese Website über die kontroverse Debatte und Geschichte um das Mahnmal konzipiert. Sie zeigt auch Gegenentwürfe und andere Gedenk-Orte in Berlin)

215 Luftwaffenmuseum der Bundeswehr Übersicht g3
Ritterfelddamm/Am Flugplatz Gatow (Zufahrt; Gatow) Bus 136 bis Ritterfelddamm ☎ 368 72 604 Di–So 9–16 Eintritt frei ▶ Auf dem ehemaligen Flugplatz der Royal Air Force gibt es eine Dauerausstellung zur Luftfahrtgeschichte sowie Platz für wechselnde Sonderausstellungen. Luftfahrzeuge und technische Geräte können auch auf dem Freigelände besichtigt werden. Tip: Mit der Fähre F10 von Wannsee nach Kladow, dann mit dem Rad weiter.
★★★ *www.luftwaffenmuseum.de*

216 Museum der Staatlichen Münze Berlin Übersicht d6
Ollenhauerstr. 97 (Reinickendorf) SU Karl-Bonhoeffer-Nervenklinik Mo–Fr 10–16, So 14–17 Eintritt frei, Führung durch die Produktion 2,50€ p.P. ▶ Sehenswerte Ausstellung über 725 Jahre Münzprägung in Berlin. *E-Mail:manuela.fuchs@ muenze–berlin.de*

217 Polizeihistorische Sammlung J7
Platz der Luftbrücke 6 (Tempelhof)
U Platz der Luftbrücke ☎ 466 499 4762 Mo–Mi 9–15, Do+Fr nur Gruppen mit Voranmeldung Eintritt frei ▶ In drei Räumen wird die historische Entwicklung der Politzei seit 1840 gezeigt. Uniformen und spektakuläre Verbrechen sind zu besichtigen.

218 Topographie des Terrors F7
Niederkirchnerstr. 8 (Kreuzberg) U Kochstraße, S Anhalter Bahnhof ☎ 254 86 703 ⌚ tgl. 10–18, Mai–Sept. 10–20. Kostenlose Führungen für Gruppen in Deutsch, Englisch, Französisch bitte vereinbaren € Eintritt frei ▶ Open-Air-Dokumentation zur GeStapo, SS, Reichssicherheitshauptamt.

Montags umsonst

219 Deutsche Guggenheim E7
Unter den Linden 13-15 (Mitte) SU Friedrichstr. ☎ 202 09 30 ⌚ tgl. 11–20, Do11–22; tgl.18:00 kostenlose Führung € Montags umsonst; sonst 4/3€. 50% mit der WelcomeCard. ▶ Eine Kooperation der Deutschen Bank mit der Solomon R. Guggenheim Foundation. Wechselausstellungen zeigen Werke der klassischen Moderne und Gegenwartskunst.
www.deutsche-guggenheim.de

Mittwochs umsonst

Wenn man sich ausgesprochen für Stadtgeschichte interessiert und Biedermeiereinrichtungen zu schätzen weiß, sollte man unbedingt die Museen der folgenden Mittwochs-umsonst-Rubrik besuchen: Märkisches Museum, Nikolaikirche und Ephraimpalais (können mit derselben Eintrittskarte benutzt werden: 4/2€).

220 Freilichtmuseum Domäne Dahlem Übersicht g5–g6
Königin-Luise-Str. 49 (Dahlem) U Dahlem-Dorf, 🚌 X83 bis Museen Dahlem ☎ 666 30 00 ⌚ Mi–Mo 10–18 € Mittwochs umsonst ▶ Wechselnde Ausstellungen, Tierzucht und alte Handwerkstechniken. Im Hofladen kann man sich ökologisch korrekt mit Lebensmitteln aus eigenem Anbau eindecken. *www.domäne-dahlem.de*

221 Gedenkstätte Hohenschönhausen Übersicht e9
Genslerstr. 66 (Hohenschönhausen) 🚋 M5 ☎ 986 08 230 ⌚ Nur mit Führung: Mo 11+13, Di/Mi/Do 11+13+15, Fr 11+13, Sa/So 10–16 jede volle Stunde € Jeden Tag frei für (angemeldete) Schulklassen. Mittwochs frei für Einzelpersonen, sonst 3/1,50€. Gruppen müssen leider auch Mittwochs bezahlen. Jeden ersten Mittwoch im Monat frei. ▶ Von den Nazis erbautes und von den Sowjets und später der Stasi genutztes Gefängnisareal. In dem später errichteten riesigen Gefängnis des MfS wurden v.a. Regimegegner und Republikflüchtlinge gefangen gehalten: u.a. Rudolf Bahro. Gezeigt werden auch Haftbedingungen und Foltermethoden der 3 Regime. Tip: Nr. 370, Kantine im Rathaus Hohenschönhausen.
www.stiftung-hsh.de

222 Märkisches Museum E9
Am Köllnischen Park 5 (Mitte) U Märkisches Museum ☎ 308 660 ⌚ Di 10–18, Mi 12–20, Do–So 10–18 € Mittwochs Eintritt frei, sonst 4/2€ ▶ Erstaunliches historistisches Gebäude aus dem Jahr 1908, das alle wichtigen Baustile Berlin-Brandenburgs widerspiegeln möchte. Geschichte Berlins und der Mark. Dauerausstellung, die sich dem »Bürgerlichen Berlin« widmet und den Aufstieg der Stadt zu einer modernen Industriemetropole dokumentiert. Das Bürgertum des 19. Jahrhunderts wird in seiner Zerrissenheit zwischen konservativen und fortschrittlichen Tendenzen gezeigt. *www.stadtmuseum.de*

223 Museum Ephraim Palais E8
Poststr. 16 (Mitte) U Klosterstr. ☎ 24 00 21 21 ⌚ Di 10–18, Mi 12–20, Do–So 10–18 € Mittwochs Eintr. frei, sonst 3/1,50€ ▶ Ehemaliges Haus des Hofjuweliers von Friedrich II; wechselnde Ausstellungen zu historischen Berlin-Themen
www.stadtmuseum.de

224 Museum Nikolaikirche E8
Nikolaikirchplatz (Mitte) U Klosterstraße ☎ 247 24 529 ⌚ Di 10 18, Mi 12–20, Do–So 10–18 € Eintritt frei ▶ Geschichte der ältesten Berliner Pfarrkirche, die heute nur noch Museum ist.
www.stadtmuseum.de

Erster Mittwoch im Monat umsonst

225 Bröhan Museum E1
Schloßstr. 1a (Charlottenburg) U Richard-Wagner-Platz ☎ 326 90 600 ⌚ Di–So 10–18 € jeden ersten Mittwoch im Monat frei, sonst 5/4€ ▶ Landesmuseum für Jugendstil, Art Deco und Funktionalismus (1889–1929).

Donnerstags abends umsonst: Staatliche Museen SMPK

Staatliche Museen zu Berlin Preußischer Kulturbesitz = SMPK

Hierbei handelt es sich um Deutschlands größten öffentlichen Komplex staatlicher Kultureinrichtungen. Nach der Überwindung der deutschen Teilung wurden die beträchtlichen Sammlungen wieder zusammengeführt und finden sich z.Z. an den drei Hauptstandorten in Mitte, Dahlem und Tiergarten. Die riesigen staatlichen Kunstsammlungen sind v.a. ein Muß für Kunstfreunde. Ich rate zur 3-Tages-Karte für 15/7,50€ mit der man dann 3 Tage Zeit hat und außerdem nicht nur die 14 SMPK-Museen, sondern 38 weitere Museen besuchen kann, z.B. Technik- und Naturkundemuseum (auch als »SchauLust-Museen-Karte« für 12/7,50€ in Hotels etc. erhältlich). Eine Jahreskarte für SMPK Dauerausstellungen ohne Sonderausstellungen kostet 40/20€, mit Sonderausstellungen 80/40€.

Die Ermäßigung gilt für Schüler, Studenten und Arbeitslose. Weitere Informationen erteilt der Besucherdienst der Staatlichen Museen Berlin, Tel. 20 90 55 77 (Museumsinsel), 26 62 951 (Kulturforum: Gemäldegalerie, Kunstgewerbemuseum, etc.), 83 01 438 (Museen Dahlem), *www.smb.museum* und der Museumspädagogische Dienst Berlin, Tel. 90 26 99 444. Keine Ermäßigung mit der WelcomeCard. *www.mdberlin.de*

€ Für alle staatlichen Museen zu Berlin (SMPK) gilt: freier Eintritt am Donnerstag 4 Stunden vor Schließung eines Hauses für alle Personen und täglich für Kinder unter 16 Jahren.

Museumsinsel (SMPK)

€ Donnerstags in den letzten 4 Stunden Eintritt frei, sonst 8/4€ (einzelne Museen) bzw. 12/6€ eine Eintrittskarte für alle Häuser (Museumsinsel).

226 Alte Nationalgalerie D8
Museumsinsel Bodestr. 1-3 (Mitte) S Hackescher Markt ☎ 20 90 55 77 🕒 Di–So 10–18, Do 10–22 € s.o. ▶ Seinerzeit das erste Museum in Berlin für moderne Kunst, heute Kunst des 19. Jahrhunderts, also Romantik, Impressionismus und Realismus. *www.smb.museum*

227 Altes Museum: Antikensammlung Ägyptisches Museum E1
Bodestraße 1-3 (Mitte) U Hackescher Markt ☎ 20 90 51 08 🕒 tgl.10–18, Do – 22 € s.o. ▶ Das erste Museum auf der Museumsinsel wurde nach Entwürfen Schinkels erbaut. Griechische, römische und etruskische Kunst ist hier zu sehen. ▶ Ägyptisches Museum: eine der weltweit herausragenden Sammlungen ägyptischer Kunst aus der Zeit Echnatons. Papyrussammlung. Bekanntestes Exponat: Büste der Nofretete. Dieses Museum zieht auf absehbare Zeit wieder auf die Museumsinsel zurück, wo sich die Sammlung vor der Teilung befand. *www.smb.museum*

228 Pergamonmuseum D-E8
Museumsinsel am Kupfergraben (Mitte) S Hackescher Markt ☎ 20 90 55 77 🕒 Di–So 10–18, Do 10–22 € s.o. ▶ Berühmtestes Haus der Museumsinsel und ganz Berlins mit dem Pergamonaltar und weiteren Monumentalbauten der Antike. Museum für islamische und vorderasiatische Kunst im gleichen Haus. *www.smb.museum*

Charlottenburg (SMPK)

€ Donnerstags in den letzten 4 Stunden Eintritt frei, sonst 6/3€ (alle Häuser)

229 Helmut-Newton-Stiftung F3
Jebensstr. 2 (Charlottenburg) SU Zoolg. Garten ☎ 31 86 48 25 🕒 Di–So 10–18, Do bis 22 Uhr! € s.o. ▶ Museum für Fotografie. Auf zwei Etagen sind wechselnde Ausstellungen zu sehen. In erster Linie widmet sich die Stiftung dem Werk Helmut Newtons, aber auch Bilder anderer Fotografen sollen gezeigt werden. *www.smb.museum*

230 Museum für Vor- und Frühgeschichte D1
Spandauer Damm 22 (Charlottenburg) S Westend ☎ 326 74 8-40 🕒 Di–Fr 9–

17, Sa/So 10–17 (ab Juni 2004 wieder komplett zu besichtigen) € s.o. ▶Im Schloß Charlottenburg, Langhansbau. Steinzeit und ein Teil der Bronzezeit. Unter anderem findet sich hier Schliemanns »Schatz des Priamos«, allerdings nur als Kopie. *www.smb.museum*

231 **Sammlung Heinz Berggruen** E1
Schloßstr. 1 (Charlottenburg) U Richard-Wagner-Platz ☎326 95 80 Di–So 10–18 € s.o. ▶Die Sammlung zeigt das Ergebnis einer über 40 Jahre währenden Sammlertätigkeit des Kunsthändlers Heinz Berggruen. Werke Picassos im Kontext der klassischen Moderne. *www.smb.museum*

Kulturforum (SMPK) vgl. »Kulturforum«

€ Donnerstags in den letzten 4 Stunden Eintritt frei, sonst 8/4€ (alle Häuser)

232 **Gemäldegalerie** F5-6
Matthäikirchplatz (Tiergarten Süd) SU Potsdamer Platz ☎266 21 01 Di, Mi, Fr 10–18, Do 10–22, Sa/So 10–18 € s.o. ▶Eine der weltweit bedeutendsten Sammlungen europäischer Malerei vom 13. bis 18. Jahrhundert. Im Gebäude befinden sich auch das Kupferstichkabinett und die Kunstbibliothek.
www.smb.museum

233 **Kunstgewerbemuseum** F6
Matthäikirchplatz (Tiergarten Süd) SU Potsdamer Platz ☎266 29 02 Di–Fr 10–18, Sa/So 11–18 € s.o. ▶Eine der bedeutendsten Sammlungen europäischen Kunsthandwerks: Möbel, Porzellan, Schmuck und Kleidung.
www.smb.museum

234 **Neue Nationalgalerie** F6
Potsdamer Str. 50 (Tiergarten Süd) SU Potsdamer Platz ☎266 26 51 Di, Mi, Fr 10–18, Do 10–22, Sa/So 10–18 € s.o. ▶Nach einem Entwurf von Mies van der Rohe erbaut. Zu sehen gibt es Klassiker der modernen Malerei und wechselnde Ausstellungen. *www.smb.museum*

Hamburger Bahnhof (SMPK)

235 **Hamburger Bahnhof Museum für Gegenwart** D6
Invalidenstr. 50/51 (Moabit) S Hauptbahnhof/Lehrter Bhf. ☎397 83 412 Di–Fr 10–18, Sa/So 11–18 € Eintritt donnerstags in den letzten 4 Stunden frei ▶In dem wunderbaren Bau des von Friedrich Neuhaus entworfenen Bahnhofs findet man heute Beuys, Warhol, Twombly, Rauschenberg und Kiefer. Verlängerung der Neuen Nationalgalerie in die Gegenwartskunst. *www.smb.museum*

Dahlem (SMPK)

In Dahlem kann man v.a. außereuropäische Kunst und Kulturen bewundern.
€ Donnerstags in den letzten 4 Stunden Eintritt frei, sonst 6/3€ für alle Häuser.

236 **Ethnologisches Museum ehem. »Völkerkundemuseum«** Übersicht g5–g6
Lansstr. 8, (auch Arnimallee 27, Dahlem) U Dahlem-Dorf ☎830 11 Di–Fr 10–18, Sa/So 11–18 € s.o. ▶Hier findet sich alles, was den Ethnologen und den an außereuropäischer Kunst Interessierten fesselt. *www.smb.museum*

↗ **Indische Kunst** ▶500 Exponate spiegeln einen Zeitraum von 3000 Jahren indischer Kunst und Kultur.

↗ **Ostasiatische Kunst** ▶In vierteljährlich wechselnden Ausstellungen wird hier die Kunst Chinas, Japans und Koreas gezeigt (Tel. 8301382).

↗ **Eßkultur im Museum Dahlem**
☎680 89 344 Di–Fr 10–18, Sa+So 11–18, Mittagstisch Di–So 12–16 € 4–9€ ▶Nicht nur die Museumsbesucher, sondern auch die Mitarbeiter der umliegenden Institute freuen sich über das abwechslungsreiche und außergewöhnlich gute Essen. Sie erleben mit »eßkultur« Geschmacksreisen durch Küchen und Kulturen. ★★★ *www.esskultur-berlin.de*

237 **Museum Europäischer Kulturen ehem. »Museum für Volkskunde«** Übersicht g5–g6
Im Winkel 6/8 (Eingang: Arnimallee 25, Dahlem) U Dahlem-Dorf ☎83 901 287 Di–Fr 10–18, Sa/So 11–18 € s.o. (SMPK) ▶Vormals u.a. »Museum für Volkskunde«. Schwerpunkt des Museums ist die europäische Alltagskultur vom 18. Jahrhundert bis zur Gegenwart. Attraktionen z.B.: mechanischer Weihnachtsberg

aus dem Erzgebirge, europäischer Weihnachts- und Ostermarkt. *www.smb.museum*

Jugendliche frei (bis 17 Jahre enschl.)

238 Deutsches Historisches Museum E8
Unter den Linden 2/ Hinter dem Gießhaus 3 (Mitte) SU Friedrichstraße ☎ 203 040 tgl. 10–18 Erwachsene 2€, Jugendliche unter 18 Jahren frei 4€ (Jugendl. bis 17 Jahre enschl. fei; eventuell auch Montags frei) ▶(eröffnet Pfingsten 2006) Große Ausstellung zur Geschichte Deutschlands mit vielen hochrangigen Exponaten. Sehenswerter Anbau von I. M. Pei (Wechselausstellungen) *www.dhm.de*
↗ **Zeughaus Kino** (Eingang an der Spreeseite) Do-So Alle Vorstellungen 5€ ▶Gezeigt werden historische Reihen, gern auch passend zu Ausstellungen, oft selten gezeigte Filme, OVs.

Weitere wichtige Museen

Die folgenden Museen bieten leider keinen Tag mit kostenlosem Eintritt an. Angesichts der herausragenden Exponate sollte man sie dennoch unbedingt besuchen, notfalls sogar mit normalem Eintritt, wenn man keine Ermäßigung in Anspruch nehmen kann.

239 Berlinische Galerie F8
Alte Jakobstr. 124–128 (Kreuzberg) U Hallesches Tor ☎ 78 90 26 00 Mo–So 10–18 7/4€ am ersten Montag im Monat 2€ ▶Die Sammlung von Kunst mit Berlinbezug, die auf eine private Initiative von Kunstliebhabern zurückgeht, besitzt Fotokonvolute von Erich Salomon, Heinrich Zille und aus der DDR, eine große Dada–Sammlung sowie großartige Einzelwerke. ✍ *www.berlinische-galerie.de*

240 DDR Museum Berlin E8
Karl-Liebknecht-Str. 1, Spreepromenade an der Liebknechtbrücke (Mitte) S Hakkescher Markt ☎ 847 123 730 von Ende Juni an wahrscheinlich tgl. 9–20 5€, vielleicht Ermäßigungen ▶Das DDR-Museum, das Ende Juni 2006 eröffnen wird, will die Alltagskultur des untergegangenen Staates zeigen und damit auch ein Gegengewicht darstellen zu Ostalgie-Kitsch und anderen Auswüchsen der allgegenwärtigen Verwertungsindustrie. Leider waren bei Redaktionsschluß einige Fragen noch offen. Bitte im Internet nachsehen. ✍ *www.ddr-museum.de*

241 Deutsches Technikmuseum G6
Trebbiner Str. 9 (Kreuzberg) U Gleisdreieck ☎ 902 540 Di–Fr 9–17:30, Sa/So 10–18 4,50/2,50€, keine nennenswerten Ermäßigungen; angesichts der Exponate fairer Preis, 33,3% Rabatt mit der WelcomeCard. Die Eintrittskarte gilt am gleichen Tag auch für das Zuckermuseum und Oldtimerdepot am Anhalter Güterbahnhof ▶Wunderwerke der Technik, v.a.beliebt bei Vätern und Söhnen. *www.dtmb.de*

242 Forschungs-und Gedenkstätte Normannenstraße Übersicht f9
Ruschestr. 103, Haus I (Lichtenberg) U Magdalenenstr. ☎ 553 68 54 Mo–Fr 11–18, Sa/So 14–18 3,50/3€ ▶Vom Ministerium für Staatssicherheit (Stasi) aus wurden 16 Millionen Menschen terrorisiert. Man kann das Büro Erich Mielkes besichtigen und einiges über Überwachungstechnik wie Kameras in Gießkannen und Handtaschen lernen. Am 15. Januar 1990 wurde der Komplex durch aufgebrachte Bürger gestürmt. Heute residiert hier größtenteils die DB. ✍ *www.stasimuseum.de*
↗ **DB-Kantine 394**

243 Liebermann-Villa Übersicht h3/4
Colomierstraße 3 (Wannsee) S Wannsee, oder zu Wasser bis zur nämlichen Anlegestelle, weiter mit 🚌 114 ☎ 805 83 830 April–Okt. Mi–Mo 11–18, Do 11–20, Nov.–April Mi–Mo 11–17; Di geschlossen 6/4€, Führungen Sa +So 14 und 16 3€, Gruppenführungen auf Anfrage ▶Sommerhaus mit Garten am Wannsee, das sich der Maler Max Liebermann 1910 erbaute. Hier entstanden über 200 seiner Gartenbilder. Seit Mai 2006 dank der Max-Liebermann-Gesellschaft restauriert und wieder öffentlich zugänglich (Die »Villa Hamspohn« und die »Gedenkstätte Haus der Wannsee-Konferenz« befinden sich in unmittelbarer Nähe). ✍ *www.liebermann-villa.de*

244 Museumsdorf Düppel Übersicht h5
Clauertstr. 11 (Zehlendorf) S Zehlendorf, weiter mit Bus 115 bis Ludwigsfelder Str. ☎ 802 66 71 Ostern–Oktober Do 15–18, So 10–17 2/1€ ▶Das Dorf wurde nach archäologischen Funden rekonstruiert. Vergessene Handwerkstechniken hier live zu erleben. Sehr interessant für Kinder. *www.stadtmuseum.de*

245 Museum für Kommunikation F7
Leipziger Str. 16 (Mitte) U Stadtmitte ☎ 202 940 Di–Fr 9–17, Sa, So, Feiertag 11–19 3/1,50, unter 16 J. frei! ▶Im Bau des ersten Postmuseums der Welt finden sich Kostbarkeiten aus der Geschichte der Kommunikation, u.a. die ersten Telefonapparate von Philipp Reis und die Blaue Mauritius. Eine Reihe von interaktiven Stationen macht Sie spielerisch mit den Grundlagen der Kommunikation vertraut. *www.museumsstiftung.de*

246 Museum für Naturkunde C6
Invalidenstr. 43 (Mitte) U Zinnowitzer Straße ☎ 209 38 901 Di–Fr 9:30–17, Sa/So 10–18 3,50/2€, Kinder bis 6 Jahre frei. Ab 10 Pers. 3/1,50€, mit Familienkarte (2 Erw., 3 Kinder) 7€, 40% Rabatt mit WelcomeCard ▶Das größte zusammenhängende Saurierskelett der Welt (bis 2007 leider in Restaurierung) im schönsten Museum Berlins!. ★★★ *www.naturkundemuseum-berlin.de*

247 Museum Schloß Friedrichsfelde Übersicht f9
Am Tierpark 125 (Lichtenberg) U Tierpark ☎ 666 35 035 Di–So 13–17 2€ (ohne Tierparkeintritt) ▶Inneneinrichtung, Gemälde und Kunsthandwerk aus dem 18. Jh. in reizvoller Umgebung. Der ehemalige Schloßpark ist heute eine großer Tierpark. *www.stadtmuseum.de*

248 Museumswohnung WBS 70 Übersicht e10
Hellersdorfer Str. 179 (Hellersdorf) U Cottbusser Platz ☎ 0151-161 144 40 So 14–16 oder nach Absprache 1/0,50€ ▶Hier kann man noch ein Stück DDR-Kulturgeschichte betrachten. Die Musterwohnung wurde von Mitarbeitern der Wohnungsbaugesellschaft Stadt und Land mit original Einrichtungsgegenständen versehen. Besonders beleibt ist die Sehenswürdigkeit bei Japanern. ✍

249 Musikinstrumenten-Museum F6
Tiergartenstr. 1 (Tiergarten Süd) SU Potsdamer Platz ☎ 25 48 11 39 oder 254 810 Di–Fr 9–17, Do–22, Sa/So 10–17 Do abends umsonst ▶In loser Folge finden Mittwochs um 15 Uhr kostenlose Konzerte von Studenten der UdK statt. ✍ *www.sim.spk-berlin.de*

250 Story of Berlin G3
Kurfürstendamm 207-208 (Charlottenburg) U Uhlandstraße 9/8€ ☎ 88720100 tgl. 10–20 ▶Erlebnisausstellung der Hauptstadt mit originalem Atomschutzbunker. *www.story-of-berlin.de*

251 Villa Hamspohn Übersicht h3/4
Am Großen Wannsee 40 (Wannsee) S Wannsee, weiter mit Bus 114 ☎ 80 58 39 30 Fr–Mo 11–18, Do 11–20; Di + Mi geschlossen 4/3€ ▶ Sommersitz (1906) des damaligen AEG-Direktors Johann Hamspohn. Heute »Kunstsalon Berliner Secession« der »Dr. Jörg Thiede Stiftung«. Wechselausstellungen von Werken der Berliner Sezessionisten (um 1900). ✍ *www.liebermann-villa.de*

Musik

Neben den unten genannten regelmäßigen Veranstaltungen sollte man v.a. am Wochenende in Tip oder Zitty (www.zitty.de, www.berlinonline.de) nach kostenlosen Veranstaltungen suchen. Bei klassischem Musikgeschmack ist das recht einfach, denn es gibt jedes Wochenende mehrere kostenlose oder sehr kostengünstige Veranstaltungen.

Klassik umsonst

☛ **Berliner Dom 184**

252 Carillon E6
John-Foster-Dulles Allee 10 (Tiergarten Süd) Bus 100 ☎ 390 52 297 Solistisches Spiel: Mai–Sept, So 15:00, sowie an Oster-, Pfingst, Weihnachtsfeiertagen und Adventssonntagen um 14:00. Im Anschluß ab vier Personen Turmführung. Spielautomatik tgl. 12+18:00 Umsonst und draußen. Die Führungen kosten 5/2,50€ ▶Die Wiege des Glockeninstruments ist Flandern. Geoffrey Bossin schlägt die 68 Glocken (48t) über eine Ta-

statur mit Holzhebeln und 30 Fußpedalen an. Einer der größten und schwersten Carillons der Welt. *www.hkw.de*

253 Hochschule für Musik Hanns Eisler E7

Charlottenstr. 55 (Mitte) U Stadtmitte ☎ 902 69 842, 20 30 92 101, Kartenbüro, Mo–Sa 12–19, So 12–16, Abendkasse 1 Std. vor Konzertbeginn ▶Hier gibt es relativ viele kostenlose oder sehr preisgünstige Konzerte der Studenten, v.a. gegen Ende des Semesters. Wer sich für Musik interessiert sollte sich am besten das laufende Programm besorgen. Darüber hinaus werden drei Konzertsäle im Marstall, Schloßplatz 7, bespielt.
www.hfm-berlin.de

Musikmensa Eingang Taubenstraße, 1.OG ☎ 902 69 791 Mo–Fr 8:30– 15 1,95-5€ ▶ »Caféteria in der Hochschule für Musik Hanns Eisler«, gehört zum Studentenwerk.

254 Kaiser-Wilhelm-Gedächtniskirche F3

Breitscheidplatz (Charlottenburg) Bahnhof Zoologischer Garten ☎ 218 50 23 Geöffnet: tgl. 9–19 Eintritt frei, alle 14 Tage Sonnabend 18:00 kostenlose Orgelkonzerte. Das Geläute aus 6 Bronzglocken gilt als besonders gelungen; Glockenspiel. *www.gedaechtniskirche.com*

☛ **St. Hedwigs-Kathedrale 181**

255 Universität der Künste F3

Hardenbergstr. 33, Konzertsaal: Bundesallee 1-12 (Charlottenburg) SU Zoolg. Garten ☎ Tel. Kartenvorbestellung Di, Mi, Fr 15–18 Uhr: 318 50 (für den Konzertsaal Bundesallee u. Kammersaal Fasanenstr. 1b), 31 85 23 74 (für den Konzertsaal Hardenbergstraße) ▶Wie bei der Hanns-Eisler-Hochschule gibt es auch hier kostenlose Konzerte der Studenten.
www.udk-berlin.de

Klassik ermäßigt

Generell

Jugendliche, Schüler, Studenten, Auszubildende, Wehr- und Zivildienstleistende sowie Sozialhilfeempfänger, Erwerbslose und Schwerbehinderte erhalten verschiedene Ermäßigungen. Die großen Häuser – aber auch viele kleinere Bühnen – halten verbilligte Kontingente schon im Vorverkauf bereit, solange der Vorrat reicht. Bei dem riesigen Kulturangebot kann man eigentlich ständig irgendwo verbilligt hineinkommen. Da hier jedoch keine einheitliche Regelung besteht, sollte man mögliche Ermäßigungen vor Ort erfragen.

Classic Card für Jugendliche

Die ClassicCard ist ein gutes Angebot, wenn man unter 30 ist und gerne klassische Musik hört (zwei Wochen vor dem 30. Geburtstag kann man sie noch erwerben und hat dann ein Jahr mehr). Das Prinzip ist einfach: Man zahlt einmalig 15€ und kann dafür ein Jahr lang die Eigenveranstaltungen von Konzerthaus Berlin, Berliner Philharmonikern, Berliner Festspiele, Deutscher Oper Berlin, Staatsoper, Komischer Oper sowie den Ensembles der ROC für sehr moderate Preise besuchen. Konzerte kosten dann 8€ und Oper und Ballett 10€ auf sehr guten Plätzen. Der Kartenkauf mit der CC ist allerdings nur an der Abendkasse und mit Personalausweis möglich. Weitere Informationen unter *www.konzerthaus.de*. Man kann die Karte über das Internet bestellen oder direkt an der Kasse der beteiligten Institutionen erwerben, z.B. bei der Staatsoper: Tel. 203 545 55. *www.classiccard.de*

Jugendkulturservice

Der Jugendkulturservice hält interessante Angebote für Jugendliche und Familien aus Berlin und Brandenburg bereit. U.a. den Super-Ferien-Paß, den Familien-Paß, sowie die Möglichkeit Konzerte für junge Leute und Familien zu besuchen. Ihm untersteht auch das Theater der Schulen, das Schülern und Lehrern verbilligte Theaterbesuche ermöglicht. Er ist in der Obentrautstr. 55 in Kreuzberg und zu erreichen unter Tel. 23 55 620. Mo, Di, Mi von 9 bis 16 Uhr, Do von 9 bis 18 Uhr, Fr von 9 bis 14 Uhr, oder im Internet unter:
www.jugendkulturservice.de

Welcome Card

Welcome Card (siehe auch oben unter »Welcome Card«): 25% u.a. in: Berliner Ensemble, Deutsche Oper, Staatsoper Unter den Linden, Deutsches Theater und Kammerspiele, Friedrichstadtpalast, Komische Oper Berlin, Tränenpalast und Volksbühne am Rosa-Luxemburg-Platz.

Hekticket

Bei den Vorverkaufsstellen Hekticket bekommt man tgl. ab 16 Uhr stark verbilligte Karten (meist 50%) für Vorstellungen des selben Tages.

256 Hekticket F3
Hardenbergstr. 29d (im Hochhaus gegenüber dem Bahnhof Zoo, Charlottenburg) SU Zoolg. Garten ☎ 230 99 333, 230 99 30 Mo–Sa 10–20, Sa 14–18 ▶ Nur Barzahlung. *www.hekticket.de*

257 Hekticket D8
Karl-Liebknecht-Str. 12 (Kiosk an der S-Bahn-Brücke am Berlin Carrée, Mitte) SU Alexanderplatz ☎ 243 12 431 Mo–Sa 12–20 ▶ Akzeptieren auch EC-Karte. *www.hekticket.de*

Sehens- und hörenswerte Institutionen

Fairerweise muß man sagen, daß gerade die E-Kultur in Berlin (auch ohne jede Ermäßigung) außerordentlich günstig ist. In den großen Häusern sind die billigsten Karten oft schon für 10€ zu haben, was für eine Darbietung mit hochrangigen Künstlern nicht viel ist. Auch unter touristischen Gesichtspunkten unbedingt besuchen sollte der Klassikfan deshalb:

258 Konzerthaus Berlin E7
Gendarmenmarkt (Mitte) U Stadtmitte ☎ 203 0921 -01/ -02 Kartenvorverkauf: Mo–Sa 12–19, So 12–16, Abendkasse 1 Std. vor Konzertbeginn Preise je nach Veranstaltung: 6–99€. Gutschein-Package: Wer jünger als 21 ist, kann für 30€ fünf verschiedene Konzerte seiner Wahl besuchen. ▶ In dem von Schinkel entworfenen, klassizistischen Bau wurden schon Paganini, Liszt und Wagner stürmisch gefeiert. Heimstatt des Konzerthausorchesters. *www.konzerthaus.de*

259 Neuköllner Oper Übersicht f8
Karl-Marx-Straße 131 (Neukölln) U Karl-Marx-Str. ☎ 688 90 777 Kartenvorverkauf Di–Fr sowie an Spieltagen 15 –19 Großer Saal 9-21€, Studiobühne 12-18€, Kinder 3,50-5€, ermäßigt 9€ auf allen Plätzen ▶ Off-Oper mit wenig Geld und viel Engagement. Mit ihren zahlreichen Uraufführungen zeigen die Neuköllner den großen Häusern immer wieder, wie spannend Oper sein kann. *www.neukoellneroper.de*

260 Philharmonie F6
Herbert-von-Karajan-Straße 1 (Tiergarten Süd) SU Potsdamer Platz ☎ 254 880 Kartenvorverkauf: Mo–Fr 15–18, Sa/So 11–14 Preise je nach Veranstaltung: 5-180€ ▶ (Großer Saal + Kammermusiksaal) Einst von Karajan zu Weltruhm geführt, werden die Berliner Philharmoniker heute von Sir Simon Rattle dirigiert. Interessant auch der Scharoun-Bau, der zu den eigenwilligsten Gebäuden Berlins zählt und über eine einmalige Akkustik verfügt.

261 Staatsoper Unter den Linden E7-8
Unter den Linden 7 (Mitte) SU Friedrichstraße ☎ 203 54 555 Kartenvorverkauf: Mo–Fr 11–19, Sa/So 14–19 Preise je nach Veranstaltung: 8–80€. Ohne Sichteinschränkung erst ab 30€ ▶ Hier dirigiert Daniel Barenboim die Staatskapelle, und es treten auch immer wieder mal Weltstars auf. Grandiose klassizistische Architektur. *www.smb.de*

Theater & Kulturinstitutionen

262 bat Studiotheater C9
Belforter Str. 15 (Prenzl. Berg) U Senefelderpl. ☎ 440 18 912 Low-Budget-Theater für ermäßigte 3,50€, sonst 8€ ▶ Aufführungsort der Hochschule für Schauspielkunst »Ernst Busch«. *www.bat-berlin.de*

263 Berliner Ensemble D7
Bertolt-Brecht-Platz 1 (Mitte) SU Friedrichstraße ☎ 284 08 155 Mo–Fr 8–18, Sa/So/Feiert. 11–18 7–32€, Studenten

7€ ▶Einst das Theater von Brecht und Weigel, heute unter Peymann. *www.berliner-ensemble.de*

Kantine Seitenflügel KG ☎284 08 117 Mo–Sa 9–1, So 16–1 Essen: 1,80–5€, 0,5l Bier 2,50€ ▶Berliner Berühmtheiten und Bouletten zu kleinen Preisen. Im Sommer im Hof unter Bäumen. Dürfte der zweitgünstgste Biergarten in Mitte sein. 60 Plätze. Legendär sind die Bouletten mit Kartoffelsalat, beides hausgemacht vom dicken Koch Harry für 3,35€.

Die Kantine im Berliner Ensemble

MIT DEM Gebäude am Schiffbauerdamm betreten wir historisch hochwertiges Gebiet. Das Berliner Ensemble, von Brecht und Helene Weigel geleitet, war Aufführungsort zahlreicher Musterinszenierungen. Man geht, von der Weidendammbrücke kommend, am Bertolt-Brecht-Platz rechts und ein paar Schritte über den Hof, also vom Schiffbauerdamm aus gesehen hinter das Gebäude, wo im Sommer ein kleiner Biergarten lockt. Doch hier ist Selbstbedienung, also erst in den Keller. Der ist in rot-weiß auf sachliche 20er Jahre gemacht und erinnert auch mehr an eine Kneipe als an eine Kantine. Das entspricht wohl auch dem Selbstverständnis, denn die Auswahl an Schnäpsen ist beträchtlich. Zwar zahlen Gäste gegenüber den Ensemble-Mitgliedern einen Zuschlag, der fällt aber dermaßen sozial aus, daß man für 4,10 Euro ein anständiges Essen bekommt. Die Fleischportionen sind groß, die Küche deftig mit einem leichten Toskana-Einschlag. Beim Bier muß man sogar von echten Kampfpreisen sprechen. 2,50 Euro für 0,5l ist in dieser Lage sonst kaum zu haben, schon gar nicht in einem Biergarten unter Bäumen.

Doch kann der kulturelle Mehrwert durchaus mit dem kulinarischen Schritt halten, denn die Kantine ist eine Art erweiterte Bühne. Mal betritt eine alternde Diva die Szene, bestellt mit Reibeisenstimme ein Mineralwasser, und der ganze Laden erstarrt in Ehrfurcht. Oder eine Gruppe von Schauspielern in stilisierten Arbeiter-Kostümen der 20er Jahre inklusive Frauen in Heilsarmeekostümen spielen hier die Rollen weiter, die sie auf der Bühne verkörpern und verbreiten eine muntere Arbeiterkultur, die es so vielleicht zu keinem Zeitpunkt gegeben hat. Sie unterhalten sich laut und gestenreich, und auch der unbefangene Genuß von Tabak und Bier erinnert an die Zeiten vor Dr. Strunz und Co.

Die Atmosphäre ist angenehm familiär, doch der wirkliche Star hier ist Harry, der Koch. Er sorgt für das leibliche Wohl des Ensembles und vergißt dabei sein eigenes auch nicht, wie man ihm leicht ansieht. So gibt es auch abends spät immer noch ausreichend Kartoffelsalat und Bouletten, Harrys Spezialität. Übrigens sind auch die Frauen vom Tresen angenehm unprätentiös und nett.

Dann gibt es noch die Fraktion der gedeckten Dreiteiler, die in irgendwelchen umliegenden Büros arbeiten. Aber auch sie fühlen sich in dieser lockeren Atmosphäre sichtlich wohl und genießen ihre Mittagspause als kleine Flucht in eine andere Welt.

Was allerdings fehlt, sind echte Bauarbeiter, die man ja sonst auch gerne in Kantinen trifft. Denen ist es hier vielleicht zu überdreht, oder sie fühlen sich von den Pseudoarbeitern verarscht. Schöne linke Scheinwelt und echte Proletarier – das hat ja historisch gesehen noch nie zusammengepaßt. Jedenfalls essen die ihre Brote draußen vor der Tür, auf dem Bertolt-Brecht-Platz.

264 Ballhaus Ost B9
Pappelallee 15 (Prenzlauer Berg) U Eberswalder Str. ☎47 99 74 74 Kartentelefon Mo–Sa 9–20, Vorverkauf Mi–So 18–20 nach Veranstaltung ▶Ein mutiges Projekt von Anne Tismer, Philipp Reuter, Uwe Moritz Eichler und Bianca Schönig, auf eigene Kosten einen Kunstraum zu schaffen für eigene Produktionen. Tanz, Schauspiel, bildende Kunst, Lounge. *www.ballhausost.de*

265 Deutsches Theater D7
Schumannstr. 13a (Mitte) SU Friedrichstraße ☎284 412 25 Mo–Sa 11–18:30, So/Feiert. 15–18:30 7- 43€ ▶Die älteste Sprechbühne Berlins versucht in letzter Zeit wieder an Fahrt zu

gewinnen. Dennoch herrscht hier staatliche Klassikerpflege vor. *www.dt-berlin.de*

266 HAU 1 - Hebbel am Ufer 1 G7
Stresemannstr. 29 (Kreuzberg) U Hallesches Tor ☎ 259 00 427 Je nach Haus und Aufführung: 6-15€ ▶HAU 1-3: Theaterterzett in Kreuzberg. Matthias Lilienthal lockt mit internationalen Avantgarde-Gastspielen wie lokalem Szenebetrieb. Besonders in Erinnerung: die große Monstergala mit Jörg Buttgereit.

267 HAU 2 - Hebbel am Ufer 2 G7
Hallesches Ufer 32 (Kreuzberg) U Hallesches Tor ☎ 259 00 427 tgl. 12–19 Je nach Haus und Aufführung: 6-15€ ▶Nur hier Kartenvorverkauf! Kantine »WAU«, s. dort. *www.hebbel-am-ufer.de*

268 HAU 3 - Hebbel am Ufer 3 G7
Tempelhofer Ufer 10 (Kreuzberg) U Hallesches Tor ☎ ▶s.o.

269 Maxim Gorki Theater E7-8
Am Festungsgraben 2 (Mitte) SU Friedrichstraße ☎ 202 21 115 Mo–Sa 12–18:30, So und Feiert. 16–18:30 8-26€, für Schüler in den Ferien 2,50€ ▶Das kleinste Staatstheater Berlins hat in den letzten Jahren besonders durch die Regiearbeiten von Katharina Thalbach von sich reden gemacht.

Theaterkantine Maxim Gorki Zugang von der Dorotheenstr. 13–15 Mittagessen (12–13 nur für Ensemblemitglieder). Sonst je nach Vorstellung. (0,5l Sehr anständige Preise und wahrscheinlich das billigste Bier in Mitte: 1,75€ (0,5l) ▶Im Sommer draußen unter Bäumen.

270 Prime Time Theater B5
Müllerstr. 163b SU Wedding ☎ 49 90 79 58 8€, erm. 5€, Mo+Di Theatertag 5€ ▶Die Theater-Sitcom »Gutes Wedding, schlechtes Wedding« hat, ursprünglich ein Projekt arbeitsloser Schauspieler und Persiflage einer Vorabendserie, mittlerweile eine große Anhängerschaft. Feindbild ist der »Prenzlwichser«. Den gleichnamigen Cocktail gibt es jetzt auch an der Bar. ✍ *www.primetimetheater.de*

271 Schaubühne am Lehniner Platz G1
Kurfürstendamm 153 (Wilmersdorf) U Adenauerplatz ☎ 89 00 23 Vorverkauf: Mo–Fr ab 11, So und Feiertags ab 15:00 bis 1 Stunde vor Vorstellungsbeginn. An vorstellungsfreien Tagen bis 18:30 8–30€, Schüler/Sudenten 8€, 1x im Monat Theatertag, dann 50% reduziert, ab 5,50€ ▶Das ehemalige Flaggschiff der deutschen Theaterlandschaft versucht sich neuerdings unter junger Leitung vom Alt-68er-Image zu befreien.

cafe schaubuehne ☎ 890 02 -101/-201 tgl. 9–24 2,50–6,50€, 0,5l Bier 2,50€ ▶Die Kantine in dem schönen Mendelsohnbau steht auch Besuchern offen. Und das Essen ist ausgesprochen delikat und für die Lage auch äußerst günstig. Im Sommer draußen auf dem Kurfürstendamm.

272 RAW-Tempel F2
Revaler Str. 99 (Friedrichshain) SU Warschauer Str. ☎ 292 46 95 nach Veranstaltung ▶Im ehemaligen »Reichsbahnausbesserungswerk« agiert seit 1998 eine Künstlerinitiative. Das führt immer wieder zu interessanten Veranstaltungen wie »Chaussee der Enthusiasten«. Man kann aber auch Mitglied werden und den Verein unterstützen. ✍ *www.raw-tempel.de*

273 Sophiensäle D8
Sophienstr. 18 (Mitte) U Weinmeisterstr. ☎ 283 52 66 1 Stunde vor Vorstellungsbeginn 13/8€ ▶Professionell geführtes Off-Theater mit ästhetischen Grenzgängen und Theaterexperimenten. *www.sophiensaele.com*

274 TESLA / Podewil'sches Palais E9
Klosterstr. 68-70 (Mitte) U Klosterstr. ☎ 24 74 97 77 Di–Sa 16–24 ▶Das ehemalige Podewil ist jetzt benannt nach Nicola Tesla, dem Erfinder des Wechselstroms. Der Produktionsort soll Berliner Initiativen zusammenbringen, die sich bereits mit Medienkultur auseinandersetzen. Das Medienkunstlabor mit Café, Videos, Installationen und Medienhandlung hat fünf Tage die Woche geöffnet. ✍ *www.tesla-berlin.de*

275 Volksbühne D9
Rosa-Luxemburg-Platz 2 (Mitte) U Rosa-Luxemburg-Platz ☎ 247 67 72 tgl. 12–18 6-80€ ▶Zur Zeit sicher das berühmteste Theater Deutschlands. Hier gibt es nicht nur Theater, sondern allerlei an-

dere Veranstaltungen.
www.volksbuehne-berlin.de

↗ **Theaterkantine** Linienstr. 227, KG, Bühneneingang ☎ 240 658 03 🕒 tgl. 9–24 Mittagessen 12:30–15 € 0,5l Berliner Pilsener 1,80€ ▶ Man sollte beim Pförtner sagen, daß man jemanden von der Volksbühne kennt.

276 Volksbühne / Prater B9
Kastanienallee 7-9 (Prenzl. Berg) U Eberswalder Str. ☎ 247 67 72 🕒 Vorverkauf an der Kasse der Volksbühne oder 1 Stunde vor der Vorstellung. € 6-12€ ▶ Der Volksbühnen-Ableger im ältesten Berliner Biergarten gibt sich jung und revolutionär. *www.volksbuehne-berlin.de*

↗ ☎ 484 936 07 🕒 Mo–So ab 12 € Praterpils 0,4l für 3€, Bratwurst 2,50€. *www.pratergarten.de*

www.theaterportal.de/lehrplan
▶ Übrigens kann man jetzt im Internet unter dieser Adresse eine passende Inszenierung zur Lektüre in der Nähe finden. Gedacht ist die Sache für Lehrer, aber vielleicht funktioniert sie auch für andere Menschen.

Kinos und Kinotage

In Berlin gibt es 99 Kinos mit mehr als 60.000 Plätzen. 15 sind sogenannte Multiplex-Kinos mit mehr als 6 Sälen, der Rest sind traditionelle Häuser. Trotz Kinosterben, v.a. am Kurfürstendamm (seit 1998 wurden 28 Kinos in Berlin geschlossen), finden sich hier immer noch echte Juwelen der Kinoarchitektur, die nicht nur für Architekturfreunde interessant sind. Das kann man ruhig mal überlegen, bevor man wie gewohnt ins nächste Multiplex geht. Ein weiterer großer Reichtum der Berliner Kinolandschaft sind die zahlreichen Programmkinos, in denen man jeden noch so selten gezeigten Film irgendwann zu sehen bekommt. Kein Wunder, daß die Bereitschaft ins Kino zu gehen bei den Berlinern weit über dem Bundesdurchschnitt liegt. Programm z.B. unter: *www.berlinien.de/kino*

277 Acud C8
Veteranenstr. 21 (Mitte) U Rosenthaler Platz ☎ 443 59 498 € Normal 5€, ermäßigt 4€. *www.acud.de*

☛ **Balázs 314**

278 Bali Kino Übersicht h5
Teltower Damm 33 (Zehlendorf) S Zehlendorf ☎ 811 46 78 € Di/Mi 5/3€, sonst 6/4€ ▶ Anspruchsvolles Programmkino. *www.balikino-berlin.de*

279 Blow Up C10
Immanuelkirchstr. 14 (Prenzl. Berg) Tram 2, 3, 4 ☎ 442 86 51 € Di+Do 4€(?), sonst 5,50/4,50€, Schüler/Stud. 4,50€, Kinderprogramm 14+16 Uhr 3€ ▶ Programmkino mit angeschlossener Café-Bar. Auch hier faire Preise. *www.kinoblowup.de*

280 Brotfabrik Kino Übersicht e8
Prenzlauer Promenade 3 (Weißensee) Tram M2, M13, 12 Prenzlauer Allee / Ostseestr. ☎ 471 40 01 € Do 3€, sonst 6€.

281 Cinema am Walther-Schreiber-Platz Übersicht g6
Bundesallee 111 (Friedenau) U Walther-Schreiber-Platz ☎ 852 30 04 € Jeden Tag 2,99€.

☛ **Cinema Paris 321**

282 CinemaxX Potsdamer Platz F6
Potsdamer Str. 5 (Tiergarten Süd) SU Potsdamer Platz ☎ Tel 259 22 111 (Programm), 01805-246 36 299 (Eintrittskarten-Vorbestellung, Vorsicht, jeder Anruf kostet 0,12€ pro Minute, Aufschlag pro Ticket 0,50€) € Normalpreis: 6–7,80€, Kinder 4,50€. Di 4,50€, Kinder 3,50€ ▶ Das größte Kino Berlins verfügt über 19 Säle. *www.cinemaxx.com*

283 CineStar im Sony Center F6
Potsdamer Str. 4 (Tiergarten Süd) SU Potsdamer Platz ☎ 26 06 64 20 u. 26 06 62 60 € Normalpreis ab 6,50/5,50€; Di+Do 4,50€. ▶ Das Multiplex-Kino zeigt ausschließlich Filme in Originalversion ohne Untertitel, d.h. fast ausnahmslos engl. *www.cinestar.de*

284 CineStar IMAX Theater F6
Potsdamer Str. 4 (Tiergarten Süd) SU Potsdamer Platz ☎ 26 06 64 00 (Kasse), 26 06 62 60 (Tickethotl.) € Alle Plätze 7,90€ unter 12 Jahren 6,90€. Di/Do 6,00€, unter 12Jahren 4,50€. »TWO 4U« 14,30€, unter 12 Jahren 11,80€. Gruppe ab 10 Pers. 4,90€ p.P.; Gruppe ab 25 Pers. 4,60€ p.P.; Gruppe ab 75

Pers. 4,40€ p.P. Gruppe ab 100 Pers. 4,10€ p.P. ▶IMAX 3D – die größte Leinwand Europas. *www.cinestar.de*

285 City Kino Wedding im Centre Français Übersicht d6
Müllerstr. 74 (Wedding) U Rehberge, Bus 120 ☎45 19 96 64 € 6,50/5,50, Kinotage Mo,Di,Mi (nicht an Feiertagen), dann 4€ ▶50er Jahre Charme, familiäre Atmosphäre und immer wieder kleine Raritäten. *www.city-kino-berlin.de*

286 Delphi F3
Kantstr. 12a (Charlottenburg) SU Zoolg. Garten ☎312 10 26 € Normalpreis: 8€, Mo 5€, Di+Mi 6€ ▶Traditionskino mit 800 Plätzen. Der ehemalige Tanzpalast mit Lichtkrone an der Decke zeigt sowohl Premieren wie Filmkunst-Klassiker. *www.delphi-filmpalast.de*

287 Discovery Channel IMAX Theater Berlin F6
Marlene-Dietrich-Platz 4 (Tiergarten Süd) SU Potsdamer Platz ☎01805-462 92 255 € 3D-Filme: 8€, Kinder bis 13 J. und Senioren 6,70€. Kuppel 7€, Kinder und Sen. 5,50€. Mo Kinderpreis für alle. Verschiedene Doppelpacks 12-13,50€ ▶Auf der großen Leinwand werden 3-D Filme gezeigt.

288 Dokument-Kino E9
Rungestr. 20 (Mitte) SU Jannowitzbrücke ☎27 59 58 95 € 4€, Mo–Mi 3€ ▶Ausschließlich Dokumentarfilme. Filmemacher Knut Beulich zeigt hier Filme, die man sonst nicht zu sehen bekommt. *www.dokument-kino.de*

289 Eiszeit G10
Zeughofstr. 20 (Kreuzberg) U Görlitzer Bhf ☎611 60 16 € Fr–So 7€, sonst 6€ ▶Aus der Hausbesetzerszene hervorgegangen hat sich das Eiszeit mit interessanten Reihen einen Namen gemacht. *www.eiszeit-kino.de*

290 Eva Lichtspiele H2–J2
Blissestr. 18 (Wilmersdorf) U Blissestr. ☎822 85 27 € Mo+Di 4,50€, sonst 7€, Jugendliche 4,50€. *www.eva-lichtspiele.de*

291 Filmkunst 66 F2
Bleibtreustr. 12 (Charlottenburg) S Savignyplatz ☎882 17 53 € Do 5€. Mo, Di, Mi 6€. Fr, Sa, So 7€. Schüler+Studenten 5€, Sondervorstellungen 6€ (Preise von 2005) ▶Franz und Rosemarie Stadler betreiben seit drei Jahrzehnten ihr Uraufführungs- und Programmkino. In ihrem interessanten und unterhaltsamen Programm zeigen sie auch immer wieder Raritäten. *www.filmkunst66.de*

292 Filmkunsthaus Babylon D9
Rosa-Luxemburg-Str. 30 (Mitte) U Rosa-Luxemburg-Platz ☎242 50 76 € Großer Saal: 6,50/5€. Studio: 5,50€, Rangloge (1Platz): 9€ (4 Plätze): 20€ ▶Eines der ältesten Kinos Berlins im Gebäude von Hans Poelzig. Besonders hörenswert: die Philips-Kinoorgel, das einzige am ursprünglichen Standort erhaltene Instrument dieser Art. Daher auch häufig Stummfilme. *www.fkh-babylon.de*

293 Film-Palast Berlin F3
Kurfürstendamm 225 (Charlottenburg) U Kurfürstendamm ☎883 85 51 € Kinotag Di 4,50€. So, Mo, Di, Do 6€. Fr, Sa 7€ ▶Einer der schönsten und plüschigsten Säle der Stadt, in einem der wenigen überlebenden Kudammkinos.

294 Filmrauschpalast in der Kulturfabrik C5
Lehrter Str. 35 (Moabit) Bus M27 Perleberger Brücke ☎394 43 44 € 4,50€, Kinotage Mo, Di, Mi 4€.

295 Filmtheater am Friedrichshain – FaF C–D10
Bötzowstr. 1-5 (Prenzl. Berg) Bus 200 ☎428 45 188 € Altes Ufa-Filmtheater mit denkmalgeschütztem Foyer aus den 20er Jahren ▶Mo 5€, Di/Mi 6€, Do 5€, Fr-So 7,50€, Kinder 4€, Sneak 3,50€. *www.yorck.de*

↗ **Sommergarten zum FaF**
☎693 55 88 Ende April–Anfang Oktober Mo–Sa ab 15, So ab 14 ▶0,4l Bier 2,30€, 0,5l Hefe 2,80€, Rostbratwurst 1,60€.

296 High End 54 und Camera (im Tacheles) D7
Oranienburger Str. 54 -56 (Mitte) S Oranienburger Str. ☎283 14 98 € Mo 4,50€, Di 5€, sonst 6€.

297 International D–E9
Karl-Marx-Allee 33 (Mitte) U Schillingstraße ☎247 56 011 € Mo 5€, Di/Mi€, Do-

So 7,50€, Mongay 5,50€ ▶Gegenstück zum Zoopalast, Osten vom Feinsten. Sehenswert ist das große und elegante Kinofoyer.

298 Kino Krokodil A9
Greifenhagener Str. 32 (Prenzlauer Berg) Ⓢ Schönhauser Allee ☎440 49 298 ▶Seit 2004 gibt es dieses Kino, das sich auf russische Filme spezialisiert hat. Alte vergessene Filme werden genauso gezeigt wie aktuelle Produktionen.

299 Kurbel G2
Giesebrechtstr. 4 (Charlottenburg) Ⓤ Adenauerplatz ☎889 15 998 Ⓔ Mo/Di 5€, Mi 4€, Do 5€, Fr/Sa 6€, So 5€. *www.die-kurbel.com*

300 Lichtblick-Kino C8
Kastanienallee 77 (Prenzl. Berg) Ⓤ Eberswalder Str. ☎440 58 179 Ⓔ tgl. 4,50€, ermäßigt 3,70€.

301 Neue Kant Kinos F2
Kantstr. 54 (Charlottenburg) Ⓢ Charlottenburg, Ⓤ Wilmersdorfer Str. ☎319 98 66 Ⓔ Mo 6€, Di 5€, sonst 7,50€.

302 Odeon J4
Hauptstr. 116 (Schöneberg) ⓈⓊ Innsbrucker Platz ☎787 04 019 Ⓔ Mo 4,50€, Di+Mi 5,50€, Do-So 7,50€ ▶Ausschließlich Filme in der Originalversion, meist englisch. *www.yorck.de*

303 Passage 1-5 Übersicht f8
Karl-Marx-Str. 131 (Neukölln) Ⓤ Karl-Marx-Str. ☎682 37 018 Ⓔ 6,50-7€, Kinder 4€. Di, Mi, Do 6€, Mo 5€.

304 Sojus Übersicht e10
Helene-Weigel-Platz 12 (Mahrzahn) Ⓢ Springpfuhl ☎542 31 51 Ⓔ Di 0,99€, sonst 1,99€, tgl. Kinderfilm.

305 Tilsiter Lichtspiele D-E11
Richard-Sorge-Str. 25a (Friedrichshain) Ⓤ Frankfurter Tor ☎426 81 29 Ⓔ tgl. 4,90€ normal; 3,90€ ermäßigt (2005).

306 UCI Kinowelt Zoo Palast F3
Hardenbergstr. 29a (Charlottenburg) ⓈⓊ Zoolg. Garten ☎254 14 777 Ⓔ Di 4€, Mo,Mi,Do 6,50€, Fr,Sa,So 7,50€, Schüler und Studenten 5€ in allen Vorstellungen, Kinder–12 J. 4,50€ ▶Das größte Nicht-Multiplex-Kino der Stadt mit allein 1070 Plätzen im großen Saal nebst 8 weiteren Sälen. Der Glanz der Berlinale strahlt jetzt allerdings am Potsdamer Platz. *www.uci-kinowelt.de*

307 Xenon H5
Kolonnenstr. 5 (Schöneberg) Ⓤ Kleistpark ☎782 88 50 Ⓔ Di 4€, Mi 4,50€, sonst 6€ ▶Zweitältestes Kino Berlins, sehr viel schwul-lesbisches Programm. *www.xenon-kino.de*

☛ **Zeughaus Kino im DHM 238**

Kunst zum Ausleihen

308 Artothek des Neuen Berliner Kunstvereins D7
Chausseestr. 128/129, 1. OG (Mitte) Ⓤ Oranienburger Tor ☎280 70 22 🕒Di–Do 14–21, Mi–Fr 12–17 ▶3600 Werke sind hier für jedermann aus Berlin und dem Umland ausleihbar und das für nur 1,50€ pro Kunstwerk und für 3 Monate. *www.nbk.org*

☛ **Artothek der ZLB 1**

309 Graphothek Berlin im Fontane-Haus Übersicht c7
Wilhelmsruher Damm 142 c (Märkisches Viertel) ⓈⓊ Wittenau, weiter mit 🚌 X21, M21 bis Wilhelmsruher Damm, Zugang: Königshorster Str. 6 ☎409 99 860 🕒Mo 13–19, Di 13–17, Mi geschl., Do 13–19, Fr 11–17 Ⓔ 5€ für ein Bild 3 Monate oder 25€ für drei Bilder ein ganzes Jahr. Innerhalb dieses Jahres können die Bilder aber immer wieder ausgetauscht werden. ▶Berlins älteste Artothek. Die seit 35 Jahren existierende Graphothek verfügt über 5 000 Kunstwerke, darunter Miró, Chagall, Warhol. *www.graphothek-berlin.de*

Andere Kulturen

In wenigen deutschen Städten dürfte es so viele Möglichkeiten geben, mit anderen Kulturen in Kontakt zu kommen wie hier in Berlin. Im folgenden nur ein paar Tips aus dem kulturellen Sektor.

310 Haus der Kulturen der Welt E5
John-Foster-Dulles-Allee 10 (Tiergarten Süd) 🚌 100 ☎397 870, 397 87 175 (Kasse) 🕒Di–So 10–21 Ⓔ Preise nach

Veranstaltung. ▶ Das von der Bundesregierung und dem Auswärtigen Amt finanzierte Haus versteht sich als Vermittler v.a. außereuropäischer Kulturen und veranstaltet Konzerte, Lesungen, Ausstellungen, Vorträge und Filme. *www.hkw.de*

311 Werkstatt der Kulturen J9
Wissmannstr. 31-42 (Neukölln) U Hermannplatz ☎ 609 77 00 🕒 Di–Fr 10–18 ▶ Die Werkstatt organisiert u.a. den Karneval der Kulturen. Es gibt hier aber auch Konzerte, Vorträge, Ausstellungen. *www.werkstatt-der-kulturen.de*

Andere Kulturen im Radio

Radio Multikulti RBB
☎ 303 13 020 ▶ Sendet am Tag auf Deutsch, abends in 18 Sprachen, nachts Weltmusik, UKW 106, 8MHz, Kabel 91,6MHz. *www.multikulti.de*

Andere Kulturen im Internet

www.007-berlin.de
▶ Gut gemachtes Portal für Russen in Berlin aber auch für alle Rußlandinteressierten. Die Seite, die die Vorwahl nach Rußland im Namen trägt, enthält Ausgeh- und Restauranttips, sowie Adressen von Geschäften und Zugang zu russischsprachigen Publikationen. Siehe auch: *www.kulturportal-russland.de, www.deutsch-russische-kulturbegegnungen.de.*

www.berlin-judentum.de
▶ Aktuelles aus Berlin, Gemeinden, Rabbiner, Synagogen etc.

www.btm.de/deutsch/sehenswertes/d_sw_juden_willkommen.html
▶ Jüdisches Leben in Berlin.

www.dascorps.de
▶ Botschaftsnetzwerk. Was ist in den Botschaften los, Ausstellungen etc.

www.juedisches-archiv-chfrank.de
▶ Archiv zur Dokumentation Jüdischer Kultur und Geschichte.

www.markovits.com/nordic
▶ Guter Eindruck in die Welt der nordischen Staaten.

www.milch-und-honig.com
▶ Die Seite bietet internationalen jüdischen Gästen Berlin-Betreuung. So können aufenthalt, Kontakte zur jüdischen Gemeinde und Führungen geplant werden.

www.muz-online.de
▶ Gut gemachtes Portal des Vereins »Menschen unserer Zeit«, der sich für Menschenrechte und Toleranz einsetzt. multikulturelle Informationen.

Kulturinstitute

Wenn man sich für ein bestimmtes Land interessiert, sollte man auf jeden Fall auch dessen offizielles Kulturinstitut besuchen. Hier gibt es oft Ausstellungen und Konzerte. Man kann die Bibliothek nutzen oder Zeitungen in der Landessprache lesen. Auf jeden Fall auch Leute mit gleichen Interessen treffen. Die Nutzungsbedingungen sind unterschiedlich und sollten telefonisch erfragt werden.

312 Brasilianisches Kulturinstitut C7
Wallstr. 57 (Mitte) U Märkisches Museum ☎ 313 15 00 🕒 Je nach Veranstaltung ▶ Brasilianisches Kulturinstitut ICBRA (Instituto Cultural Brasileiro na Alemanha). Das erste Kulturinstitut Brasiliens in Europa wurde erst 1995 eingerichtet. Der gemeinnützige Verein ist auch für populäre Möglichkeiten der Kulturvermittlung offen und beteiligt am Karneval der Kulturen. *www.icbra-berlin.de*

313 British Council D8
Hackescher Markt 1 (Mitte) S Hackescher Markt ☎ 311 09 90 🕒 Mo–Fr 9–18 ▶ In neuen und sehr schönen Räumen bietet das britische Kulturinstitut neben dem üblichen Programm von Konzerten und Lesungen auch ein »information center« mit direktem Internet-Zugang zu britischen Quellen. Neuer Service »Visit Britain Center«: Fremdenverkehrsinformationen und Tickets für die Inseln. *www.britishcouncil.de*

314 Collegium Hungaricum D8
Karl-Liebknecht-Str. 9 (Mitte) SU Alexanderplatz ☎ 240 91 46 🕒 Mo–Fr 9–19, Mediathek Mo–Do 14–18, Fr 10–14 ▶ Schon vor 20 Jahren als Schaufenster

ins sozialistische Bruderland eröffnet, beherbergt das Institut neben einer großen Bibliothek auch ein Progammkino und ein Café. *www.hungaricum.de*

↗ **Kino Balázs** Mo 3,60€, Di 4€, sonst 5,50€, Stud. 4,50€, Rentner+Kinder 2,50€ ▶Programmkino im Haus Ungarn. Schwerpunkt Osteuropa und Klassiker. *www.kino-balazs.de*

↗ **Café Geissler** ☎27 87 96 99 Mo–Fr 12–22, Sa + So 11–22 Angebotswochen 0,5l Bier 3€. Gruppen können sich an den Chef wenden und einen Rabatt aushandeln ▶In der 1. Etage, im Sommer auch auf der Terrasse.

315 Finnland Institut E7

Georgenstr. 24 (Mitte) SU Friedrichstraße ☎520 02 60 10 Mo 10–17, Di–Do 11–19, Fr 9–15 ▶1994 als erstes Finnland-Institut in Deutschland gegründet. Neben dem üblichen Kulturprogramm von Ausstellungen, Musik und Informationsveranstaltungen, beherbergt das Institut auch einen Filmclub für zeitgenössischen finnischen Film. In den zahlreichen Zeitungen und Zeitschriften kann jeder Gast in verschiedenen Sprachen schmökern. *www.finnland-institut.de*

316 Istituto Cervantes D8

Rosenstraße 18-19 (Mitte) SU Alexanderplatz ☎25 76 180 Mo–Fr 9–18 ▶Das offizielle spanische Kulturinstitut veranstaltet z.B. Sprachkurse und Lesungen. *www.cervantes.de*

317 Italienische Botschaft – Istituto di Cultura F5

Hildebrandstr. 2. EG + 3. OG (Tiergarten Süd) Bus 200 ☎26 99 410 Mo–Do 10–16, Fr 10–14 ▶Das aufwendig renovierte Botschaftsgebäude ist ein schönes Beispiel italienisch-faschistischer Architektur. *www.iic-berlino.de*

318 Japanisch-Deutsches Zentrum Übersicht g5

Saargemünder Str. 2 (Dahlem) U Oskar-Helene-Heim ☎839 070 Mo–Do 9–17, Fr 9–15, Bibliothek: Di–Do 10–16 ▶Kein staatliches Kulturinstitut, sondern eine deutsch-japanische Stiftung. Forum für den akademischen und kulturellen Austausch zwischen Deutschland, Japan und Europa. *www.jdzb.de*

319 Jüdisches Gemeindehaus F3

Fasanenstr. 79 (Charlottenburg) U Uhlandstraße ☎886 27 663 ▶Seit 1959 besteht das Versammlungshaus der jüdischen Gemeinde in Berlin. Das Portal stammt von der alten Synagoge, die 1938 zerstört wurde. Im Inneren gibt es eine Ausstellung und eine Bibliothek sowie kulturelle Veranstaltungen.

320 Konfuzius-Institut Übers. g/h5

Goßlerstr. 2-4 (Dahlem) U Dahlem-Dorf ☎838 72 881 ▶Institut des chinesischen Staates zur Förderung der chinesischen Kultur im Ausland. Hauptsächlich Sprachkurse, aber auch Vorträge, Filme und Kalligraphie. ✍ *www.konfuziusinstitut-berlin.de*

321 Maison de France – Institut Français G3

Kurfürstendamm 211 (Charlottenburg) U Uhlandstraße ☎885 90 20 Mo–Do 9–18, Fr 9–17 ▶Mit Konzerten, Ausstellungen und Lesungen beteiligt sich das seit 1950 bestehende Institut am kulturellen Geschehen der Stadt. *www.kultur-frankreich.de*

↗ **Cinema Paris** ☎881 31 19 Mo 5€, Di+Mi 6€, Do–Sa: 1. Vorstellung 6,50€, alle weiteren 7,80€ ▶Vorwiegend werden europäische Filme gezeigt, gerne auch in frz. Originalversion. Kronleuchter und roter Samt stammen aus Zeiten, als der Gang ins Kino noch ein gesellschaftliches Ereignis war. *www.cinema-paris.de*

322 Polnisches Institut Berlin D8

Burgstr. 27 (Mitte) U Hackescher Markt ☎24 75 810 Di–Fr 10–18, Büro 10–16, Bibliothek: Di, Fr 12–16; Do 14–18 ▶Hier wird Interessierten der Zugang zur sehr vitalen polnischen Kultur vermittelt. Ausstellungen, Musik, Film und Literatur. ✍ *www.polnische-kultur.de*

323 Russisches Haus der Wissenschaft und Kultur E7

Friedrichstr. 176-179 (Mitte) U Französische Str. ☎203 02 320 Mo–Fr 9–18, Sa+So je nach Veranst., Theaterkasse: Di–Fr 14–18 ▶Die staatliche Einrichtung residiert auf 29.000 Quadratmetern und hat das größte Foyer Berlins. 39.000 Bücher, eine Musik- und Kunstschule und verschiedene deutsch-russische Vereine und Ausstellungen russischer Künstler. *www.russisches-haus.de*

Club Dialog ☎ 204 48 59 Bürozeiten 10–18 ▶ 3.OG, russisch-deutsche Begegnungsstätte mit regelmäßigen Veranstaltungen zu verschiedenen Themen im Russischen Haus der Wissenschaft und Kultur.

Treffpunkte (Buchhandlungen)

324 Ägyptischer Kulturladen Papyri D8
Große Hamburger Str. 35 (Mitte) S Oranienburger Str. ☎ 400 41 859 Mo–Fr 13–19, Sa 13–17 ▶ Bücher, Geschenkartikel, Sprachkurse – ein kleines arabisches Kulturzentrum. Papyrusdrucke und orientalische Düfte sind auch im Angebot.

325 Buchhandlung Gelikon E7
Friedrichstr. 176–179 (Mitte) U Französische Str. ☎ 20 30 23 21 Mo–Fr 11–15, Sa 11–16 ▶ Die Buchhandlung im Russischen Haus der Wissenschaft u. Kulur ist auch ein Treffpunkt des Russischen Berlin.

326 Buchhandlung Gelikon F1
Kantstr. 84 (Charlottenburg) M49 ☎ 323 48 15 Mo–Do 10–18, Fr–19, Sa 11–15 ▶ Gut sortierte Russische Buchhandlung und eine Art Russisches Kulturzentrum.

327 China-Laden GDCF e.V. H4
Innsbrucker Str. 3 (Schöneberg) U Bayrischer Platz ☎ 854 57 44 Mo–Fr 15:30–19:30, Sa 11–15 ▶ Seit 1973 existiert das kleine Kulturzentrum der »Gesellschaft für deutsch-chinesische Freundschaft«, das auch eine Zeitschrift herausgibt. Sprache, Tuschmalerei, Kalligraphie werden hier gelehrt. Im Web kann man »Das neue China« ansehen. Ausstellungen gibt es auch.
www.dnc–online.de

328 CCCP Klub D8
Torstr. 136 (Mitte) U Rosenthaler Platz ▶ Im Moment der angesagteste Russen-Klub. *www.007-berlin.de*

Club Dialog 323

329 Dante Connection G9
Oranienstr. 165 a (Kreuzberg) U Kottbusser Tor ☎ 615 76 58 Mo–Fr 10:30–19, Sa –16 ▶ Die Buchhandlung ist spezialisiert auf italienische Literatur und deren Übersetzungen. Auch Lesungen italienischer Autoren finden hier statt. Eine weitere Besonderheit ist eine große Auswahl an italienischen Kinderbüchern.

330 Datscha-Dance im Kaffee Burger D8
Torstr. 60 (Mitte) U Rosenthaler Platz ☎ 280 46 495 Jeden 1. Freitag im Monat 21:30 ▶ Gregor Rajewsky lädt zum osteuropäischen Tumult. Zu Roma-Musik und Blasmusik vom Balkan wird das Tanzbein geschwungen. Sehr herzliche Atmosphäre. *www.kaffeeburger.de*

Russendisko Jeden 2. und 4. Sonnabend im Monat im Kaffee Burger ▶ Weit über Berlin hinaus bekannte Touristenattraktion (bitte sicherheitshalber im Internet checken). *www.russendisko.de*

331 Dodohaus Übersicht e6
Huttenstr. 30 (moabit) M27 ☎ 341 89 31 9 bis 15, samstags abends meist Veranstaltungen 3€ für Musikveranstaltungen, sonst frei, Raummiete 80–100€ ▶ Multikultureller Kulturverein rund um den Dodo, einen auf Mauritius schon früh ausgerotteten Vogel. Herzstück ist eine Dodoausstellung. Es gibt aber auch hinduistische, afrikanische oder chinesische Abende, mehr als 80 Nationalitäten. Auftritte von Künstlern oder Musikgruppen. Man kann aber auch Räume für Veranstaltungen mieten oder Vorträge halten. Die Mitarbeiter sind Arbeitslose, die hier eine neue Tätigkeit finden.
www.dodohaus.de

332 Gagarin C9
Knaackstr. 22 (Prenzl. Berg) U Senefelderpl. ☎ 442 88 07 tgl. 10 2 0,5l Baltikabier vom Faß für 3€. ▶ Blini und Pelmeni im Weltraumambiente. Echt russisch. *www.bar-gagarin.de*

333 Gayhane im SO36 G9
Oranienstr. 190 (Kreuzberg) U Kottbusser Tor ☎ 614 01 306 Jeden letzten Samstag im Monat ab 22 ▶ Die schwul-lesbische türkische Disko erfreut sich auch bei anderen Berlinern größter Beliebtheit. Auch andere Veranstaltungen des legendären unkommerziellen Clubs sind besuchenswert. Das SO36 ist immer noch

selbstverwaltet und hat ein atemberaubend absurdes Programm. *www.so36.de*

334 Haus Schwarzenberg D8
Rosenthaler Str. 39 (Mitte) Ⓢ Hackescher Markt ☎ 30 87 25 73 ⌚ Mo-Fr 14-18, unterschiedliche Öffnungszeiten tel. erfragen oder einfach mal vorbeigehen ▶ Die linke Kultureinrichtung beherbergt rund zwei Dutzend verschiedene Kulturprojekte, u.a. das Anne-Frank-Zentrum, die Gedenkstätte Blindenwerkstatt Otto Weidt, das Programmkino Central, Café Cinema und die Cocktailbar Eschloraque. ✍ *www.haus-schwarzenberg.org*

335 La Rayuela C8
Invalidenstr. 2, Eingang Elisabethkirchstr. (Mitte) Ⓢ Nordbahnhof, Ⓤ Rosenthaler Platz ☎ 44 01 32 93 ⌚ Mo–Fr 11–20, Sa 11–16 ▶ Rery Maldonado und Margarita Ruby bieten hier spanische und lateinamerikanische Literatur in Originalsprache und Übersetzung an. Darunter auch Seltenheiten und Geheimtips. Dazu organisieren sie Filmabende und Lesungen. ✍ *www.la-rayuela.de*

336 Okai China Supermarkt F3
Uhlandstr.19 (Charlottenburg) Ⓤ Uhlandstraße ⌚ Mo–Fr 9:30–19, Do –20, Sa 9:30–16 ▶ Hier kann man nicht nur Lebensmittel kaufen, sondern auch chinesische Filme, CDs, DVDs und Videos ausleihen.

337 Polnisches Restaurant Alt Krakau Übersicht g7
Tempelhofer Damm 232 (Tempelhof) Ⓤ Ullsteinstr. ☎ 751 22 13 ⌚ Di–Sa 12–24, So 12–23 € Jedes Hauptgericht unter 10€ ▶ Polnisches Restaurant mit 3 polnischen Bieren vom Faß, typisch polnischem Essen und Freitags Live-Musik mit Tanz und Stimmung. Wie im Ostblock vor 15 Jahren. ✍ *www.altkrakau.de*

☛ **Russendisko im Kaffee Burger** 309

338 Schalasch C6–C7
Chausseestr. 102 (Mitte) Ⓤ Zinnowitzer Str. ☎ 285 994 85 ▶ Multikulturelles Jugendzentrum, in dem regelmäßig freitags Diskos für Menschen zwischen 15 und 25 J. stattfinden. Sonnabends für Menschen über 30, jeweils von 20-24 Uhr. Neue Rock- und Popmusik aus den Ländern der ehemaligen Sowjetunion. Es finden aber auch Deutschkurse, Nähkurse, Beratungen und Nachhilfe statt.

339 Sprach- und Kulturbörse an der TU-Berlin E2
Ernst-Reuter-Platz 7, im TEL Gebäude, Raum 1417 (Charlottenburg) Ⓤ Ernst-Reuter-Platz ☎ 314–22730 ⌚ Außerhalb der Einschreibungszeit allg. Sprechstunde: Di+Do 15:30–17:30 ▶ Ein interessantes Projekt der TU-Studenten. Da hier sehr viele Ausländer studieren, bietet es sich an, daß diese auch als Vermittler ihrer Sprache und Kultur auftreten. So gibt es nicht nur Sprachkurse in vielen, auch außereuropäischen, Sprachen, sondern auch Spezialkurse wie chinesische Kalligraphie, ein Running Dinner oder einen spanischen Filmkurs. Die Anmeldung ist meist zu Semesterbeginn. Auch Konversationskurse unter mutterspachlicher Leitung finden regelmäßig statt. ✍ *www.skb.tub-fk1.de*

340 Storytime Books & Café Übers. g6
Schmargendorfer Str. 36/37 (Friedenau) 🚌 148 ☎ 85 96 70 04 ⌚ Mo–Fr 10–18, Sa 9:30–13:30 € pro Veranstaltung 3€, samstags (auf Deutsch) Eintritt frei ▶ Das Geschäft ist spezialisiert auf englischsprachige Kinderbücher. Es gibt aber auch Sprachkurse, Singen oder Lesungen für kleinere und größere Kinder sowie Kaffee für erschöpfte Mütter. Programm im Internet. ✍ *www.storytime-books.com*

341 Tadshikische Teestube E8
Am Festungsgraben 1 (Mitte) ⓈⓊ Friedrichstraße ☎ 204 11 12 ⌚ Mo–Fr 17–24, Sa+So 15–24 ▶ Schon 1974 wurde die Originaleinrichtung aus Tadschikistan hierhergebracht. Man kann sich schön exotisch fühlen.

☛ **tienda cubana – salon malecón** 000

☛ **World Language Party** 000

342 Yamashina F1
Pestalozzistr. 67 (Charlottenburg) Ⓤ Uhlandstraße ☎ 323 78 82 ⌚ Mo–Fr 10:15–18, Sa 10:15–14, 1.Sa i. M. bis 16:00 ▶ Japanische Bücher im Original und in Übersetztung, aber auch Zeitschriften, Mangas und Kochbücher. ✍

343 Zadig D7
Linienstr. 141 (Mitte) Ⓢ Oranienburger

Str. ☎ 28 09 99 05 🕒 Mo–Fr 11–19, Sa 11–17 ▶ Die nach einer Erzählung Voltaires benannte Buchhandlung hat sich ganz der französischen Literatur und deren Übersetzungen verschrieben. Lesungstermine sind der Homepage zu entnehmen. ✍ *www.zadigbuchhandlung.de*

Gotteshäuser

Gottesdienste sind keine folkloristischen Veranstaltungen und wenn Menschen ihrem Gott gegenübertreten, verlangt das Sensibilität und Respekt, egal welchem Glauben oder Unglauben man selbst anhängt. Es ist schön, wenn man anderen Religionen mit Interesse begegnet, aber man sollte sich vorher genau erkundigen, ob man erwünscht ist und was es zu beachten gibt.

344 Ahmadiyya-Moschee H2
Brienner Str. 7-8 (Wilmersdorf) U Fehrbelliner Platz ☎ 873 57 03 🕒 Besuche bitte vereinbaren (bitte nur Gruppen) ▶ Die älteste erhaltene Moschee in Deutschland wurde 1924-28 von K.A. Herrmann im Mogulstil indischer Grabkapellen errichtet. Seit 1993 steht sie unter Denkmalschutz.

345 Buddhistisches Haus
Übersicht b6
Edelhofdamm 54 (Frohnau) S Frohnau ☎ 401 056 41 🕒 Der Tempel ist im Sommer von 9–19, im Winter von 9–18 geöffnet. ▶ Die wichtigste buddhistische Kultstätte in Westeuropa wurde 1922-1924 von dem Berliner Arzt und Schriftsteller Paul Dahlke für die von ihm gegründete Buddhistische Gemeinde errichtet. *www.buddhistisches-haus.de*

346 Christi-Auferstehungskathedrale H2
Hohenzollerndamm 166 (Wilmersdorf) U Fehrbelliner Platz ☎ 873 16 14 🕒 Gottesdienste in unregelmäßigen Abständen, bitte erfragen. ▶ Die größte russisch-orthodoxe Kirche in Berlin wurde 1938 eingeweiht und ist mit ihren Zwiebeltürmen weithin sichtbar.

347 Sikh-Tempel Übersicht d6
Kögelstr. 6 (Reinickendorf) U Kurt-Schumacher-Platz 🕒 Gottesdienst So 12–13 ▶ Etwa 3000 Inder leben laut Botschaft in Berlin. Zum Gottesdienst auf Punjabi sind Besucher herzlich willkommen.

348 Synagoge C9
Rykestr. 53 (Prenzl. Berg) U Senefelderpl. ☎ 442 59 31 🕒 Besuch nach Anmeldung für Gruppen ▶ Da sie im Hinterhof liegt, hat diese Synagoge die Pogromnacht 1938 überstanden.

349 Synagoge Pestalozzistraße F2
Pestalozzistr. 14 (Charlottenburg) S Savignyplatz ☎ 313 84 11 🕒 Nur für Gottesdienste nach liberalem Ritus. Männer bitte mit Kopfbedeckung. ▶ Der 1911/12 errichtete Backsteinbau war schon vor dem Krieg die populärste Synagoge im Westen Berlins. Heute eine der Berliner Hauptsynagogen.

Ehemalige DDR-Kulturinstitutionen

350 Zimmertheater Karlshorst im Kulturhaus Karlshorst
Übersicht f9
Treskowallee 112 (Karlshorst) S Karlshorst ☎ 553 46 16 ▶ Interessant für alle, die mal eine ehemalige DDR-Institution besuchen wollen. Der gemeinnützige Verein ist aus einem Lehrer-Ensemble hervorgegangen, das nach der Wende aufgelöst wurde. Die aufrechten Kabarettisten bieten literarische Programme wie Hollaender/Tucholsky und eigenes aktuelles Kabarett. Der Eintritt liegt im Ermessen des Zuschauers. Die Zukunft des Spielortes, des Kulturhauses, ist jedoch leider unklar. *www.zimmertheater-zk.de*

Essen und Trinken

Nr. 581

Und jetzt haben Sie sicher Hunger!

WER möchte nicht schmackhaft, gesund und preisgünstig essen? Wenn man sich nicht gut auskennt in einer Stadt, kann das schwierig sein. Um die Sehenswürdigkeiten und die attraktivsten Plätze herum lauern die Touristenfallen in Form von überteuerten Restaurants. Stinkende Pommes-und Döner-Buden oder steril-geschmacksneutrale Schnellrestaurantketten erwarten ihre Opfer in der Nähe von Einkaufspassagen. Sie sind nicht alle schlecht, aber sehr viele entsprechen nicht entfernt den geringsten Ansprüchen an akzeptable Zutaten und deren hygienisch einwandfreie Zubereitung. Noch weniger erfüllen sie die rudimentärsten Anforderungen unseres Geschmackssinnes oder können als besonderes Erlebnis verbucht werden.

Ganz anders verhält es sich mit den Kantinen, die übrigens ungleich schärferen lebensmittelhygienischen Kontrollen unterliegen als auch die besten Restaurants. Zwar geistert immer noch das Schreckensbild von menschenrechtsverletztenden Abfütterungsanstalten durch die Köpfe. In den meisten Fällen ist dieses Klischee jedoch überholt. Ganz im Gegenteil arbeiten in vielen Kantinen gut ausgebildete und experimentierfreudige Köche nach neuesten ernährungswissenschaftlichen Erkenntnissen. Fast überall erhält man ohne Probleme mindestens ein vegetarisches Gericht und einen frischen Salat.

Das Preis-Leistungs-Verhältnis ist unschlagbar, weil hier Essen verkauft wird und kein Lebensgefühl. Genuß ist nicht beliebig steigerbar und wird in einer nach oben hin offenen Skala bei immer geringeren Steigerungen in immer größeren Schritten immer teurer. Also wenn ein anständiges Kantinenessen 4 Euro kostet, kann man in den meisten Fällen davon ausgehen, daß ein Essen für 40 Euro nicht zehnmal so gute Zutaten enthält oder zehnmal so gut schmeckt. Da man in Kantinen weder Besserverdienst noch Weltgewandtheit effektvoll zelebrieren kann, fällt der hierfür erhobene Zuschlag weg. Vor den resoluten Damen hinter dem Tresen sind nämlich – wie vor Gott – alle Menschen gleich.

Auch die Einrichtung folgt in den meisten Kantinen rein praktischen Erwägungen und verschont den Gast mit nervigen Zeitgeistattacken und mit Einrichtungstrends von denen man heute schon weiß, daß man sie in spätestens 5 Jahren nicht mehr erträgt, weil schon jetzt alle so eingerichtet sind.

Kantinen dürfen nicht öffentlich für sich werben, und obschon grundsätzlich Kantinen in öffentlichen Gebäuden auch öffentlich zugänglich sind, kursieren die meisten Informationen unter der Hand. So ist es immer wieder ein kleines Abenteuer im Großstadtdschungel, wenn man in der Mittagspause einem solchen Tip folgt. Auch solche Kleinigkeiten tragen zur Erhöhung der Lebensfreude bei.

Übrigens: Am besten Saufen kann man in Theaterkantinen. Sie haben bis spät in die Nacht geöffnet, die Alkoholpreise sind äußerst moderat, und man befindet sich unter hochprofessionellen Egomanen, die einen völlig in Ruhe lassen.

Kiez-Küchen

Kiez-Küchen beispielsweise Sozial- oder Selbsthilfe-Projekte sind für den Kantinengänger eigentlich das gleiche wie Kantinen, und alles was über Kantinen gesagt wurde, trifft auch auf Kiez-Küchen zu. Im Unterschied zu den Kantinen-Betreibern müssen die Kiez-Küchen allerdings nicht gewinnorientiert wirtschaften, weil sie subventioniert werden. Da hier häufig Köche und Kellner ausgebildet werden, sind die gastronomischen Ansprüche sogar meist etwas höher. Das ärgert mache Kantinenbetreiber. Den Besucher freut das eher, zumal sich zum Genuß am leckeren und günstigen Essen noch das wohlige Gefühl gesellt, damit etwas sozial Sinnvolles zu leisten.

Imbisse und Schnellrestaurants

Imbisse und Schnellrestaurants erfreuen den Besucher vor allem durch ethnische Vielfalt. So kann man in Berlin fast in jedem Land der Erde mal kurz essen gehen und das häufig zu ausgesprochen fairen Preisen bei frischen Zutaten und leckerer Zubereitung. Ausdrücklich warnen möchte ich allerdings vor Döner-Angeboten zum Dumping-Preis und vor stinkenden Currywurst-Buden. Es gibt Dinge, für die auch 99 Cent zuviel Geld ist. Dazu gehört eindeutig, einen ganzen Nachmittag mit dem Geschmack von altem Fett aufzustoßen. Gute Indikatoren für den unerfahrenen Besucher sind der Geruch und die Schlange. Falls man über keinen guten Geruchssinn verfügt, muß man sich auf die Schlange verlassen. Je länger die Schlange desto besser das Angebot.

Essen

Mit Essen meine ich eine komplette Mahlzeit und keine spontane Bedürfnisbefriedigung. Damit fallen die meisten modischen Suppen- Sandwich- und Pastastationen sowie Coffee-Shops aus. Suppen, Sandwiches und Pasta sind nicht nur einfach und billig in der Herstellung, sondern machen auch meistens nicht richtig satt, was ernährungsphysiologisch fragwürdig ist und richtig dick macht, außer man hungert den Rest des Tages. Wenn man den Aufwand an Material und Herstellungskosten in Rechnung stellt, sind sie fast immer zu teuer. Die auf schick gemachten Läden sollen den Kunden eine besonders gesunde und zeitgemäße Ernährung vorgaukeln. In Wirklichkeit stimmt einfach das Preis-Leistungs-Verhältnis nicht.

Mein ideales Essen kostet um die 5 Euro, und ich habe meist darauf geachtet, daß man für dieses Geld auch satt wird, also nicht etwa nur eine Suppe oder Vorspeise bekommt. Von dieser Vorgabe weiche ich nur in Fällen von besonderer touristischer Relevanz ab. Ich möchte einfach nicht, daß Sie wieder nach Hause kommen und sich ärgern, weil Sie irgendwo lesen, Sie hätten für ein paar Euro mehr bei Borchardt (Nr. 432) Corinna Harfouch oder Sabine Christiansen besichtigen können. Allerdings gelten, wie im Borchardt, manche Angebote nur für den Mittagstisch in einem sonst teureren Restaurant, das habe ich dann aber kenntlich gemacht.

Kultureller Mehrwert

Kultureller Mehrwert ist auch beim Essen ein wichtiger Pluspunkt, der den Erlebniswert erheblich steigert, wie ja auch bei konventionellen Restaurantkritikern die Einrichtung und die Umgebung des gewürdigten Etablissements bewußt oder unbewußt eine Rolle spielt. Wichtige Pluspunkte für mich sind zum Beispiel eine gute Aussicht, ein historisch interessantes Gebäude, eine skurrile Einrichtung oder ein besonders interessantes Publikum.

Ich habe mich bemüht, möglichst viele Gaststätten in der Nähe touristischer Sehenswürdigkeiten zu finden, denn hier lauern die schlimmsten Touristenfallen. Die Sache läuft praktisch gesehen ja meist so, daß man zum Beispiel von der Museumsinsel kommt, plötzlich Hunger verspürt und dann nicht weiß wohin. Als Tourist ist es nämlich nahezu unmöglich, jetzt zum Beispiel die phantastische, aber versteckte Kantine des Maxim-Gorki-Theaters (Nr. 269) zu finden. Dagegen dürfte der Fall, daß man aus touristischem Interesse eine Kantine in Hellersdorf besuchen möchte, verhältnismäßig selten vorkommen.

Damit entsteht allerdings ein kulinarisches Ungleichgewicht unter den Bezirken, das nicht immer der Realität entspricht, doch habe ich auch in touristisch weniger interessanten Gegenden ein paar lohnenswerte Verpflegungsmöglichkeiten aufgetan.

Kantinen und Mensen

351 ABU-Kantine im Bezirksamt Hellersdorf Übersicht e11

Riesaer Str. 94 (Hellersdorf) U Hellersdorf ☎ 9029349 48/-49 ◷ Mo–Fr 7,30–10, 11:30–14, Fr–13 ▶ Hier werden 30 Jugendliche mit weniger guten schulischen Leistungen zu Gastronomen ausgebildet. Sie verköstigen die Angestellten des Bezirksamtes. Lehr- und Ausbildungsobjekt der ABU-GmbH.

352 AOK-Hauptgeschäftsstelle G7
Mehringplatz 15, Eingang Wilhelmstr. 1, EG rechts (Kreuzberg) U Hallesches Tor ☎ 253 12 727 Mo–Fr 6–14:30, Mittagstisch ab 11:00 1,90–3,70€ ▶ Im Sommer im Garten.

353 aromaoffensive D5
Lehrter Str. 16–17 (Mitte) S Hauptbahnhof 12:30–15 ▶ Nette Kantine in zentraler Lage. Das Essen ist liebevoll zubereitet. Es gibt 2 Wahlessen, Suppe, Salate.

354 Bärenmenü-Casino D9
Otto-Braun-Str. 27 (Mitte) SU Alexanderplatz ☎ 97 89 47 22 Mo–Do 7–14:30, Fr 7–14 Salatbuffet, 100g: 0,65€, Dessertbuffet 0,80€, Hauptgerichte 2,55–3,85€ ▶ Eher muffige Polizeikantine, aber für die Gegend faire Preise. Man muß sich allerdings ausweisen können.

BE-Kantine 263

355 BSR-Kantine Übersicht g6
Forckenbeckstr. 2 (Schmargendorf) U Heidelberger Platz ☎ 759 23 286 Mo–Fr 4:30–14, Mittagessen ab 8.45 ▶ Hier essen die Stadtreiniger. Wer schwer arbeitet, liebt es eben deftig. Man benötigt eine Karte (5€ Pfand), die man am Automaten zieht. Nach dem Essen kann man das Pfand zurückbekommen.

356 BVG-Kantine H5
Potsdamer Str. 188 (Schöneberg) U Kleistpark ☎ 256 29 275 Mo–Fr 7:45–10 + 10:30–14, Mittagstisch 11:30–13:30 ▶ Deftiges Essen und richtig guter Kaffeeautomat.

357 café cantina C9
Schönhauser Allee 176 U Senefelderplatz ☎ 44 38 33 42 Mo–Fr 12–16 Nicht über 5€ ▶ Die Kantine der Pfefferwerk-Mitarbeiter steht auch hungrigen Kiezbewohnern offen. Zwei Gerichte zur Auswahl, davon eins vegetarisch. Im Sommer auch draußen. Vergl. Eintrag »Pfefferberg«. *www.pwag.net*

358 Café Palladin Konditorei G5
Pallasstr. 8/9 (Schöneberg) U Bülowstraße ☎ 343 39 473 Mo–Fr 8–19, Sa+So 9–18 ▶ Hier machen 10 Jugendliche eine Ausbildung. Auch die Inneneinrichtung haben sie selbst gebaut.

359 Café Unvernunft im Kulturhaus Spandau Übersicht e4
Mauerstr. 6 (Spandau) SU (Rathaus) Spandau ☎ 333 30 02 Mo–Fr 10–23 ▶ Hier werden künftige Köche ausgebildet. Gehört zur Kiezküchen gGmbH.

360 Café-Restaurant Pinelli Übersicht f6–g7
Ebersstr. 67 (Schöneberg) S Schöneberg ☎ 787 92 917 Mo–Fr 8–24, Sa 17–24, Küche bis 22:30, günstiger Mittagstisch 11:30–14:30 Mittagstisch: 4–5€, Abendrestaurant: Hauptgerichte 6–9,80; Bier 0,5l 2,50 ▶ Die Pinel GmbH ist ein Verein, der geistig Behinderten eine Reintegration durch Erwerbsarbeit ermöglicht. Sehr leckeres und günstiges Essen. Abends verwandelt sich das Pinelli mit weißen Tischdecken und Kerzen in ein richtiges Restaurant.

361 Caféteria Casino im Rathaus Köpenick Übersicht g10
Alt-Köpenick 21 (Köpenick) S Spindlersfeld ☎ 617 22 716 Mo–Do 8–14:30, Fr –13:30, Mittagessen 11:30 –13:30 2,00–3,70€, veget. Gerichte unregelmäßig ▶ Freundlich und sauber. Das Rathaus Köpenick wurde wegen seines 100-jährigen Bestehens im letzten Jahr z.T. saniert und dabei von Renovierungsschäden befreit. Der Bau im Stil der mittelmärkischen Backsteingotik gilt als eines der schönsten Rathäuser Berlins.

362 Caféteria Nord HUB D7
Reinhardtstr. 30 (Mitte) SU Friedrichstraße Mo–Fr 8 –15.
www.studentenwerk-berlin.de

363 Caféteria und Eisbar (TU) F3
Hardenbergstr. 34 (Charlottenburg) U Ernst-Reuter-Platz Mo–Fr 8–19 ▶ Leckere frische Kleinigkeiten und richtiges Essen im Sommer auch auf der Terrasse.
www.studentenwerk-berlin.de

364 Caféteria Säulenmensa HUB E7
Unter den Linden 6, durch Haupteingang, über den Hof, rechts (Mitte) SU Friedrichstr. 2€ Mo–Do 8–19, Fr 8–15 ▶ Im selben Gebäude: Mensa Süd (421),

durch Haupteingang, über den Hof, links. *www.studentenwerk-berlin.de*

365 Cantina C12
Storkower Str. 134 (Friedrichshain)
Ⓢ Landsberger Allee ☎ 420 246 60
🕒 Mo–Fr Frühstück: 8:15–10:30, Mittagessen: 11:30–13:30 € Mittagessen 3–4,20€ ▶ Cantina gehört zur Kiezküchen gGmbH. Auch hier werden junge Köche ausgebildet. *www.bildungsmarkt.de*

366 Casino in der Berliner Synchron Übersicht h7
Mühlenstr. 52–54 (Lankwitz) Ⓢ Lankwitz 🕒 Mo 9–18, Di–Do 8:30–18, Fr 8:30–17 € 2,50–5€ ▶ Das 1949 gegründete Studio von Wenzel Lüdecke ist eine der ersten Adressen für die Synchronisation von Hollywoodfilmen. Wer also schon immer mal mit Stars zu Mittag essen wollte – das Essen ist sogar auch hervorragend.✍

367 Casino Senatsverwaltung Wirtschaft, Arbeit und Frauen G4
Martin-Luther Str. 105 (Schöneberg)
Ⓢ Schöneberg ☎ Familie Sykora und Regenthal: 901 38 311 🕒 Mo–Do 7–15, Fr 7–14, Mittagstisch: Mo–Do 11:30–14:30, Fr 11–13:30 € 2,10–3,55€ ▶ Ausgesprochen solide und schmackhafte Hausmannskost. Viele Überraschungen neben der Wochenkarte.

368 Casino Handwerkskammer G7
Mehringdamm 14/Ecke Obentrautstr., 1. OG (Kreuzberg) Ⓤ Hallesches Tor ☎ 251 44 13 🕒 Mo–Do 7:30–19:30, Fr. 7:30–18, Sa. 7:30–13 € 2,00–4,20€ ▶ »Casino im BTZ – Bildungs- und Technologiezentrum der Handwerkskammer«.

369 Casino im Columbiahaus H7
Schwiebusser Str. 129c, 2. OG (Tempelhof) Ⓤ Platz der Luftbrücke ☎ 692 69 98 🕒 Mo–Fr 7–15, Mittagstisch 11–14 € 1,90–3,50€ ▶ Absolut sehenswerte Kantine in einem riesigen Saal des Flughafen-Komplexes (hierzu Text unten !). ★★★

Das Casino im Columbiahaus oder: Im »Palmensaal«

Das »Casino im Columbiahaus" gehört zum Gesamtentwurf des Flughafens Tempelhof und liegt damit im größten Gebäudekomplex Europas und dem drittgrößten der Welt. Ernst Sagebiel, der zuvor das Reichsluftfahrtministerium entworfen hatte, hat den Rohbau des neuen Flughafengebäudes in nur 18 Monaten fertiggestellt. Doch trotz des pompösen Richtfestes, das hier am 4. Dezember 1937 in Anwesenheit des Reichsministers der Luftfahrt Hermann Göring gefeiert wurde, ist hier zu Zeiten der Naziherrschaft nie ein Flugzeug gestartet oder gelandet. Erst die Amerikaner haben nach dem Krieg das Gebäude auch tatsächlich als Flughafen genutzt.

Die Kantine befindet sich in einem Gebäudeteil, der immer schon der Verwaltung vorbehalten war, heute residiert hier das Hauptzollamt. Das breite Treppenhaus in der Schwiebusser Str. 129 c scheint gebaut, um ganze Hundertschaften aufzunehmen. Der »Große Saal" ist ungefähr so groß wie eine Tennishalle und hat sicher 5 m hohe Fenster. Gegen die nationalsozialistische Machtarchitektur kann sich die leicht angestaubte 50er-Jahre-Inneneinrichtung kaum behaupten. Lampen, die irgendwie an die Straßenkreuzer dieser Zeit erinnern und 4 Meter hohe Gummibäume, die trotz ihrer objektiven Größe in dieser Umgebung irgendwie mickrig wirken - wie sich ja auch der Mensch im Nationalsozialismus fühlen sollte. Nach dem Krieg muß sich jemand Gedanken gemacht haben, wie man die Atmosphäre hier auflockern könne, vielleicht derjenige, der auch auf die Idee kam, die Unmengen von Tischen in schräge statt in gerade Reihen zu stellen?

So richtig voll ist es hier selten, und viele kennen sich. Bauarbeiter fühlen sich hier wohl, wie in allen Kantinen trifft man ein paar verstreute Rentner und Menschen die man aufgrund von Bequem-Kleidung den umliegenden Behörden zuordnet. Und natürlich auch diese nicht klar einzuordnenden Existenzen, die man in Berlin scharenweise antrifft, und die man in anderen deutschen Städten oft vermißt. Viele grüßen sich, man kann sich aber auch wunderbar aus dem Weg gehen, denn Platz ist reichlich vorhanden und die Stimmung ziemlich entspannt, auch bei den freundlichen Angestellten.

Serviert werden fast ausschließlich deutsche Klassiker wie Goulasch, Kohlroulade und Sauerkraut mit Kasseler, allerdings in guter Qualität. Täglich gibt es ein Menü für 3,50 Euro inkl. Suppe oder Salat und Nachspeise. Für 2,50 gibt es täglich Braten vom Grill und einen Eintopf für 1,90. Als Schonkost gibt es schonmal Bohneneintopf mit Rauchfleisch oder Sülze mit Bratkartoffeln. Wer auf Schonkost angewiesen ist, sollte also besser woanders hingehen. Das gleiche gilt für Vegetarier, denn die angebotenen Salätchen stammen vorwiegend aus Eimer oder Dose. Aber wer geht schon zum Salatessen in eine Kantine?

Restaurant im St. Michaels-Heim 61

370 Catering im Preußischen Landtag F7
Niederkirchnerstr. 5, EG rechts (Mitte) U Potsdamer Pl., S Anhalter Bhf. ☎ 232 51 945 Mo–Do 8:30–16, Fr 8:30–15, Zwischen 11:30–13 für Landes–und Bundesbedienstete reserviert. 3–5,80€ je nach Angebot. ▶Anständiges Essen und faire Preise, v.a. für die Lage. Verwendet werden Produkte aus Berlin und Umland. Man sollte sich unbedingt die Zeit nehmen auch das schöne Foyer anzusehen. Hier gibt es eine Ausstellung zum Parlamentarismus in Deutschland und einen BVG-Automaten.

371 Dekra-AG-Akademie, Casino J7
Platz der Luftbrücke, Durchfahrt unmittelbar links vom Haupteingang des Flughafens (Tempelhof) U Platz der Luftbrücke ☎ 695 12 861 Mo–Fr 6:30–14 ▶Gutes Essen zu fairen Preisen, im Sommer auch draußen.

372 Delikat – Kantine im Rathaus Friedenau Übersicht g6
Lauterstr. 19 (Friedenau) U Friedrich-Wilhelm-Platz Bus M48 ☎ 756 06 854 Mo–Fr 11:30–14:30 ▶Das Essen ist anständig, das Ambiente langweilig.

373 »Die Kantine« im Rathaus Neukölln J10
Karl-Marx-Str. 83 (Neukölln) U Rathaus Neukölln ☎ Frau Seeger: 68 97 57 61 Mo–Fr ab 7:30, Mittagessen 11:30–14:30 ▶Anständige Kantine mit gutem Kaffee. Latte Macchiato und Cappuccino für 1,50. ✍

374 Esscapade – Im Nachbarschaftshaus Prinzenallee Übersicht d–e7
Prinzenallee 58 d, 1. Hof (Gesundbrunnen) U Pankstraße ☎ 499 11 710 Mo–Fr 10–20, Mittagstisch 12–15 Preiswerter Mittagstisch ab 2.50€ ▶Integrationsprojekt und Kulturzentrum, Catering für Kitas, Tische im idyllischen Hofgarten.

375 Evangelische Fachhochschule Übersicht h5
Teltower Damm 118 (Zehlendorf) Bus X10, 285 ☎ 845 82 102 Mo-Do 8:30–18, Fr 8:30–13:30 Mittagessen: 11:30–14 ▶Integrationsprojekt der Perspektive Zehlendorf. Das Essen ist sehr lecker (fast katholisch!), aber die Studenten sind furchtbar evangelisch.

376 Gemeinschaftskantine Arbeitsagentur F7
Charlottenstr. 90 (Kreuzberg) U Kochstr. ☎ 21 23 69 06 Mo–Fr ab 7, Mittagessen 11–14 2,30 –4,30€, Gäste zahlen 0,30€ Zuschlag ▶Normal solide Kantinenkost, Salatbuffet und guter Kaffee. ✍ *www.lebenswelten.de*

377 hofküche charlottenburg D3
Helmholtzstr. 2–9 (Charlottenburg) Bus 101 ☎ Herr Tretschog: 397 43 815 Mo–Fr 8–16, Mittagstisch 11:30–14:30 2,20–4,30€ ▶Unter Denkmalschutz stehender Gebäudekomplex, in dem einst Siemens und Halske, später Osram, ihre weltberühmten Glühbirnen fertigten. ✍

378 Kantine des Theaters in der Parkaue Übersicht e9–f9
Parkaue 29, rechts den Bühneneingang (Lichtenberg) SU Frankf. Allee ☎ 551 53 972 Mo–Fr 9–14:30, 16:30–22, am Wochenende je nach Vorstellung Tagessuppe ab 1,50€, Hauptger. ab 3,50€. *(Eventuell wegen Umbau geschlossen!)*

Kantine Bezirksamt Steglitz 138

379 Kantine im Kriminalgericht Moabit D5
Turmstr. 91 (Moabit) U Turmstraße ☎ 901 42 520 Mo–Do 7–16, Fr–15 1,30–6€ ▶Das größte Gericht Berlins beherbergt Europas größte Staatsanwaltschaft. Hier wurden die Fälle von Bubi

Scholz, Kaufhauserpresser Dagobert und Erich Mielke verhandelt. Wilhelminische Machtarchitektur vom Feinsten. Daß man sich komplett filzen lassen muß, gehört zum Gesamtkunstwerk.

380 Kantine Mathematikgebäude E3
Straße des 17. Juni 136, 9.OG (Charlottenburg) Ⓤ Ernst-Reuter-Platz ☎ 31 42 47 24 Ⓞ Mo–Fr 11–17 Ⓔ 2,20–4€ ▶ Schöner Blick in den Tiergarten!

381 Kantine im Amtsgericht G7
Hallesches Ufer 62, 5.OG (Kreuzberg) Ⓤ Möckernbrücke Ⓞ Mo–Fr 8–14 Ⓔ 1,80–3,50€ ▶ Die Kantine bietet neben hervorragendem und sehr preiswertem Essen einen sensationellen Blick auf den Potsdamer Platz und auf das Technikmuseum. Im Sommer auch draußen. ✍ ★★★

382 Kantine im Max-Planck-Inst. D7
Schumannstr. 21–22 (Mitte) auf dem Charité-Campus ☎ 450 525–277 Ⓞ Mo–Fr 8:30–16, Mittagessen 11:30–14:30 Ⓔ 3,50–4,50€ ▶ Man sitzt in einem modernen und hellen Gebäude unter hochkarätigen Wissenschaftlern, im Sommer draußen. Guter Kaffee und anständiger Kuchen. ✍

383 Kantine im Rathaus Kreuzberg G-H7
Yorckstr. 4-11, 10. OG (Kreuzberg) Ⓤ Mehringdamm ☎ 251 63 46 Ⓞ Mo–Fr 7–15, ab 11 Mittagstisch Ⓔ 2–3.50€ ▶ Im 10. Stock. Das Essen ist gut und abwechslungsreich, unbedingt lohnend ist auch der großartige Ausblick! *www.kantine-kreuzberg.de*

384 Kantine im Rathaus Weißensee Übersicht d8
Berliner Allee 252–262 (Weißensee) 🚌 159 ☎ 90295–7576 Ⓞ 7:30–14, Mittag 11–13 Ⓔ 2.50–3.50€ ▶ Das »Askaniahaus« ist eine ehemalige Industrieanlage der Firma C.O. Raspe. Hier wurde für die Nazi–Rüstungsproduktion gearbeitet. 1953 zieht die »Hauptabteilung Personenschutz« der Staatssicherheit ein. 1990 wird ein großes Waffenlager entdeckt. Seit November selben Jahres als Rathaus Weißensee genutzt. ✍

385 Kantine Rathaus Mitte D9
Karl-Marx-Allee 31, EG rechts (Mitte) Ⓤ Schillingstraße ☎ 200 923 314 Ⓞ Mo–Fr 8–14 Ⓔ 0,80–3,50€ ▶ Nichts Sensationelles, aber gutes Kantinenessen.

386 Kantine Iss Was im Sozialgericht D6
Invalidenstr. 52 (Moabit) Ⓢ Hauptbahnhof/ ☎ Inh. Lydia Kessner: 901 65 120 Ⓞ Mo–Do 7–15, Fr 7–14, Mittagstisch ab 11:30 Ⓔ Softdrinks für 0,85€ und Kaffee für 0,50€, Hauptmenü unter 4€, Currywurst + 0,3l Cola für 1,85€. ▶ Vor allem deutsche Hausmannskost, nicht besonders vegetarierfreundlich. Schöne helle Räume und gebügelte Stofftischdecken, dabei sensationell billig und gut.

387 Kantine Rathaus Wedding A-B5
Müllerstr. 146 (Wedding) Ⓤ Leopoldplatz ☎ 200 942 164 Ⓞ 7:30–15, Mittagstisch 11:15–14:15 Ⓔ 1,80–4,50€ ▶ Heinrich Kempf kocht exotische Köstlichkeiten. Ostasiatische, italienische und spanische Küche inspirieren ihn (Bio-Fleisch, kaum Convenience-Produkte). Die Räumlichkeiten im alten Rathaus sind wenig spektakulär, das wird aber durch den Service mehr als wettgemacht. Hier fragt man den Gast doch tatsächlich ob er den Salat mit Dressing oder Essig und Öl möchte. *www.kantine-kempf.de*

388 Kiezkantine B-C9
Oderberger Str.49/50 (Prenzl. Berg) Ⓤ Eberswalder Str. ☎ 448 44 84 Ⓞ Mo–Fr 9–16, Frühstück 9–11:30, Küche –15.45, So 10–15 Brunch Ⓔ 1,50–3,80€ Frühstück 3–4€ Ermäßigt weniger (Stud, Arbeitslose, Rentner, Behinderte) ▶ Die Kiezkantine wurde von der Pinel-Gesellschaft e.V. übernommen (s. »Pinelli«). Die Qualität sowie die Ermäßigungen wurden aber, wie auch einige Mitarbeiter, übernommen. Es gibt jetzt sogar sonntags Brunch. *www.kiezkantine–berlin.de* *www.pinel.de*

389 Lohmeier & Deimel – Kasino im Verteidigungsministerium F5
Stauffenbergstr. 13-14, über den Hof der Gedenkstätte Deutscher Widerstand und mit dem Aufzug ins 5. OG (Tiergarten Süd) 🚌 129 bis Gedenkstätte dt. Widerstand ☎ 200 483 892 Ⓞ Mo–Fr 7–11, 12:30–14:30 Ⓔ 2,20-4€ ▶ Das Essen ist

nicht unbedingt sensationell, doch hat man einen guten Blick über den Potsdamer Platz, und man wird satt. Leckeren Kaffee gibt es vor der Kasse links (nicht auf Kaffee am Getränkeautomaten reinfallen weil schauderhaft!).

390 Ludwigs F3
Fasanenstr. 85 (Charlottenburg) SU Zoolg. Garten ☎ 319 00 555 ⌚ Mo–Fr 11:30–14:30 € 1,30-8€ ▶ Im Ludwig-Erhard-Haus sind Angestellte und Gäste willkommen. Leckeres Essen und faire Preise. *www.ludwigs-event.de*

391 Caféteria Spandauer Str. D-E8
Spandauer Str. 1 (Mitte) S Hackescher Markt ⌚ Mo–Fr 8–15 (in den Semesterferien geschlossen) ☎ 20 93 56 40 *www.studentenwerk-berlin.de*

392 Post-Kantine B8
Eberswalder Str. 6-9 (Prenzl. Berg) U Eberswalder Str. ⌚ Mo–Fr 6:30–14:30, Sa 6:30–9:30 ☎ 0174/ 969 68 53 oder 44 31 82 15 ▶ Bürgerliche Küche zu günstigen Preisen in ostigem Ambiente. V.a. für die älteren Bürger des Bezirks eine willkommene Verpflegungsmöglichkeit.

☛ Ratskeller Rathaus Schönebg. 140

393 Rathaus-Casino E12
Frankfurter Allee 35-37 (unter der gläsernen Pyramide und Rathauspassage Friedrichshain) (Friedrichshain) U Samariterstr. ☎ 417 288 58 ⌚ Mo–Fr Frühstück 7:30–10:30, Mittagessen 11–14:30 € 1,50–3€

394 Öffentliche Kantine der Deutschen Bahn AG Übersicht e9
Ruschestr. 104 (Lichtenberg) U Magdalenestraße ☎ 29 72 60 73 ⌚ Mo–Fr 7:30–10:30 + 11:15–14 ▶ Neubau an der früheren Stasizentrale (Stasi-Museum, s. »Forschungs- und Gedenkstätte Normannenstr.«) ✍

395 Orania – Senatsverwaltung für Gesundheit, Soziales Verbraucherschutz F8
Oranienstr. 106 (Kreuzberg) U Kochstr. ☎ 347 45 65–0 ⌚ Mo–Fr 8–15 € 3,50–5,50€, Salatbuffet 0,90€ pro 100g ▶ In der wunderschönen ehemaligen Reichsschuldenverwaltung speist man in einer Art Wintergarten mit Palmen. Wunderschön und auch sehr leckeres Essen. ✍ ★★★ *www.bildungsmarkt.de*

396 Paparazzi Restaurant F8
Markgrafenstr. 19a (Axel-Springer-Passage, Kreuzberg) U Kochstr. ☎ 25 91 748 10 ⌚ Mo–Fr 11–15 € 3,95–6€, Salatbuffet 0,99€ pro 100g ▶ In der Kantine des Springer-Verlages wird viel Wert gelegt auf gesunde Ernährung. Modernes Essen mit viel Pasta und Salat. ✍ *www.pace–berlin.de*

☛ Regenbogencafé (Kantine) 73

397 Restaurant Fiskus G5
Bülowstr. 85-88 (Schöneberg) U Bülowstr. ☎ 90 24 18 515 ⌚ Mo–Fr 8–10 + 11.45–14:30, Fr –14 ▶ Liebevoll gestaltete Kantine mit großer Auswahl. ✍

398 Restaurant »Cosmos« D7
Tucholskystr. 11 (Mitte) S Oranienburger Str. ☎ 280 08 01 ⌚ Mo–Fr 8–11, 11:30–15:00 € 1,50–5€ ▶ Das Restaurant gehört ebenfalls zur Kiezküchen gGmbH und bildet Köche und Kellner aus. Gutes Essen zu fairen Preisen. Im Sommer auch draußen. *www.bildungsmarkt.de*

399 Restaurant im Felleshus Nordische Botschaften F4/5
Rauchstr. 1 (Mitte) 3.OG 🚌 200 ⌚ Mo–Fr 10–18, Sa 11–16, Mittag ab 13 für externe Besucher ▶ Ein echter Genuß in dem architektonisch herausragenden Haus nach den Entwürfen von Berger und Parkkinen zu speisen. Die skandinavischen Spezialitäten kann man im Sommer auch auf der Terrasse genießen. Preise: 4,50–6,50 EUR. ✍

400 Restaurant im FEZ Übersicht g9-10
Eichgestell (Oberschöneweide) 🚋 27, 63, 67 Freizeit- und Erholungszentrum (FEZ) ☎ 530 71 449 ⌚ Di–Fr 8–10:30 + 12-17, Sa/So 12–17 € Mittagessen 4–6€.

401 Restaurant Kirschgarten im OVG D4
Kirchstr. 7 (EG links, Tiergarten) S Bellevue ☎ 399 66 55 ⌚ 8:30–15 € 3–5€, Salat 0,90€ pro 100g ▶ Schönes Kantinenrestaurant, vorwiegend Hausmannskost mit reichhaltigem Salatbuffet. Besonders guter Kaffee. ✍

402 Studio Osthafen G11
Stralauer Allee 1 (Friedrichshain) SU War-

schauer Str. Mittags: Mo–Fr 12–21, Sa–So veranstaltungsabhängig ▶(»Universal-Kantine«) Mittags kann man hier unter schönen jungen Menschen preiswert speisen. Besonders schön im Sommer am Wasser sitzen und dem Feierabend entgegentrinken.

403 Restaurant Waldenser D4
Waldenserstr. 2-4, Fabrikgebäude links, 1.OG (Moabit) U Turmstraße ☎ 397 39 137 Mo–Fr 11:30–14 2-6€ ▶Ausbildungsbetrieb der Kiezküchen gGmbH.
www.bildungsmarkt.de

Rossi (Osramhöfe) 198

404 Schildkröte H9
Boppstr. 7 (Kreuzberg) U Hermannplatz ☎ 939 56 655 Mo–Fr 11:30–14:15 2-Gänge-Menü für 4,50€ ▶Mischung aus Kantine, Kiezküche und Restaurant.
↗ **Turtle Delikatessen** ▶Feinkostladen mit köstlichem Stehimbiß und fairen Preisen. Sehr leckerer Mittagstisch. Die Schildkröte ist ein soziales Projekt mit Ausbildungsplätzen in der Gastronomie, für Jugendliche mit besonderem Förderbedarf. Neben dem Tagesrestaurant betreibt der Verein den Delikatessenladen mit Cateringservice.
www.schildkroete-berlin.de

405 Senats-Casino H2
Fehrbelliner Platz 1, 4.OG links (ausgeschildert) (Wilmersdorf) U Fehrbelliner Platz ☎ 873 07 54 Essensausgabe Mo–Do 7–14:30, Fr 7–13:30 0,85–4,50€

caféteriaimtelefunkenhochhausdertuberlin 142

Kantine der Volksbühne 275

Kantine Maxim Gorki 269

406 Themediaclub D7
Johannisstr. 20 (Mitte) S Oranienburger Str. ☎ 726 193 034 Mo–Fr 9–18 1,90–5,50€ ▶Vorsicht, man muß erst eine einschüchternde Lobby mit farblich passender Hosteß überwinden, dann ist es aber nett und lecker.

407 Tim's E7
Bebelplatz 1 (Mitte) Bus 100, 200 bis Staatsoper ☎ 204 55 825 Mo–Fr 8–20, Sa 9–16 Milchkaffee 1,80€,Bagel mit Frischkäse/Tomaten 1,50€ ▶Der angeblich billigste Milchkaffee in Mitte wird schonmal getoppt durch Marcann's, wo selbiger 1,60€ kostet.

408 Volkerts Kantine im Rathaus Hohenschönhausen Übersicht e9
Große Leegestr. 103 (Hohenschönhausen) Tram M6, 16, Bus 256 ☎ 941 14 115 Mo–Do 8–13:30, Fr 8–13, Mittagstisch ab 11:00 Suppe 0,80,das teuerste Gericht kostet 3,50 ▶Das Haus war einst Bürogebäude der Staatssicherheit und die Mitarbeiter speisten hier. Schlichtes DDR-Ambiente. Volkert ist ehemaliger Seefahrer und läßt seine Küche davon inspirieren. Unbedingt hingehen.

409 Vulkan Übersicht e9
Vulkanstr. 13, hinterer Flachbau (Lichtenberg) z.B. Tram 6, 7, 17 bis Zechliner Straße ☎ 556 80 930 Mo–Fr 6:30–14 ▶Vulkan, Ausbildungsrestaurant der Kiezküchen gGmbH. Auch hier werden junge Köche ausgebildet. Veranstaltungen mgl.
www.bildungsmarkt.de

410 »WAU« Café im HAU 2 G7
Hallesches Ufer 32 (Schöneberg) U Möckernbrücke ☎ 259 32 679 Mo–Fr 10–open end, Sa+So ab 16 ▶Gewissermaßen die Kantine des Hau, ohne Kantinencharakter, lustiges Café und ausgefallene Speisen. Manchmal auch Konzerte, die über das Theaterprogramm zu erfragen sind. ✍ *www.hau-am-ufer.de*

411 Wintergarten im Rathaus Charlottenburg E2
Otto-Suhr-Allee 100, KG rechts (Charlottenburg) U Richard-Wagner-Platz ☎ 341 89 09 Mo–Fr 8–15 ▶Solide Verpflegung in gewölbeartigem Rathauskeller. Sehenswertes Beispiel wilhelminischer Machtarchitektur. 1905 errichtet von den Rathausspezialisten Heinrich Reinhardt und Georg Süßenguth.

Mensen des Studentenwerks

Für die Mensen des Studentenwerks braucht man eine aufladbare Zahlkarte, die man aber auch als normaler Bürger problemlos an den Kassen erhalten kann. Mit dieser Karte kann man dann in allen Mensen problemlos essen gehen (1,90–4,50€) ▶Es gibt hier leckeres, frisches Essen zu guten Konditionen, das man sich in den meisten Fällen selbst zusammenstellen kann. In den Cafés kann man auch mit Bargeld zahlen.

412 Mensa Allee der Kosmonauten Übersicht e9
Allee der Kosmonauten 20 (Lichtenberg) 8, 27, 28 bis Allee der Kosmonauten / Rhinstraße ☎ 50 19 33 79 Mo–Fr 8–15 Caféteria, 11:30–14 Mittagessen s.o. ▶Sehr schön gelegene Mensa mit Sonnenterrasse in einer Parklandschaft.

413 Mensa TU F3
Hardenbergstr. 34, 1.OG (Charlottenburg) U Ernst-Reuter-Platz ☎ 311 22 42 Mo–Fr 11–14:30, Coffbar 11–18, Caféteria 11–15:30 s.o. ▶Zentral gelegene, gute Mensa.

414 Mensa FHTW Übersicht f9
Treskowallee 8 (Karlshorst) U Tierpark ☎ 501 92 606 Mo–Fr 11–14:15 s.o. ▶Schöner Speisesaal in historisch interessantem Gebäude.

415 Mensa FHW H4
Badensche Str. 50-51 (Schöneberg) U Bayerischer Platz ☎ 854 65 13 Café Mo–Fr 8:30–15, Essensausgabe 11:30–14:30, ind en Semesterferien geschlossen s.o. ▶Kleine Mensa im 5. OG. Im Sommer mit Terrasse.

416 Mensa Franklinstraße E3
Franklinstr. 28/29 (Charlottenburg) U Ernst-Reuter-Platz ☎ 31 47 34 85 Mo–Fr Café 8–16 (Vorlesungsfreie Zeit –15), Essensausgabe 11:30–14:30 s.o. ▶Kleine gemütliche Mensa mit persönlicher Atmosphäre.

417 Mensa FU I Übersicht g5
Van't-Hoff-Str. 6 (Dahlem) U Thielplatz ☎ 830 02 511 Mo–Fr 11:15–14:30 s.o. ▶Schön gelegene Mensa mit interessanter Architektur. Im Sommer Sonnenter-rasse.

418 Mensa FU II + Caféteria Übersicht g5–g6
Otto-von-Simson-Str. 26 (Dahlem) U Dahlem-Dorf ☎ 830 02 520 Mo–Fr 8–18:30, Mittagstisch 11:15–14:30 s.o. ▶Große helle Mensa mit gutem Angebot.

419 Mensa Lankwitz Übersicht h7
Malteserstr. 74 (Lankwitz) X83, 183 bis Halt: Emmrichstraße ☎ 775 20 29 Café Mo–Fr 8–15:30, Essensausgabe 11–14:30 s.o. ▶Das ganz neue Mensagebäude liegt sehr schön im Grünen und hat ein tolles Angebot.

420 Mensa Nord D7
Reinhardtstr. 30 (Mitte) SU Friedrichstraße ☎ 283 02 714 Mo–Fr 11:15 –14:30 Essensausgabe, Café Mo–Fr 9–15 s.o. ▶Schöne große Mensa mit leckerem Essen. Im Sommer sitzt man hier auch gern auf der Wiese.

421 Mensa Süd E7
Unter den Linden 6 (Mitte) SU Friedrichstraße ☎ 209 32 421 Mo–Fr 11:15–14:30 s.o. ▶Bei den Studenten ist diese Mensa weniger beliebt, doch liegt sie ideal zentral.

422 Mensa TFH B5
Luxemburger Str. 9 (Wedding) U Leopoldplatz ☎ 457 98 240 Mo–Fr 11–14:15 s.o. ▶Hier legt man ganz besonderen Wert auf frische Zubereitung.
↗ **Caféteria** Mo–Fr 7:30–17 ▶Im Sommer auch draußen mit Grillen.

☛ **Musikmensa – Hochschule für Musik »Hanns Eisler« 253**

Restaurants

☛ Kantinen & Mensen, Imbisse, Kneipen, Biergärten, Eisdielen

423 Ali Baba F2
Bleibtreustr. 45 (Charlottenburg) S Savignyplatz ☎ 881 13 50 tgl.11–3 ▶Seit Ewigkeiten existiert das Ali Baba. Eine Legende: die beste neapolitanische Pizza von arabischer Hand. Vorne schmackhafte Minipizza zum Mitnehmen (1€).

424 asian deli B9
Lychener Str. 28 (Prenzlauer Berg) U Eberswalder Str. ☎ 44 04 89 20 2,50–7.50€ ▶Asia Deli mit frisch zubereiteter Küche. Lecker, preisgünstig und erfrischend . Mit Klo und Tischen draußen.

425 Aspendos H5
Hauptstr. 11 (Schöneberg) U Kleistpark

☎784 85 70 ⌚tgl. 10–1 ▶Richtig guter Döner.

426 Ballhaus Mitte D8
Auguststr. 24 (Mitte) Ⓢ Oranienburger Str. ☎282 92 95 ⌚ab 12 bis in die Puppen € Eintritt frei, dafür die Pizza nicht ganz billig ▶Früher eines der übrig gebliebenen Berliner Ballhäuser. Hier wird die Tradition hochgehalten und es gibt jeden Abend Tanz und samstags Live-Musik. Zu essen gibt es neapolitanische Pizza oder Bouletten und Knackwürste mit Kartoffelsalat. ✍ *www.ballhaus.de*

427 Baraka G10
Lausitzer Platz 6 (Kreuzberg) Ⓤ Görlitzer Bhf. ☎612 63 30 ⌚tgl. 12–24 € Speisen: 3,50–10€ ▶Orientalisch, Tische draußen.

428 Bistro & Catering im Willy-Brandt-Haus G7
Wilhelmstr. 140 (Kreuzbg.) Ⓤ Hallesches Tor ☎259 93 954 ⌚Mo–Fr 11:30–15 Business–Lunch € 2,70–6,40€ ▶Etwas über Kantinenniveau, aber auch etwas teurer. In Erinnerung an den berühmten Namengeber gibt es bei den Genossen schon mittags harte Spirituosen auf der Speisekarte. ✍

429 Beth Café D7
Tucholskystr. 40 (Mitte) Ⓢ Oranienburger Str. ☎281 31 35 ⌚So–Do 12–20. Mittagstisch bis 16 € 1–8,50€ ▶Café der jüdischen Gemeinde Adass Jisroel, daher kosher und unter Polizeischutz.

430 Bötzow-Privat D7
Tucholskystraße/Ecke Linienstr. (Mitte) Ⓤ Oranienburger Tor Ⓢ Oranienbg. Str. ☎0177-465 5251 ▶Ursprünglich eine Ur-Berliner Kneipe, die sich seit 1898 in Privatbesitz befunden hat. Bötzow war übrigens vor dem 2. Weltkrieg das meistgetrunkene Bier in Berlin. Der Laden hat den Besitzer gewechselt und entwickelt sich zum richtigen Restaurant – abwarten!

431 Bolu Grillhaus G9
Kottbusser Damm 103a (Neukölln) Ⓤ Schönleinstr. ☎692 27 15 ⌚tgl.11–23 € 1–11€ ▶Ältere Herrn mit Schnäutzern braten hier ganze Lämmer am Spieß. Einer der besten Döner Berlins.

432 Borchardt (mittags) E7
Französische Str. 47 (Mitte) Ⓤ Französische Str. ☎818 86 262 ⌚tgl. ab 11:30, Küche 12–24, Mittagstisch: Mo–Fr 12–15 € Mittags Zwei-Gänge-Menü 9€, Softdrinks ab 2,60€, 0,3l Bier 4€, zu andern Tageszeiten sehr viel teurer ▶Die Paris-Bar des Ostens. Im Promi-Laden gibt es immer viel zu sehen. Am besten reservieren. Promi-Faktor: Gerhard Schröder, Sabine Christiansen u.v.m.

Borkenbude 994

433 Böse Buben Bar D7
Marienstr. 18 (Mitte) ⓈⓊ Friedrichstraße ☎275 96 909 ⌚tgl. ab 9–?, Frühstück Mo–Sa 9–13:30, So 9–15:30 € Ganztägiges Frühstücksbuffet mit Bouletten und Suppe für 3€

434 Brauhaus Südstern H9
Hasenheide 69 (Kreuzberg) Ⓤ Südstern ☎690 01 624 ⌚tgl. 10–1, Mittagstisch 12–16 € 0,4l Spezialbier 2,60€, Mittagstisch um die 5€ ▶Hier wird noch selbst gebraut und so kann man die köstlichen naturtrüben Spezialbiere genießen. Das Essen ist lecker und reichhaltig und die Bedienung bezaubernd. Im Sommer gibt es zwei Terrassen. Brauereiführungen und Braukurse auf Anfrage. ✍ ★★★ *www.brauhaus-suedstern.de*

435 Cabinett Café & Bistro E5
Joachim-Karnatz-Allee 45 Moabit) Ⓢ Bellevue ☎22 48 85 11 ⌚Mo–Fr 10–24, Sa/So 10–? ▶Promi-Tip: Starvisagist René Koch empfiehlt die Currywurst mit Kartoffelsalat und selbstgemachtem Ketchup. ✍

436 Café brennBar F8
Axel-Springer-Str. 40–41(Mitte) Ⓤ Kochstr. ☎253 992–20 ⌚Mo–Fr 10–18, Mittagstisch 11–15 € 3–5,70€ ▶Das Café gehört zum Stadtteilzentrum Alte Feuerwache und bietet günstges Essen für Mitarbeiter und Gäste. Hier gibt es auch billige Unterkunft, siehe: »Tagungshaus in der alten Feuerwache«. ✍ *www.alte-feuerwache.de*

437 Café do Brasil H7
Mehringdamm 72 (Kreuzberg) Ⓤ Mehringdamm ☎78 00 68 87 ⌚Mo–So 16–24, Buffet Mo, Di, Mi ab 18 Uhr, Brunch So 11-16 € Buffet und Brunch 6,50€ ▶Sensationelles Preis-Leistungs-Verhältnis

v.a. beim Buffet und Brunch, alles frisch und lecker. ✍ ★★★

438 Café Sibylle E10

Karl-Marx-Allee 72 (Friedrichshain) U Strausberger Pl. ☎ 293 52 203 ⌚ tgl. 10–20 € 1,80€ für einen Cappuccino ▶ Hier gibt es auch eine Dauerausstellung über die Stalinallee zu besichtigen. Sehr nettes Café mit DDR-Vergangenheit. Hier kann man Führungen über die Dächer der Stalinallee (heute Karl-Marx-Allee) buchen.

439 Caféteria TU-Sporthalle Messekarte c (im Rand)

Waldschulallee 71 (Charlottenburg) S Heerstr. oder S Eichkamp ⌚ Mo–Fr 17–0, Sa 10–19, So 10–23 ▶ Preiswerte Erfrischungen für TU–Sportler stehen allen offen.

440 China-Imbiß Hong Kong H5

Leberstr. 9 (Schöneberg) U Kleistpark ☎ 782 06 57 ⌚ tgl. 12–23 ▶ Hier hängt ein originales Jackie-Chan-Autogramm, was auch bemerkenswerter ist als die Küche.

441 Cochin D8

Neue Promenade 6 (Mitte) S Hackescher Markt ☎ 275 93 041 ⌚ Mo–Do 11–1, Fr/Sa 11–2, So/Feiert. 14–24 ▶ Asiatischer Imbiß mit fairen Preisen. *www.cochin.de*

442 Cum Laude E7

Universitätsstr. 4 (Mitte) SU Friedrichstraße ☎ 208 28 83 ⌚ Mo–Fr 8:30–23:30, Sa 12–23:30, So 11–20:30; Frühstücksbuffet: Mo–Fr: 8:30–11, Mittagstisch: 11–15 € Speisen 2,50-10€, Softdrinks ab 0,80€. Frühstücksbuffett 3,50€. Mittagstisch: 1,50-4,90€ Im Seitenflügel der Humboldt-Uni. *www.cum-laude.info*

443 Dampfer Eck Übersicht g3

Imchenallee 42 (Kladow) Fähre F10 ab S Wannsee oder 🚌 X34 ab S Heerstraße ☎ 365 99 56 ⌚ tgl. 11–21 ▶ Imbiß mit Biergarten gleich an der Fähre in Kladow. Nicht superbillig aber sehr nett und im Sommer draußen. Tip: Wenn man auf dem Weg zum Luftwaffenmuseum (Nr.215) ist, sollte man hier noch eine Wurst essen, es gibt dort nämlich nichts zu essen.

444 Der Phönizier B9

Eberswalder Str. 34 (Prenzlauer Berg) U Eberswalder Str. ☎ 0175/420 86 67 ⌚ So–Do 12–24, Fr/Sa 12–1 € Fast alle Gerichte unter 5€ ▶ Sehr nettes kleines Restaurant, man kann sogar auf Teppichen auf dem Boden sitzen. Das Essen ist frisch und lecker, die Bedienung freundlich. ✍

445 Double U C8

Kastanienallee 49 (Mitte) U Rosenthaler Platz ☎ 484 92 657 ⌚ tgl. 13–24 ▶ Wilde Cross-Over-Kreationen, extrem lecker. Tische draußen.

446 Egal Café C8

Kastanienallee 23 (Prenzl. Berg) U Eberswalder Str. ☎ 448 00 68 ⌚ tgl. 14–24 € Suppe mit Brot 2,20€, 0,5l Bier 2€ ▶ Seit 25 Jahren befindet sich das ursprüngliche Café mit den fairen Preisen auf der Kastanienallee. Schon fast exotisch unter all dem Schick.

447 El Reda – Orientalische Spezialitäten D3

Huttenstr. 69 (Tiergarten) U Turmstr. ☎ 391 11 19 ⌚ tgl.11–2 € 4,50–10€ ▶ Solider, großer und stark frequentierter Orientimbiß. V.a. im Sommer schön, wenn man sich zwischen den vielen andern orientalischen Geschäften ganz verreist fühlen kann. ✍

448 Eschenbräu B5

Triftstr. 67 (Wedding) U Leopoldplatz ☎ 462 68 37 oder 0162-493 19 15 ⌚ tägl. 17–open end € Selbst gebrautes Bier 0,5l für 2,60€ und Milchkaffee für 1,70€. Dazu Rahmkuchen für 1,60€ und Brezeln für 0,80€ ▶ Im Keller des Studentenwohnheims Ernst Reuter, nahe Technische Fachhochschule, braut Martin Eschenbrenner sein Eschenbräu. Im Sommer auch schöner Biergarten. ★★★

☛ **Eßkultur im Museum Dahlem 236**

449 Fährhaus »Dietrich Herz« Übers.d4

Aalemannufer 31 (Spandau) 🚌 136 ☎ 351 35 666 ⌚ tgl. 11–?, Küche 11–21 ▶ Altdeutscher Mittagstisch, deutsche und internationale Spezialitäten. Im Sommer zahlreiche Plätze am Wasser. Abends sollte man reservieren.

450 Fargo E-F12

Grünberger Str. 77 (Friedrichshain) U Frankfurter Tor ☎ 290 05 720 ⌚ Mo–Fr ab 14, Sa/So ab 10 bis open end. Küche bis 23 ❸ tgl. 18–20 wechselndes Gericht für 2,90€, 0,5l Bier 2,80€ ▶Sonnig und grün.

451 Franziskaner Hofladen F2
Mommsenstr. 63 (Charlottenburg) Ⓢ Savignyplatz ☎886 75 176 ⏰Mo–Fr 10–18, Sa 9–16, Mittagstisch Mo–Sa 11–15, Sa eingeschränktes Speisenangebot ❸ Die Preise sind ausgesprochen fair und das Essen sehr lecker. ▶Auf dem Franziskushof in Zehdenick werden Menschen, die auf die schiefe Bahn geraten sind, durch landwirtschaftliche Arbeit reintegriert. Hier kann man mittags günstig Essen.Die Gerichte auf der Abendkarte sind etwas teurer, aber immer noch anständig. ↗ ▶Im Hofladen werden die regionalen Produkte zu fairen Preisen verkauft. Fleisch- und Wurstwaren aus artgerechter Haltung, Marmeladen, Fruchtweine, Gemüse aus eigenem Anbau, hausgebackener Kuchen, etc. ★★★

452 Franziskushof-Stuben G2
Wilmersdorfer Str. 95 (Charlottenburg) Ⓤ Adenauerplatz ☎88 91 86 54 ⏰Mo–Sa 11:30–0, Küche bis 22, So ab 12–18, Mittagsbuffet 11:30–15:30 ❸ Mittagsbuffet 5€, ab 15 Uhr 3€ ▶Auf Initiative von Bruder Thaddeus vom Franziskushof in Zehdenik, der auch schon den Hofladen in der Mommsenstr. betreibt, wird hier zehn Langzeitarbeitslosen eine Arbeit gegeben. Auch für die Gäste sehr erfreulich, denn das Mittagsbuffet mit Hausmannskost ist wirklich sensationell. ✍ ★★★

453 Fries and Friends G5
Pallasstr. 21 (Schöneberg) Ⓤ Nollendorfplatz ☎219 97 174 ⏰Mo–Fr 14–23, Fr+Sa 14–24 ▶Die 70er-Jahre-Bar folgt dem Trend zur Edel-Imbißbude. Die Pommes werden handgeschnitten. 100g Currywurst 1,70€, Burger ab 3,30€.

454 Gemeinschaftshaus Morusstraße Übersicht g8
Morusstraße 14 (Neukölln) Ⓤ Boddinstraße ☎Quartiersmanagement: 680 861 10 oder 632 267 85 ⏰ Mittwochs 12–14 ▶Bei dem Projekt »Mieter kochen für Mieter« kann man nicht nur essen, sondern auch kochen, und zwar gleich für 80 Personen, allerdings mit Hilfe von Fachkräften. Für nur 3€ kann man allerdings auch einfach nur essen, sogar ein komplettes Menü.

455 Götterspeise Übersicht g8
Karl-Marx-Str. 131 (Neukölln) Ⓤ Karl-Marx-Str.. ☎68 97 27 97 ⏰Di–So 10–1, Mo 12–1 ▶Im Operncafé der Neuköllner Oper fehlt auch der Kronleuchter nicht. Quiches und Torten sind lecker und günstig. Im Sommer Tische draußen, montags Kulturprogramm. ✍

456 Habibi H5
Akazienstr. 9 (Schöneberg) Ⓤ Eisenacher Str. ☎787 44 28 ⏰tgl. 10–2 ▶Preiswertes frisches Essen, frischgepreßte Säfte.

457 Hasir G9
Adalbertstr. 10 (Kreuzberg) Ⓤ Kottbusser Tor ☎614 23 73 ⏰durchgehend ❸ Speisen: 2,50–7€. Döner: 2,50€ ▶Probieren: Pansensüppchen. Hinter der Hasir-Kette steht der Erfinder des Döner, Mehmet Aygün, der in Berlin 5 türkische Spezialitätenrestaurants besitzt.

☛ **Hoeck 612**

458 Hot Dog & Burger World C8
Kastanienallee 62 (Mitte) 🚋 M1 ☎780 88 526 ⏰So–Do 10:30–2:30, Fr/Sa 10:30–4 ❸ Burger ab 3,30€, Frisch gepreßte Säfte 1,60€ ▶Große, leckere, saftige Burger aus Neuland Fleisch mit allem, was dazu gehört. ✍

459 Ishin Mitte E7
Mittelstr. 24 (Mitte) ⓈⓊ Friedrichstraße ☎206 74 829 ⏰Mo–Fr 11–20, Samstag 11–20. ❸ Happy Hour Mo, Di, Do, Fr 11–16; Mi 11-20, Sa 11–18:20. Sushiplatten ab 5€, warme Gerichte ab 3,80€, Suppe 2€. ▶Der sensationellste Laden in Mitte mit unschlagbarem Preis-Leistungs-Verhältnis. Viele Japaner essen hier. Dazu freundlich und frisch. ★★★

460 Ishin Tey G/H 3
Bundesallee 203 (Wilmersdorf) Ⓤ Güntzelstr. ⏰Mo–Fr 11–20, Sa 11–18 ▶Konnte bis Redaktionsschluß nicht getestet werden, da Eröffnung erst Mai 2006. Wir gehen aber von der üblichen Ishin-Qualität aus. ✍
www.ishin.de

461 Ishin Checkpoint F7
Charlottenstr. 16, Eingang Zimmerstr

(Mitte) U Kochstr. ☎ 60 50 01 72 Mo–Fr 11–20, Sa 11–18, Happy Hour Sushi 11–16 ▶ Ishin expandiert gottseidank immer weiter, denn er bleibt der beste und günstigste Versorger für Sushi-Süchtige. ✍

462 Joseph Roth Diele G5-6
Potsdamer Str. 75 (Tiergarten Süd) U Kurfürstenstr. ☎ 263 69 884 Mo–Fr 10–24 Stullen 1–1,55€; Mittagstisch 11:30–15:00 2,95–3,95€, 0,2l Bier 1,40€ ▶ Tische draußen.
www.joseph-roth-diele.de

463 K. Fröhlich C9
Belforter Str. 22 (Prenzl. Berg) U Senefelderpl. ☎ 417 25 242 tgl. 12–24 (oder länger), Küche bis 23, Mittagstisch 12–16 Mittagessen für 5€ ▶ Die Gaststätte hat modernisiert die DDR überlebt und ist jetzt ein beliebter Treff für Familien mit Kindern.

464 Khoa-Bistro D12
Karl-Lade-Str.42 (Lichtenberg) M8 ☎ 978 98 657 tgl.11–23 ▶ In dem kleinen Restaurant gibt es sehr leckere Küche mit sehr freundlicher Bedienung. Preisgünstig hebt es sich ab vom üblichen Asia-Einerlei. Geheimtip für Liebhaber authentischer vietnamesischer Küche.

465 Koko H5
Hauptstr. 158 (Schöneberg) U Kleistpark ☎ 784 17 17 Mo–Sa 12–23, So 13–23 ▶ Feine asiatische Küche, qualitativ hochwertig zu niedrigen Preisen, Tische draußen.

466 Korea Haus C11
Danziger Str. 195 (Prenzl. Berg) M!0 ☎ 423 34 41 tgl. außer Montag 12–23 6€-Buffet.

467 La Merenda im IHZ E7
Friedrichstr. 95 (im IHZ-Hochhaus, mehrere Eingänge, Mitte) SU Friedrichstr. ☎ 209 62 518 tgl. 8–15, Lunchbuffet 11:30–13:30 Mittagstisch + Mineralwasser für ca. 5€ ▶ Café, Bistro, Restaurant. Man speist unter einem 70er-Jahre-Kunstwerk: Lichtrelief aus Stahlglocken von Klaus Wittkugel, 1978.

468 La Crapule G11
Skalitzer Str. 68 (Kreuzberg) U Schlesisches Tor ☎ 69 56 5010 Mo–Fr 11–2, Sa/So 18–2, Mittagstisch 11–16 Mittagstisch 3-Gang-Menü 7€ ▶ Nettes französisches Restaurant mit sensationellem Mittagsangebot. ✍ ★★★

469 Leo Bettini D8
Mulackstr. 33 (Mitte) U Rosa-Luxemburg-Platz ☎ 60 50 74 49 Mo–Fr 10–18:30, sa 12–16 3 Knödel 5,90€, Salat 0,90€ ▶ Frische Pasta und Knödel werden hier von Hand gemacht. Entweder mitnehmen, oder besser noch sofort essen. Sehr lecker sind die Knödel, aber die Portionen nicht gerade üppig. ✍

470 Mangia e bevi H4
Wartburgstr. 8 (Schöneberg) U Eisenacher Str. ☎ 818 21 212 tgl.11–23 ▶ Außergewöhnliches Preis-Leistungsverhältnis, das sich v.a. in Größe und Köstlichkeit der Portionen zeigt. Schöne Beleuchtung.

471 Meilenstein D8
Oranienburger Str. 7 (Mitte) S Hackescher Markt ☎ 282 89 95 So–Do 12–2, Fr/Sa 12-4, tgl. Mittagstisch Speisen 6–10€, Mittags: Drei-Gänge-Menü 5€, Softdrinks ab 1,30€, 0,3l Bier ab 2€.

☛ Metzer Eck 613

472 Mevlana Döner H5
Hauptstr.148 (Schbg.) M48 ☎ 0163-313 56 75 tgl.12–24 ▶ Richtig guter Döner u. andere türk. Spezialitäten. ✍

473 Monsieur Vuong D8
Alte Schönhauser Str. 46 (Mitte) U Weinmeisterstr. ☎ 308 72 643 Mo–Sa 12–24, So 14–24 6,40€ Einheitspreis, 2 Tagesgerichte und eine Suppe. ▶ Der Preis ist insofern gerechtfertigt, als die vietnamesische Küche hier wirklich vorzüglich ist. Bei großem Hunger lieber woanders hingehen. Touristische Relevanz. Promi-Faktor: Brad Pitt und Angelina Jolie.

474 Morgenrot C8-9
Kastanienallee 85 (Prenzlauer Berg) U Eberswalder Str. ☎ 443 17 844 Di–So ab 11 ▶ Vegan-vegetarisches Café-Bar-Kollektiv. Hier werden faire Preise mit einem politischen Anspruch verbunden. Gegen Kapitalismus, Rassismus, Sexismus. Gegen Alkoholismus schon weniger, denn für sagenhafte 1,20€ gibt es 0,5l Sternburg Export.

475 Mount Everest H4-5
Eisenacher Str. 54 (Schöneberg) U Eisen-

acher Str. ☎788 91 091 ⌚tgl. 12–24 ▶Nepalesische, thailändische und Birma-Spezialitäten.

476 Muskat F/G10
Muskauer Str. 33 (Kreuzberg) U Görlitzer Bhf. ☎61 28 91 38 ⌚Mo+Di 12–15, Mi 12–14:30 € 2–6,50€ ▶ Hier werden junge Menschen für die Gatronomie ausgebildet. Hier lernte auch die 2005 von ihrem Bruder ermordete Hatun Sürücü. ✍
www.abw–kreuzberg.de

477 Nepal-Haus H7
Gneisenaustr. 4 (Kreuzberg) U Gneisenaustraße ☎69 50 80 55 ⌚ tgl. 12–00 € 4–9€ ▶ Nepalesische Spezialitäten, fein gekocht und reichlich. ✍

478 Oliva D8
Oranienburger Str. 84 (Mitte) S Hackescher Markt ☎0176 - 291 527 81 ⌚tgl. 8:30–12 ▶Tagesgerichte und schmackhafte Pizzen werden hier besonders freundlich serviert.

479 Piccolo Aversa Übersicht g9
Baumschulenstraße 29-30 (Treptow) S Baumschulenweg ☎53 21 29 29 ⌚Mo–Sa 11–23 ▶An den Kaisers-Supermarkt angeschmiegtes kleines italienisches Restaurant mit Terrasse. Sehr günstige und leckere Getränke und Speisen. ✍

480 Phu – Asiatische Spezialitäten F4
Kurfürstenstr. 112 (Schöneberg) U Wittenbergplatz ☎0173/707 09 37 ⌚tgl. warme Küche bis 1 Uhr Nachts ▶Nicht ganz low-budget, aber sensationell sind hier vietnamesische Salate mit Hühnerfüßen oder Pansen.

481 Piccola Taormina G3
Uhlandstr. 29 (Charlottenburg) U Uhlandstraße ☎881 47 10 ⌚tgl. 11–2 ▶Tische draußen. Sehr gute Minipizza. Charlottenburger Ur-Italiener.

☛ **Polnisches Rest. Alt Krakau 337**

482 Principessa E12
Grünberger Str. 55 (Friedrichshain) U Frankfurter Tor ☎212 39 936 ⌚tgl. 14–1 € 2,50–9,50€, Softdrinks ab 0,80€ ▶Hausgemachte Spezialitäten und herzliche Atmosphäre. ✍

483 Raststätte Gnadenbrot G4
Martin-Luther-Str. 20a (Schöneberg) U Viktoria-Luise-Platz ☎21 96 17 86 ⌚12–mindestens 2 € Mittagstisch 5–7€ ▶Sehr nette Raststätte mit guter Küche und sehr freundlicher familiärer Atmosphäre. Dazu gibt es zahlreiche interessante Veranstaltungen. ✍
www.raststaette-gnadenbrot.de

484 Red Dragon B9
Danziger Str. 29 (Prenzl. Berg) U Eberswalder Str. ☎442 99 65 ⌚Mo–Fr 11–23, Sa/So 13–23 ▶Kleines Restaurant mit Thai und Chinaküche, lecker und faire Preise, im Sommer Tische draußen.

485 Restaurant Asador F7
Wilhelmstr. 22 (Kreuzberg) 🚌 M29 ☎25 93 1818 ⌚16–24, So12–24? ▶Nichts für Steakhausallergiker. Hier gibt es Steaks, spanische und mexikanische Küche zu äußerst fairen Preisen mit netter Bedienung und weißen Tischdecken. ✍

486 Restaurant Rissani G10
Spreewaldplatz 4 (Kreuzberg) U Görlitzer Bhf. ☎616 29 433 ⌚ tgl.12–3 € 2–7€ ▶Sehr guter, preisgünstiger Orient-Imbiß, in dem man auch sitzen kann.

487 Rocco und seine Brüder G10
Lausitzer Platz 13 (Kreuzberg) U Görlitzer Bhf. ☎69 56 69 39 ⌚Mo–Do ab 16–24, Fr–So 12–24 € Perfekte Pizzen groß wie Wagenräder 4–9€, Wein 0,2l 2,50€

488 Rodelhütte Übersicht g5
Onkel-Tom-Str. 187 (Zehlendorf) U Onkel Toms Hütte ☎813 20 64 ⌚tgl. 8–23 € 0,4l Pils 2,40€ ▶Sportlertreff: im Sommer Schwimmen im Winter Rodeln, seit 1936 in Familienbesitz.

↗ **Rodeln im Fischtal** ▶Rodelbahn bei der Rodelhütte. Auch gut geeignet für kleine Kinder.

489 Romiosini am ICC Messekarte d
Neue Kantstr. 17 (Charlottenburg) U Kaiserdamm, S Messe Nord ☎301 05 506 ⌚tgl. 11–1 € Ein Schnitzel »Wiener Art« mit Pommes und Salat ist hier für 3,98€ zu haben. Mit der kostenlosen VIP-CARD erhält man nochmal 20%, Sonn-und Feiertags 5%. ▶Unglaublich aber wahr: bei diesen Dumping-Preisen ist das Essen frisch und lecker und die Bedienung mehr als freundlich. *www.romiosini.de*

490 Romiosini am Ku'damm F3
Uhlandstr. 185-186 (Charlottenburg) U Uhlandstraße ☎ 887 08 892 So–Fr 11–1, Sa 11–3 ▶ s.o.

491 Romiosini am Roseneck Übersicht g5
Hohenzollerndamm 110 A (Schmargendorf) Alle Busse, die nach Roseneck fahren, z.B. X10 ☎ 897 35 118 tgl. 11–1 ▶ s.o.

492 Romiosini am Zoo F4
Budapester Str. 13 (Tiergarten Süd) SU Zoolg. Garten ☎ 265 57 300 tgl.11–1 ▶ s.o.

492a Romiosini in Spandau Übersicht e4
Seegefelder Str. 134 (Spandau) Bus 237 ab SU Rathaus Spandau bis Halt: Schulzenstraße ☎ 372 17 97/372 58 83 tgl. 11–1 ▶ s.o.

493 Romiosini in Tegel Übersicht c5-d6
Berliner Str.103/Ecke Bernstorfstr. (Tegel) SU (Alt-)Tegel ☎ 430 95 999 tgl. 11–1 ▶ s.o.

494 Rosalinde F3
Knesebeckstr. 16 (Charlottenburg) S Savignyplatz ☎ 313 59 96 Mo–Fr 7:30–2, Sa+So 8–2 Hier gib es jeden Tag bis 16:30 ein Frühstücksbuffet für 3,50€. Ab 17:00 Abendbuffet für 5€, Softdrinks 1,10€, Milchkaffee 2,80€.

495 Rudis Imbiß – Café »Seeblick« Übersicht g4
Seepromenade 76 (Gatow) Bus 134, X34, Halt: Helleberge ☎ (03 32 01) 313 98 täglich 8:30–20 ▶ Selbstgekochte Hausmannskost zu vernünftigen Preisen mit Seeblick in Wohnzimmeratmosphäre. Im Sommer auch draußen. Sehenswert.

496 Sarod's Thai-Restaurant H8
Friesenstr. 22 (Kreuzberg) U Gneisenaustr. ☎ 69 50 73 33 Mo–Fr 12–24 Mittagsbuffet 12:30–16:30 Buffet 5€, à la carte ab 4,99€ ▶ Nettes kleines Restaurant mit freundlicher Bedienung. Sehr zu empfehlen ist das Mittagsbuffet, für das die Stammgäste Schlange stehen. ✍

497 Sauerkraut und Bulgur E11
Straße der Pariser Kommune 35 (Friedrichshain) U Weberwiese, S Ostbahnhof ☎ 297 73 631 7:30–12, Küche von 11–24, Mittagstisch 11:30–15 ▶ Im zum Pegasus-Hostel (Nr. 108) gehörigen Restaurant bietet Gastgeber Conrad Anders unter der Woche preiswertes Mittagessen an. Danach etwas teurer, aber immer noch bezahlbar. *www.pegasushostel.de*

498 Selig F2
Kantstr. 51 (Charlottenburg) S Charlottenburg, U Wilmersdorfer Str. ☎ 310 17 241 tgl. 12–24 Speisen 3-14€, Softdrinks 1,50€, 0,5l Bier 2,50€ ▶ Angeblich beste Nudelsuppe der Stadt.

499 Stadionterrassen Übersicht f5
Jesse-Owens-Allee 2 (Charlottenburg) S Olympiastadion ☎ 939 52 20 Mo–Fr 10–22 und bei Veranstaltungen im Olympiastadion 2,50–6€ ▶ Schönes großes Ausbildungsrestaurant im ehemaligen Traditionslokal. Im Sommer auch draußen. ✍ *www.bildungsmarkt.de*

500 Tamra B9
Lychener Str. 13 (Prenzl. Berg) U Eberswalder Str. ☎ 473 74 961 tgl. 11–24 4,50€ für 3er-Auswahl ▶ Sauberer und schmackhafter marokkanischer Imbiß. Tische draußen.

501 Tandir Übersicht g8
Hermannstr. 157 (Neukölln) ☎ 625 67 05 tgl. 24h 1–10€ ▶ Familienbetrieb mit tollen Eintöpfen und Spezialitäten vom Holzkohlengrill. ✍

502 Thai Son Nam G10
Skalitzer Str. 103 (Kreuzberg) U Görlitzer Bhf. ☎ 612 89 959 Mo–Fr 12–24. Sa, So 15–24 Sehr preisgünstiger, solider Asia-Imbiß

503 Thai Stube F13
Neue Bahnhofstr. 28 (Friedrichshain) S Ostkreuz ☎ 296 57 57 + 0172-703 72 46 Mo–Fr 11–22, So 12–22, Sa Ruhetag
↗ **Gästezimmer** ab 20€ p.P. und Nacht, ab 1W 13€ ▶ EZ, DZ, 4BZ.

504 Tiba Übersicht g8
Karl-Marx-Str. 175 (Neukölln) U Karl-Marx-Str. ☎ 680 87 535 tgl. 10–2 2-8,50€, Softdrinks 1€ ▶ Nettes arabisches Restaurant, frisch und lecker.

505 Tori Katsu G5
Winterfeldtstr. 7 (Schöneberg) U Bülow-

straße ☎ 216 34 66 🕒 Mo–Fr 11–23, Sa/So 10:30–23 ▶ Angeblich der Welt ältester Japan-Imbiß außerhalb Japans. Mehr skurril als lecker, aber irgendwie doch sehenswert. Bitte auch keine Sushis erwarten, sondern Hähnchenschnitte aus Formfleisch. Wirklich Kult ist die Mischung aus japanischer und Berliner Werbekultur.

506 Ungarische Gaststätte Übersicht d8–e8
Eschengraben 41 (Pankow) U Vinetastr. ☎ 473 23 00 🕒 Sa, So, Mo ab 18, Di–Fr ab 14 Küche bis 22 ❸ 3,30-7€ ▶ Goulasch und großes Eisbein. Alles selbstgemacht und sehr freundlich serviert.

507 Urban Comfort Food C8
Zionskirchstr. 5 (Mitte) U Bernauer Str. ☎ 486 23 131 🕒 Mo–Sa 19–00, So 10:30–17:00 amerikanisches Frühstück, danach Pasta bis 23:00 ❸ Speisen 3–10€, Softdrinks ab 1,50€,Bier 0,3l 2,30€, Mo–Fr 12–15 Mittagsbuffet 5,50€ ▶ (nicht ganz billig) Patrick Zollinger kocht auf hohem Niveau mit besten Zutaten. Auch das Steak auf Steinpilzrahm kostet nicht mehr als 10€. Am Montag kochen Nachbarn und Freunde für wenig Geld (8,50€) ein Drei-Gänge-Menü.

508 Van Xuan H5
Crellestr. 48 (Schöneberg) 🚌 M48 ☎ 782 76 62 🕒 Mo–Sa ab 11, So ab 13, Küche–23, Mittagstisch Mo–Fr 11–16:30 ❸ ab 4€ ▶ Nettes vietnamesisches Restautrant mit preiswertem Mittagstisch und leckerem Essen. Die Preise sind auch sonst sehr anständig. ✍

509 Volckswirtschaft F12
Krossener Str. 17 (Friedrichsh.) SU Warschauer Str. ☎ 290 04 604 🕒 Mtgl. ab 18, So ab 11; bis open end, Küche bis 23 ❸ Suppen ab 2,50€, Hauptgerichte ab 3,50€. Ein 0,4l-Bier 2€ ▶ Oliver Volck serviert hier Qualitätsessen zu sensationell günstigen Preisen.

510 Weinerei C8
Zionskirchplatz 40 (Mitte) U Rosenthaler Platz ☎ 0176/ 28 20 90 47 🕒 ab 12, Mittagessen 1–18, Abendessen 20:30–23 ❸ Man zahlt, was man für richtig hält, bitte keine Schnorrer! ▶ Verschiedene Gerichte und Weinsorten werden angeboten. Sehr angenehme Atmosphäre und entspannte Leute. Ein wundervolles Konzept, daß noch etwas von Träumen von einer guten Welt an sich hat, also bitte nicht kaputtmachen. ✍

511 Weinhaus Hoff G10
Reichenberger Str. 116 (Kreuzberg) U Kottbusser Tor ☎ 342 08 13 🕒 Mo–So 17–24 ❸ Maultaschen 2,60€, Lammkeule provençalisch mit grünen Bohnen und Brägele 7,80€. Der billigste Wein kostet 2,20€. ▶ Nicht ganz Low-Budget. Hier überschreitet man leicht die 5-Euro-Grenze, dennoch ist in dem schwäbischen Restaurant das Preis-Leistungs-Verhältnis überzeugend. Tip: jeden Donnerstag schwäbisch-alemannisches Buffet ab 18:30 Uhr für 9,50€.

512 Zum Mittelpunkt Übersicht e4 🏳
Neuendorfer Str. 104 (Sandau) U Altstadt Spandau ☎ 333 36 56 🕒 Mo–Fr 9–?, Sa/So 10–? ❸ Pferderoulade mit Kartoffeln und Rotkohl 9,10€, 0,4l Bier 1,80€ ▶ Sensationeller Laden, der Wirt kocht selbst und das schmeckt man. Wurst macht er auch, die liegt in der Vitrine und man kann sie kaufen. Die Einrichtung ist sehr einfach und seit den 50er Jahren irgendwie zusammengewürfelt. Hier ist alles echt. ✍ ★★★

Imbisse

☛ Kantinen & Mensen, Restaurants, Kneipen, Biergärten und Eisdielen

513 Aki Tatsu Sushi G9
Adalbertstr. 90 (Ecke Oranienstr.) (Kreuzberg) U Kottbusser Tor ☎ 695 69 138 🕒 Mo–Sa 12–24, So, Feiertag 14–24 ❸ Sushirollen ab 2€ ▶ Asia Diner, Suppen, Reis-und Nudelgerichte.

514 Alain's Snack A9
Schönhauser Allee / Ecke Dänenstraße direkt am U-Bahnhof (Prenzl. Berg) SU Schönhauser Allee 🕒 tgl. 9–24 ❸ Kettwurst 1,50€, Curry 1,10€ ▶ Die letzte Kettwurst. Der Hot-Dog der DDR erfreut sich auch nach der Wende größter Beliebtheit. Der Name kommt daher, daß die Wurst als Kette produziert wird. Unbedingt probieren.

515 Al Kalif H7
Bergmannstr. 105 (Kreuzberg) U Gneisenaustr. ☎ 694 47 34 tgl. 12-24 ▶Sehr schöner arabischer Imbiß, mit großer Auswahl auch an nicht so gängigen Spezialitäten. Drinnen kann man auf Kissen sitzen, im Sommer auch draußen in der Sonne. ✍

516 Al-Rai Nord Afrika Spezialitäten D8
Große Hamburger Str. 20/21 (Mitte) S Oranienburger Str. ☎ 280 98 355 tgl. 0–2 ▶Die übliche Auswahl arabischer Spezialitäten. Man sollte allerdings den Imbiß bevorzugen, das Restaurant ist nicht ganz überzeugend. ✍

517 Ashoka F3
Grolmanstr. 51 (Charlottenburg) S Savignyplatz ☎ 31 01 58 06 tgl. 11–24 0,5l Weizenbier 2,30€, Speisen 2,50–7€ ▶Netter Laden. In eigentlich eklig touristisierter Gegend preiswert, bescheiden und freundlich geblieben, kochen die Jungs vom Ashoka seit Menschengedenken leckere indische Gerichte. Mit Klo und im Sommer draußen.

518 Asia Snack im Bahnhof Friedrichstraße E7
Friedrichstr. 141/142 (Mitte) Bahnhof Friedrichstr. ☎ 201 66 527 tgl. 8–23, Lieferservice 11–21 Speisen 2,20–6,50€ ▶Nähe Ausgang zum Tränenpalast. Große Portionen und lecker.

519 Asiatische Spezialitäten China-Thailand F9
Oranienstr. 47 (Kreuzberg) U Moritzplatz ☎ 616 09 663 Mo–Fr 11–22, Sa, So+Feiert. 12–22 ▶Kleiner netter Stehimbiß mit Lieferservice.

520 Bergmann-Köfte H7
Bergmannstr. 94 (Kreuzberg) U Mehringdamm, Gneisenaustr. ☎ 612 67 897 tgl. 11–1 ▶Sehr gepflegter Imbiß; besonders gute Köfte; Gerichte mit Nieren, Herz, Lammhoden oder Leber; Sitzplätze drinnen, im Sommer auch draußen, WC. ★★★

521 Bergmann-Pizza H7
Bergmannstr. 19 (Kreuzberg) U Mehringdamm tgl.13–22:30 1,50–6€ ▶Sympathischer Familienimbiß. Lecker und nett, im Sommer Tische draußen.

522 Bier's Curry 195 G2
Kurfürstendamm 195 (Charlottenburg) U Uhlandstraße ☎ 881 89 42 Mo–Fr 11–5, Fr+Sa 11–6, So 12–5 ▶An der Promibude kann man auch Champagner bestellen. Nicht superbillig aber dafür sehr prominent. Promi-Faktor: Alt-Playboy Rolf Eden.

523 Bier's Friedrichstraße E7
Friedrichstr. (Mitte) SU Friedrichstraße ☎ 204 52 158 tgl.10–5 ▶Ableger vom Promi-Imbiß am Kurfürstendamm, s.o.

524 Bier's Mini F3
Kantstr. 7 (Charlottenburg) SU Zoolg. Garten ☎ 313 91 64 9–4, So 10–4 ▶Ableger vom Promi-Imbiß am Kurfürstendamm, s.0.

525 Bistro Ngoc Han - Asia Spezialitäten G10
Wiener Str. 21 (Kreuzberg) U Görlitzer Bhf. ☎ 612 86 556 Mo–Fr 11:30–24, Sa, So+Feiert. 15–24 0,5l Berliner Pilsener 1,30€ ▶Ausgesprochen schmackhafter und günstiger Asia-Imbiß. Im Sommer Tische draußen.

526 Butter Lindner Imbiß G4
Tauentzienstr. 2 (Schöneberg) U Wittenbergplatz ☎ 213 93 62 Mo–Fr 9:30–20, Sa 9:30–18, Mittagstisch ab 11 Mittagsgerichte um 4,50€, Softdrinks ab 1,20€. *www.butter-lindner.de*

527 Byblos B9
Raumerstr. 38 (Prenzlauer Berg) U Eberswalder Str. ☎ 44 71 68 75 Mo–Fr 12–23, Sa/So 12–2 ▶Arabischer Imbiß mit frischen Säften. ✍

528 Chang Übersicht f5-6
Christstr. 32a (Charlottenburg) U Sophie-Charlotte-Platz ☎ 322 50 26 Mo–Fr 12–21:30, So 17–21:30, Samstag Ruhetag ▶Der chinesische Imbißladen ist eine der wenigen preiswerten Verköstigungsmöglichkeiten in Schloßnähe.

529 China Imbiß Shanghai C9
Schönhauser Allee 21 (Prenzl. Berg) U Senefelderpl. ☎ 442 83 35, 0175-489 25 52 Mo–Fr 11:30–23, Sa+So 13–23 1,50–8,50€ ▶Chinesische und thailändische Küche, ausgesprochen schmack-

haft und preisgünstig. Im Sommer Tische draußen.

530 Civan's Imbiß Übersicht h5
Clayallee 352 (Zehlendorf) Ⓢ Zehlendorf ☎ 811 44 58 🕒 Mo–Sa 9–23, So 11–22 Ⓔ Döner Kebab ab 2,20 EUR ▶ Civan`s ist nicht billig, dafür von herausragender Qualität–Fleisch, die Spezial–Saucen, einfach alles.

531 Curry 36 G-H7
Mehringdamm 36 (Kreuzberg) Ⓤ Mehringdamm ☎ 251 73 68 🕒 Mo–Do 9–4, Fr/Sa 9–5, So 10–4 ▶ Eine der besten Currywurst-Buden der Stadt. Tag und Nacht gibt es hier eine Schlange. ★★★

532 Curry 104 F2
Wilmersdorfer Straße 104 (Charlottenburg) Ⓢ Charlottenburg Ⓤ Adenauer Platz ☎ 323 81 04 🕒 Mo–Do 11–4, Fr 11–5, Sa 12–5, Feiert. 18–4 Ⓔ Currywurst mit und ohne Darm 1,50 EUR, 0,5l Bier 1,50 EUR ▶ Täglich wechselnde Eintöpfe, Kaffee bei Verzehr gratis (refill), hausg.Ketchup und scharfe Sauce. Seit 21 Jahren die Curry–Station der Taxi–Fahrer im Westen.

533 Curry & Kunst D8
Rosenthaler Str. 50 (Mitte) Ⓤ Weinmeister Str. ☎ 0177-394 00 44 (Herr Heeder) 0172-390 79 37 (Herr Bösenberg) 🕒 Mo–Sa 11–4, So 15–24 Ⓔ Curry 1,60€ ▶ Galerie und Currybude in einem. Nutzen soll das ganze v.a. Künstlern, die über kein finanzielles Polster verfügen und so mal ihre Werke zeigen können.

☛ **Dcima Dein Markt 675-677**

534 Dolores D8
Rosa Luxemburg Str. 7 (Mitte) ⓈⓊ Alexanderplatz ☎ 28 09 95 97 🕒 Mo–Fr 11:30 22, Sa 13 22 Ⓔ 3,50 5.50€ ▶ Burritos, große Weizenmehltortillas werden je nach Geschmack gefüllt. ✍

535 Deli de France G3
Nachodstr. 6a (Wilmersdorf) Ⓤ Spichernstraße ☎ 236 24 277 🕒 Mo–Fr 12–? Ⓔ Um 5€. ▶ Im französischen Feinkostgeschäft kann man auch warme (z.T. vegetarische) Mahlzeiten essen.

☛ **El Reda 477-658**

536 Fleischer Hoffmann G5
Maaßenstr. 10 (Schöneberg) Ⓤ Nollendorfplatz ☎ 217 09 88 🕒 Mo–Fr 9–19, Sa 8–16 ▶ Bouletten für 1,25 und Eintöpfe mit Brötchen für 2,95. Goulaschsuppe 3,30€. Solider Fleischer-Imbiß von Neuland-Fleisch.
↗ ▶ Sehr gute und v.a. unprätentiöse Neuland-Fleischerei mit Filiale in der Arminiusmarkthalle.

537 Frittiersalon E12
Boxhagener Str. 104 (Friedrichshain) Ⓤ Frankfurter Tor 🕒 tgl. 12–22 (Sa/So ab 13) ▶ Handgeschnittene Biokartoffeln zur Currywurst, folgt dem neuen Trend zur Edel-Wurstbude. Trotzdem nett. *www.frittiersalon.de*

538 Fritz & Co G4
Bayreuther Str./Wittenbergplatz SüdOst (Schöneberg) Ⓤ Wittenbergplatz ☎ 218 34 26 🕒 Mo–Fr 10:30–24, Sa 11–24, So 12–24 Ⓔ Ziemlich teuer, dafür total bio; Curry 2,80€ ▶ Pommes aus frischen, handgeschälten Bio-Kartoffeln. Die Currywurst erhielt in Paris den »Prix du Fooding«.

539 Gourmet Holzkohlengrill H6
Kreuzbergstr. 39 vor Getränke Hoffmann (Kreuzberg) ☎ 034901/52824 🕒 Mo+Mi 10:45–18 Ⓔ Bratwurst 1,30€ mit Senf und Brötchen ▶ Die leckerste Bratwurst Berlins ist die grobe Bratwurst vom Gourmet Grill. Dazu ein Bierchen von Getränke Hoffmann und die Welt ist in Ordnung. ✍ ★★★

540 Gianni Gillone, Pasta Bar D9
Schönhauser Allee 186 (Prenzlauer Berg) Ⓤ Rosa-Luxemburg-Platz ☎ 44 32 38 30 🕒 Mo–Sa 10–21, Mittagstisch ab 12–? Ⓔ ab 3,50€ ▶ Selbstgemachte frische Nudeln mit selbstgemachten Soßen kann man hier frisch verzehren, oder sich mit italienischen Delikatessen eindecken. Keine Toilette. ✍

541 Grillpfanne D7
Torstr. 183 (Mitte) Ⓢ Oranienburger Str. ☎ 282 44 74 🕒 Mo–Fr 9–19/je nach Nachfrage, wenn nichts los ist, schließt er früher Ⓔ 0,5l Bier 1,30€. Essen: 2,50–3,30€. ▶ Schöner Imbiß mit Ostflair und solider Hausmannskost, alles selbst gemacht. Bierpreise für die Gegend sensationell.

542 Habibi G5
Goltzstr. 24 (Schöneberg) Ⓤ Nollendorf-

platz ☎215 33 32 So–Do 11–3, Fr/Sa 11–5 ▶Preiswertes frisches arabisches Essen, frischgepresste Säfte.

Hallenimbiß Arminiushalle 750

543 Hong-Kong Schnell-Imbiß D8
Torstr. 64 (Mitte) U Rosenthaler Platz ☎283 84 427 Mo–Fr 12–24, Sa, So +Feiert. 16–24 Essen: 1,70 -10,20€. 0,5l Bier 1,20€.

544 Hot Dog World C8
Kastanienallee 102 (Prenzl. Berg) U Eberswalder Str. ☎440 17 277 So–Do 10–4, Fr/Sa 10–7 Speisen€ 1,80-3 ▶Würstchen aus Neulandfleisch und leckere Bagels: Brownies und Muffins.

545 Imbiß Barbar-Aga J10
Karl-Marx-Str. 45 (Neukölln) U Rathaus Neukölln ☎624 27 08 tgl. 11–3 Speisen 2-6€, frisch gepresste Säfte nur 1,50€ ▶Leckerer orientalischer Imbiß mit gutem Angebot auch für Vegetarier. Sonntags gefülltes Lamm mit Reis und Pinienkernen. Freitag Sayadiyeh.

546 ishin sushi bar Übersicht g6
Schloßstr. 101 in der Galleria, 4. OG (Steglitz) U Schloßstraße ☎797 10 49 Mo–Sa 11–20, Happy hour: Sa/Mi 11–20 Speisen 2-16,50€ ▶Definitiv der beste und billigste Sushi-Imbiß. Tee umsonst.

547 Ixthys G5
Pallasstr. 21 (Schöneberg) U Nollendorfplatz ☎814 74 769 Mo–Sa 12–22 Speisen 3–8€, Softdrinks 1€ ▶Zwischending aus Imbiß und Missionsstation. Die koreanischen Speisen werden frisch zubereitet und sind reichhaltig.

548 Kamun C8-9
Kastanienallee 89 (Prenzl. Berg) U Eberswalder Str. ☎440 91 60 tgl. 12–mindestens 22 Putenlebersandwich 2,50€ ▶Wirklich große Portion, korrekt, Vollkornfladen.

549 Käse König F10
Erich-Steinfurth-Str. 11 (Am Ostbahnhof) (Friedrichshain) S Ostbahnhof ☎ 505 75 691 Mo–Fr 8–19, Sa 8–16, So 8–19 Speisen 0,80-4,20€ ▶Satt und besoffen unter 5€. Ganz und gar nichts für Vegetarier.

550 Käse König D8-9
Panoramastr.1 (Mitte) SU Alexanderplatz ☎241 92 79 Mo–Sa 8–19, So 10–19 Speisen 0,80-4,20€. Bier 0,3l 1,10€. ▶Satt und besoffen unter 5€. Junger Gouda 85ct/100g.

551 Käse König F7
Friedrichstr. 217 (Kreuzberg) U Kochstr. ☎280 46 623 Mo–Fr 5:30 –17, Sa 8–12 Speisen 0,80–4,20€ ▶Satt und besoffen unter 5€. Nichts für Vegetarier.

552 Klemkes Spezialitäteneck F2
Mommsenstr. 9 (Charlottenburg) S Savignyplatz ☎885 51 260 Mo–Fr 8–19, Sa 9–14:30, Mittagstisch: Mo–Fr 11:30–16:30 ▶Deftige Hausmannskost wie Rinderbraten und Kalbsleber bei fairen Preisen.

553 Konnopkes Imbiß B9
Schönhauser Allee 44a (Unter der Hochbahn, Prenzl. Berg) U Eberswalder Str. ☎442 77 65 Mo–Fr 6–20 Speisen 0,80-2,40€ ▶Die Imbißbude unter den S-Bahngleisen genießt in Berlin Kultstatus. Seit 1930 in Familienbesitz. ★★★

554 Krasselt's Übersicht g6
Steglitzer Damm 22 (Steglitz) X83, 183, Halt: Steglitzer Damm / Bismarckstr. ☎keine Tel. Mo–Sa 10:30–1, So 12–24 Currywurst 1,30€, Schrippe 0,10€

555 Krawuttkes Übersicht g9
Baumschulenstr. 95 (Alt-Treptow) S Baumschulenweg ☎747 56 855 Mo–Fr 10–20 Ernst H. Exters 4. Currywurstbude, neben Wittenberg- und Kurt-Schumacher-Platz ▶Gehört zum gleichen Imperium wie Wittys, Fritz&Co.

556 Kropp – Delikatessen und Feinkost J10
Karl-Marx-Str. 82 (Neukölln) U Rathaus Neukölln ☎623 10 90 Mo–Fr 9:30–19, Sa 9–15 ▶Das Fischgeschäft hat auch einen Imbiß, wo man preiswert frisch gebratenen Fisch bekommt.
www.kropp-feinkost.de

557 La Focacceria C8
Fehrbelliner Str. 24 (Mitte) U Rosenthaler Platz ☎440 32 771 tgl. 11–23 1 Stück 1,45€ , Salat 3,50€ , Espresso 1,50€ , Lektüre ▶Ganz fantastische Fo-

caccie mit sehr verschiedenen Belägen, alles frisch hergestellt. Verständlicherweise ein beliebter Treffpunkt. Im Sommer auch draußen. Kein Klo. ✍ ★★★

558 Le's Asia & Sushi G2
Leibnizstr. 56 / Ecke Kurfürstendamm (Charlottenburg) Ⓤ Adenauerplatz ☎ 886 28 865 🕒 Mo–Fr 11–22:30, Sa, So, Feiertags 12–22:30 € Die Sushis sind zu teuer, sonst günstige Mittagsmenüs.

559 Mama Su G9
Oranienstr. 191 (Kreuzberg) Ⓤ Görlitzer Bhf. ☎ 611 07 216 🕒 tgl. 12–24 € 3–6€ ▶ Asia Diner, am besten mittags aufsuchen, sonst etwas zu teuer.
www.mamasu.de

560 Maître vite G5
Potsdamer Str. 96 (Tiergarten Süd) Ⓤ Kurfürstenstr. ☎ 261 50 60 🕒 Mo–Fr 7–17 € 2,50-3,50€ ▶ Eigene Bäckerei, Croissants Rosinenschnecken. Jeden Tag gibt es ein paar kleine Mittagsgerichte ab 11:30 Uhr. Hühnersuppe gibt es immer, Milchreis, gefüllte Teigtaschen oder Chili con carne nach Angebot.

561 Marcann's F7
Charlottenstr. 80 (Mitte) Ⓤ Kochstraße ☎ 204 54 270 🕒 Mo–Fr 8:30–16 € Sandwiches1,60–3,10€, Milchkaffee 1,60€ ▶ Leckere Pannini und französische Backwaren.

562 Marcann's C7
Invalidenstr. 112 (Mitte) Ⓤ Zinnowitzer Str., Ⓢ Nordbhf ☎ 283 86 171 🕒 Mo–Fr 7–18, Sa 8:30–14 ▶ s.o.

563 Maroush G9
Adalbertstr. 93 (Kreuzberg) Ⓤ Kottbusser Tor ☎ 69 53 61 71 🕒 So–Do 9–2, Fr+Sa 9–3 € 4,50–5,50€, Softdrinks 1€ ▶ Mutter und Tochter kochen in echt orientalischer Atmosphäre. Im Sommer draußen. ✍

564 Nachtigall G10
Ohlauer Str. 10 (Kreuzberg) Ⓤ Görlitzer Bhf. ☎ 611 71 15 🕒 So–Mo 11–2 € 2-7€ ▶ Angeblich mit die besten Falafel in Kreuzberg.

565 Naesert E10
Karl-Marx-Allee 68 (Friedrichshain) Ⓤ Strausberger Pl. ☎ 249 57 76 🕒 Mo–Fr 8–18, Mittagstisch: 11–15 € 1,80–4,35€ ▶ Solider Fleischerimbiß.

566 Nil E-F12
Grünberger Str. 52 (Friedrichshain) Ⓤ Frankfurter Tor ☎ 290 47 713 🕒 tgl.12–24 € Speisen 1,80-4€ ▶ Sudanesische Spezialitäten frisch zubereitet. Als Einstieg empfiehlt sich der Sudan-Teller für 4€ mit sudanesischem Falafel, Bohnensauce, Auberginensalat, Quark mit Bockshornklee und Schwarzkümmel, Salat und Erdnuß-Yoghurtsauce.

567 Piccola Italia D8
Oranienburger Str. 6 (Mitte) Ⓢ Hackescher Markt ☎ 283 58 43 und 275 94 651 🕒 So–Do 11–1, Fr+Sa 11–3 € 1,50–7,50€ ▶ Immer voll und damit gut, wenn auch nicht superbillig, dafür aber recht schmackhaft. Tip: 2 Minipizza statt einer großen nehmen.

568 Pizzeria Bambino B9-10
Danziger Str. 67 (Prenzl. Berg) Ⓢ Prenzlauer Allee ☎ 440 46 944, 417 15 252 🕒 tgl 11–23 ▶ Stehpizzeria am Holzhäuschen, im Sommer mit kleinem Biergarten.

569 Pizzeria Cantare H6
Yorckstr. 61 (Kreuzberg) ⓈⓊ Yorckstr. ☎ 788 91 864 oder 788 91 865 🕒 tgl.11–23, Sa ab 16 ▶ Stehpizzeria mit Lieferservice in ziemlich toter Gegend. Freundlich, preiswert und lecker.

570 Pizzeria Piccola Romantica G9
Oranienstr. 33 (Kreuzberg) Ⓤ Kottbusser Tor ☎ 614 030 11/-12 🕒 So–Do 11–2, Fr+Sa 11–3 € Minipizza 1,20€ ▶ Eigentlich nichts Besonderes, doch sitzt man im Sommer schön auf einer Holzbank mit Blick auf die Oranienstraße.

571 Qetschap H3
Bundesallee 200 (Ecke Trautenaustr.) (Wilmersdorf) Ⓤ Güntzelstr. ☎ 214 33 88 🕒 Mo–Fr 11–1, Sa/So 15–1 € Bio-Curry 1,80€, 0,5l Bier 2,50€ ▶ Seit 30 Jahren hält die Bude das Stadtkulturerbe hoch. Hier ist alles besonders liebevoll, und es gibt auch Lektüre. Promi-Faktor: Star-Visagist René Koch mit Hund Hilde.

572 River-Snack Übersicht g4
Havelchaussee ☎ 0160/93 25 4034 🕒 ca. 9:45–18, am WE bis 22. Siemenswerder 9:45, dann Kuhhorn, Grunewaldturm bis

kurz vor Schwanenwerder. 2. Tour: ca. 15 Uhr Siemenswerder.... Eine Tour dauert 2–4 Stunden. Am WE 18–22 an der Wasserskistrecke kurz vor Schwanenwerder. 1.Mai bis es kalt wird € Bier (Veltins) 2€ 0,3l , Bratwurst 2€ ▶Alexander Käppler fährt mit seinem Boot von Spandau aus die linke Seite der Havelchaussee entlang, um Badegäste und Spaziergänger mit Wurst und Getränken zu erfrischen. Eine ganz wunderbare Geschäftsidee, mit der er sich seinen eigenen Arbeitsplatz schafft. ✍

573 RNBS D8
Oranienburger Str. 27 (Mitte) S Oranienburger Str. tgl 12–24 € 2–3,90€ ▶Rolls, Noodles, Balls, Soups. Asiatisch angehauchter Imbiß mit frischer Zubereitung.

574 Rogacki E1
Wilmersdorfer Str. 145 (Charlottenburg) U Bismarckstr. ☎ 343 82 50 Mo–Mi 9–18, Do 9–19, Fr 8–19, Sa 8–16 € Preise nach Gewicht, z.B. gebackenes Fischfilet mit hausgemachtem Kartoffel- und Gurkensalat 4,98€ ▶Jeder Westberliner kennt das Feinkostgeschäft mit seinen verschiedenen Stehimbissen. Alles sehr lecker und sehr frisch und das seit 75 Jahren. *www.rogacki.de*

575 Salam F3
Rankestr. 3 (Charlottenburg) U Kurfürstendamm ☎881 34 61 Mo–Fr 11–24, Fr/Sa 11–1, So 12–24 ▶köstliche Chilipaste mit Walnüssen als Beilage. Tische draußen.

576 Salsa Bill C9
Wörther Str. 16 (Prenzl. Berg) U Senefelderpl. ☎440 46 073 tgl. 11–24 ▶traditionelle libanesische Küche mit frischen Zutaten. Tische draußen.

577 Schweighofer's F2
Krumme Straße 44 (Charlbg.) U Wilmersdorfer Straße ☎450 86 894 Mo–Fr 10–18:30, Sa 10–15 € Wurstl (Debriziner) ab 1 EUR, mit Kaisersemmel 1,30 EUR ▶Österr. Spezialitäten (Wurst, Schinken, Säfte und vieles mehr direkt vom Erzeuger, vornehmlich aus der Steiermark) zu korrekten Preisen. Mittagstisch von 11–18:30. Vertrieb von Meinl-Kaffee. ✍

578 Sesam H7
Gneisenaustr. 22 (Kreuzberg) U Gneisenaustr. ☎694 68 01 tgl.11–3 ▶Sauberer und leckerer arabischer Imbiß, Tische draußen.

579 Soon come D3
Gotzkowskystr. 17 (Moabit) U Turmstraße ☎398 089 17 Mo–Fr 12–21 € Speisen 1,55-6,15€ ▶Jeff kocht hier frisches jamaikanisches Essen. Viel Huhn, viel Obst und etwas scharf. Erfrischend!

580 Spätzle Express G10
Wiener Str. 14 a (Kreuzberg) U Görlitzer Bhf. ☎69 53 44 63 tgl.12–22 ▶Netter Schwäbischer Imbiß mit reichhaltigen und leckeren Portionen. Leider kein Klo, sonst könnte man mehr Bier trinken. ✍

581 Street Imbiß am Heinrichplatz G9
Oranienstr. 193 (Kreuzberg) U Görlitzer Bhf. ☎614 99 86 Mo–Fr 11–18:30 ▶Der Kiosk wurde in den 20er Jahren nach Schinkels Plänen als Zeitungskiosk gebaut und gehört zu den ältesten Kiosken Berlins. Seit 12 Jahren wird er von Jürgen und Brigitte Schulze liebevoll bewirtschaftet. Vor allem gibt es hier Baguette und Toast sowie frischgepresste Säfte, aber keinen Alkohol.

582 Taeb's Bistro C8
Veteranenstr. 27 (Mitte) S Nordbahnhof ☎54 71 34 20 Mo–Sa 9–1, So–23 oder –24 ▶Netter Imbiss mit frischen libanesischen Spezialitäten, mit denen man sich auch prima gegenüber in den Park setzen kann. Tische draußen.

583 Tekbir Imbiß G9
Skalitzer Str. 23 (Kreuzberg) U Kottbusser Tor tgl.10–23 ▶Steinofen Lahmacun + Schawarma aus eigener Herstellung nach Geheimrezept. Sehr empfehlenswert.

584 Thai Phiset B9
Pappelallee 19 / Ecke Raumerstr. (Prenzl. Berg) U Eberswalder Str. ☎417 25 275 tgl.11–23 ▶ Erfrischend große Portionen.

585 Thai-Snack E13
Frankfurter Allee 102 (Friedrichshain) SU Frankfurter Allee ☎296 38 27 Mo–Fr 11:30–24, Sa/So 12–22:30 € 1,60–6.50€ ▶Netter Thai-Imbiß mit

frischen Speisen. Von 4 selbstgemachten Frühlingsrollen für 1,60 ist man fast satt. ✍

586 Thai Son Imbiss B5
Torfstr. 24 (Wedding) U Amrumer Str. ☎459 779 75 ⏰Mo–Sa 10:30–22, So12–22 ▶»Sie bezahlen die Preise vom Imbiß und bekommen das Essen vom Restaurant«. Netter und freundlicher Thai–Imbiß. Im Sommer auch draußen. ✍

587 Tigris F12
Simon-Dach-Str. 11 (Friedrichshain) SU Warschauer Str. ☎293 51 212 ⏰So–Do 11–1, Fr/Sa 11–3 € 2,50-5€ frisch gepresste Säfte ab 2€ ▶Arabische Speisen.

588 Tres cabezas y amigos F13
Boxhagener Str.74 (Friedrichshain) S Ostkreuz ☎290 47 470 ⏰Mo–Fr 10–19, Sa/So 8:30–18 ▶Kaffee (eigene Röstungen!), Gebäck und spanische Toasts.

589 Vietnam-Imbiß G1
Damaschkestraße 30 (Charlottenburg) S Charlottenburg ☎324 93 44 ⏰Mo–Sa 12–21 € Speisen 1,20-7,50€

☛ **Weiß Blau – Das bayerische Schmankerlparadies 686**

590 Weißmann Süddeutscher Imbiß E5
Lüneburger Str., S-Bahnbogen Nr. 390 (Moabit) S Bellevue oder 🚌 187 ab U Nollendorfpl. bis Paulstr. ☎394 20 57 ⏰Mo–Sa 12–23 (ab 12 Mittagstisch), So 18–24 € 1-6,40€ ▶In Qualität und Quantität sensationell, einer der besten Imbisse überhaupt. ★★★

591 Witty's Bioland F-G4
Ansbacher Str. / Wittenbergplatz Nord-West (Schöneberg) U Wittenbergplatz ☎211 94 96 ⏰tgl. 11–1 € Curry 2,80€ ▶Currywurst, Bratwurst und Hot Dogs aus Biolandfleisch, knusprige Brötchen und handgeschnittene Pommes. Promi-Faktor: Renate Künast.

592 Wurst F6
Ebertstr., zwischen Baum 6 + 7 (Mitte) S Unter den Linden ⏰10 –24 € Currywurst 2,50€ ▶Wöchentlich wechselnde Wurstsorten aus verschiedenen Bundesländern sorgen für eine Einführung in die deutsche Wurstvielfalt. Die Würste sind aus Neulandfleisch und deshalb etwas teurer. ✍

593 Xinh Xinh D7
Linienstr. 136 (Mitte) S Oranienburger Str. ☎246 31 981 ⏰Mo–Fr 12–24, Sa/So 13–24 ▶Vietnamesische Küche in netter Atmosphäre. Der kleine Laden wird gut besucht und bietet leckeres frisches Essen. ✍

594 Ziam Falafel F2
Kantstr. 25 (Charlottenburg) S Savignyplatz ☎313 74 70 ⏰tgl. 11–24:30 ▶Korrekter arabischer Imbiß, Tische draußen, vegetarische Hauptgericht.

Cafés (Frühstück, Brunch, Kaffee)

595 Café Berio G5
Maaßenstr. 7 (Schöneberg) U Nollendorfplatz ☎16 19 46 ⏰Do–Do 8–24, Fr+Sa 8–1 ▶ *Das* Homosexuellen-Café Berlins. Man kommt hierher, um den wirklich guten Kuchen zu essen und die hübschen Kellner und Besucher zu betrachten, bzw. sich von ihnen betrachten zu lassen. ✍ *www.cafe-berio.de*

☛ **Café do Brasil 437** (So-Brunch)

596 Café in den Heckmannhöfen D7
Oranienburgerstr. 32 (Mitte) S Oranienburgerstr. ☎400 54 961 ⏰Di–So 12–22 ▶Im Hinterhof in dieser an sich sehr touristischen Gegend findet man hier eine Oase der Ruhe und kann Kleinigkeiten essen oder Kaffee trinken. ✍

597 Café im Körnerpark Übersicht g8
Schierker Str. 8 (Neukölln) SU Neukölln ☎68 09 28 76 ⏰Di -So 12–18, bei schönem Wetter früher und länger € Essen 1,80–4€ ▶Eine solche Idylle erwartet man an diesem Ort nicht: ein kleines Sanssouci in Neukölln. Palmen und Brunnenrauschen. Alljährlich gibt es hier die Konzertwochen »Sommer im Park«, immer draußen, immer kostenlos. Jeden Sonntag 18 Uhr. ✍ *www.kultur-neukoelln.de*

☛ **Café Konditorei Buchwald 714**

598 Café Konditorei Richter F2
Giesebrechtstr. 22 (Charlottenburg) U Adenauerplatz ☎324 37 22 ⏰Mo–Sa, 7–20, Frühstück ab 7, So 8:30–20 ▶Eines

der letzten noch überlebenden traditionellen Cafés. Torten und Gebäck stammen alle aus eigener Konditorei. ✍

599 Café Sarotti-Höfe H7
Mehringdamm 57 (Kreuzberg) U Mehringdamm ☎ 61 62 09 39 ⏰ tgl. 8–24, Frühstück à la carte tgl. 8–15, Buffet Mo-Fr 8–11, Sa + So 8–15 € Buffet 5€, Kaffee 1,40€ ▶ Prompte und charmante Bedienung. Der Kuchen ist zu empfehlen. das Frühstücksbuffet ist reichhaltig. W-LAN-Hotspot. ✍
www.hotel-sarottihoefe.de

600 Eiscafé Napoljonska C8
Kastanienallee 43 (Mitte) U Rosenthaler Platz ☎ 40 30 19 44 ⏰ Mo–Sa 9–20, So 10–20 ▶ Sehr nettes Café in hübschen Pastellfarben mit netter Bedienung und leckerem Kuchen. ✍

601 Eckstein B9
Pappelallee 73 (Prenzlauer Berg) U Eberswalder Straße ☎ 441 99 60 ⏰ tgl. 9–1, Frühstück Mo-Fr 8-15, Buffet Sa 9-15, So 9-16 € Buffet 7€, Kaffee 1,40 ▶ Ob Buffet oder à la carte – gutes Preis-Leistungsverhältnis, angenehmes Ambiente. Frühstücksklassiker. ✍

602 Glücklich am Park C8
Kastanienallee 54/Ecke Fehrbelliner (Mitte) U Rosenthaler Platz ⏰ tgl.11–19 ▶ Kaffee, Waffeln, Eis. Der Ableger von »Kauf dich glücklich« versorgt jetzt den unteren Teil der Kastanienallee. ✍

603 Kauf dich glücklich B8
Oderberger Str. 44 (Prenzlauer Berg) U Eberswalder Str. ☎ 44 35 21 82 ⏰ Mo–Fr 11–0:30, WE 10–open end ▶ Einer der zahlreichen Kombinationsläden. Man kann hier Kaffee trinken, Waffeln oder Eis essen und die Möbel, die hier rumstehen, auch erwerben. ✍

☛ **Kiezkantine 388**

☛ **Konditorei Fester 716**

604 Madeleine F2
Leibnizstraße 41 (Charlottenburg) S Savignyplatz, Bus 149, 101 ☎ 31 51 98 50 ⏰ Mo–Fr 8–18, Sa + So 10–18, Frühstück durchgehend € Kaffee 1,70€ ▶ Auch empfehlenswerter Mittagstisch (ab 3,50€). Qualität wird hier wirklich groß geschrieben. Die Crepes sind exquisit. Die à-la-carte-Auswahl reichhaltig. Gutes Pressangebot, eben ein Bistro. ✍

605 Sofia G11
Wrangelstr. 93 (Kreuzberg) U Schlesisches Tor ☎ 0163/283 25 19 ⏰ Mo–Fr 9–open end, So ab 9 € Tagsüber Kaffee 77c, abends Bier 0,3l 2,20€, Wein 3€ ▶ Sehr schöner Laden. Die Einrichtung wurde von einem Dönerladen übernommen und enthält eine Grotte mit glänzendem Wasserfall. Tagsüber ein Café mit sehr moderaten Preisen und abends eine Bar mit ziemlich schrägem Programm. Sehr locker und entspannt. ✍

606 Weinerei Café C8
Veteranenstr. 15 (Mitte) U Rosenthaler Platz ☎ 0179/682 99 60 ⏰ 10–24 € Alles 1€, Suppen 2€ ▶ Kaffee in verschiedenen Variationen, Gebäck, Kuchen , Kleinigkeiten und Suppen. ✍

Kneipen

☛ **Bötzow-Privat 000**

607 Bornholmer Hütte
Übersicht e7
Bornholmer Str. 89 (Prenzl'Berg) ☎ 44 55 26 9 SU Schönhauser Allee ⏰ tgl. ab 13 ▶ Die Kneipe ist seit 50 Jahren im Besitz der Familie Gehrhus. Im Keller gibt es eine 101-jährige Kegelbahn aus der Kaiserzeit. ✍

608 Diener F3
Grolmanstr. 47 (Charlottenburg) ☎ 881 53 29 S Savignyplatz ⏰ tgl. ab 17 € Essen 4–10€ ▶ Benannt wurde die 100 Jahre alte Kneipe nach dem Boxer Franz Diener, der das Lokal zum Nachkriegstreffpunkt für Sportler, Künstler und Journalisten machte. Übrigens auch berliner Stammkneipe von Helmut Newton, als er noch lebte. Wunderbar unrenoviert und unprätentiös, im Sommer auch draußen. ✍

609 E. & M. Leydicke H6
Mansteinstr. 4 (Schöneberg) SU Yorckstr. ☎ 216 29 73 ⏰ Mo–So 18–1 € Bier 0,4l 2,50€ ▶ Nicht nur eine Kneipe sondern sogar noch eine Hausbrennerei, die seit 1877 zwanzig verschiedene Liköre und Fruchtweine herstellt. Die phantastische, komplett erhaltene Gründerzeiteinrich-

tung gibt einem das Gefühl, in einem lebendigen Museum zu sein. Der Wirt in 4. Generation, Raimon Leydicke, betreibt seinen Laden angenehm locker und unprätentiös. Die Liköre bieten sich auch als wirklich originelles Berlin-Mitbringsel an, denn wo gibt es so etwas schon noch. ✍

610 Fallada E12
Rigaer Str. 31 (Friedrichshain) U Samariterstraße Mo–Fr ab 12, Sa/So ab 20 0,5l Berliner 2€, Essen ab 1,50€ ▶Vollkomen unpräteniöse Kneipe mit netter Bedienung und kleinem Speiseangebot und sehr fairem Preis-Leistungsverhältnis. Die Namenswahl ist sehr treffend, denn der Schriftsteller Hans Fallada war ein schwerer Trinker. ✍

611 Felsenkeller H5
Akazienstraße 2 (Schöneberg) U Eisenacher Straße ☎781 34 47 Mo–Fr 16–2, Sa 12–2 u. So 18–2 0,4l Bier vom Faß 2,70 EUR ▶Schöne, richtig alte Holzkneipe mit gut gezapftem Bier und vorzüglicher Schnapsauswahl. Völlig gedönsfrei und mit sympathischem Publikum. Keine Musikberieselung. Rosaroter Matjessalat, hausgemachte Suppen und der Kartoffelsalat sind die Klassiker. ✍ *www.felsenkeller-berlin.de*

612 Hoeck E1
Wilmersdorfer Str. 149 (Charlottenburg) U Bismarkstr. ☎341 81 74 Mo–Sa 8–24 (Destille), 11–23 (Restaurant) ▶Seit 1892 existiert die Destille in der Wilmersdorfer Str. und in der schicken Bauhaus Zapfanlage finden sich noch die Einschußlöcher aus dem letzten Krieg. Seitdem wird nicht mehr selbst gebrannt, aber in der alten Musicbox finden sich noch echte Juwelen, wie z.B. »Die Zuckerpuppe aus der Bauchtanztruppe«. Dazu gibt es auch ein Restaurant, gewissermaßen eine Kantine für abends. Absolut sehenswert und ohne den nervigen Habitus der »Urberliner Kneipe«. Alles echt. ✍ ★★★

613 Metzer Eck C9
Metzer Str. 33 (Prenzlauer Berg) U Senefelderplatz ☎442 76 56 tgl. ab 16, So–Do –1, Fr/Sa–3 Bier 0,5l ab 2,70€, Essen ab 3,80€ ▶Seit 90 Jahren in Familienbesitz gehört das Metzer Eck zur aussterbenden Gattung Berliner Kneipe. Nette Bedienung und leckere, selbstgekochte Hausmannskost. Dazu vollkommen unaufgeregt. ✍ *www.metzer-eck.de*

614 Möbel Olfe G9
Reichenberger Str. 177 (Kreuzberg) U Kottbusser Tor ☎23 27 46 90 Di–Fr ab 18 ▶Außerordentlich beliebte Kreuzberger Trinkhalle mit großer Auswahl an polnischem Wodka und polnischem Bier. ✍

615 solar F7 *(v.a. Bar, mit Aussicht)*
Stresemannstr. 76, 17+18.OG (Kreuzberg) S Anhalter Bhf. ☎0163/765 27 00 So–Do 18–2, Fr+Sa 18–5 Warsteiner 0,3 für 3€, Wasser 2€, Espesso 1,80€, Macchiato 1,80€, Cocktail ab 6,50€ ▶Restaurant und Lounge bieten einen phantastischen Ausblick über die Stadt. Die Lounge ist absolut sensationell, man sitzt auf dicken Sofas im 60er Jahre Stil und genießt cocktailtrinkend den Sonnenuntergang. Sehr nette Bedienung. ✍ *www.solarberlin.com*

616 Waschmaschinewsky E12
Bänschstr. 25 (Friedrichshain) U Samariterstr. ☎420 19 852 tgl. 18–2 Bier 1,50€ ▶Radiomoderator Robert Skuppin hatte die Idee zu dieser Kneipe bei einer Sendung über eine kleine polnische Brauerei. Nun ist hier eine Art deutsch/polnisches Kulturzentrum mit günstigem polnischen Bier entstanden. Auch polnische Spezialitäten werden angeboten. ✍ *www.waschmaschinewsky.de*

Einkaufen

Nr. 98

EINKAUFEN gehört zu den Dingen, die manche Menschen gern tun und manche Menschen überhaupt nicht. Ich glaube, daß es so eine Art Urbedürfnis ist, wenn man nicht verhungern und erfrieren will, sich Nahrung und Kleidung und ein paar hübsche Dinge für die Höhle zu besorgen.

Wie bei andern Urbedürfnissen wie zum Beispiel Essen oder Sex scheinen Menschen auch beim Einkaufen besonders anfällig für Perversion und Manipulation.

Es wird ja eine Menge getan, ständig Wünsche zu wecken, auf die wir selbst nie kämen oder zumindest ursprünglichen Bedürfnissen einen erlebnismäßigen Mehrwert oder den Anstrich des Besonderen zu geben. Überteuerte Läden erkennt man meist sofort an der Einrichtung, die man nämlich mitbezahlen soll und die je nach Kundenkreis besonders stylish (Modeläden in Mitte), besonders bodenständig (überteuerte italienische Lebensmittelgeschäfte/Weinläden) oder besonders edel (Quartier 206, KaDeWe) daherkommt.

Ich finde übrigens auch, daß Einkaufen ein Erlebnis sein sollte, aber eben nicht gerade im Sinne der fortschreitenden Disneylandisierung der Welt. Ich bin auch beim Einkaufen ständig auf der Suche nach echtem kulturellem Mehrwert und habe wenig Lust, mir neben den Einrichtungstrends der letzten zehn Jahre möglicherweise auch noch unfreundliche oder arrogante Behandlung gefallen zu lassen. Bei meinen Streifzügen freue ich mich immer wieder, wieviele gute, günstige und wirklich spannende und ausgefallene Geschäfte es in Berlin gibt.

Ich glaube, daß die in letzter Zeit viel beklagte »Aldisierung der Gesellschaft" eigentlich nur zeigt, daß es den vielbeschworenen mündigen Verbraucher endlich vermehrt gibt. Gut und intelligent einkaufen heißt nichts anderes, als daß man die Mischkalkulation, die man im Sortiment normaler Supermärkte findet unter Berücksichtigung von Qualitätskriterien im eigenen Leben anwendet.

Da die Mehrzahl der Menschen nicht über unbegrenztes Geld verfügt, geht die Tendenz eben dahin, den Grundbedarf bei Aldi zu decken und dann zu sehen, wo man den Rest auch noch besser besorgt als im normalen Supermarkt. Es gibt nämlich außer hochwertigen Markenalkoholika nichts, was man nicht irgendwo besser, billiger, oder mit höherem kulturellen und sozialen Mehrwert bekommen könnte.

Wenn man nicht nur auf schick und teuer aus ist, was man möglicherweise woanders besser bekommt, gibt es keine deutsche Stadt, die in Bezug auf Originalität und Vielfalt mit Berlin mithalten kann. Das liegt schon alleine an der Ausdehnung der Stadt und der Vielzahl der Geschäfte.

Hier haben 40 Jahre lang die Uhren etwas anders geschlagen, und dadurch sind einfach viele Dinge erhalten geblieben, die in Westdeutschland dem Wirtschaftswunder zum Opfer gefallen sind. Es gibt nicht nur mehr stuckige Fassaden und große Altbauwohnungen als anderswo, sondern auch Läden, die sich nichts darauf einbilden, eine Einrichtung im Stil der Neuen Sachlichkeit zu haben oder seit 1926 Parfüm herzustellen oder seit 1878 die fantastischsten Torten zu backen Das Angenehme daran ist, daß diese Traditionen ohne jede Aufgeregtheit gepflegt werden. Hier war das immer normal, was in Westdeutschland mühsam rekonstruiert wurde und deshalb immer aufgesetzt wirkt und sich selbst feiert. Das schlägt sich dann auch in den Preisen nieder.

Man kann vielleicht in München bessere Würste oder in Düsseldorf schickere Kleidung kaufen, nirgendwo wird man eine solche Ansammlung wirklich ursprünglicher und ethnologisch vielfältiger oder in

Nischen tätiger Geschäftsleute finden wie in Berlin.

Ich meine damit zum einen eine multikulturelle Stadt. Sie können sich von der Exotik zahlreicher Asia-Läden verzaubern, oder sich im arabischen Supermarkt in ein Märchen aus 1001 Nacht versetzen lassen. Sie können in einem Gastronomiebedarf für Mediterranes richtig viel richtig gute Salami kaufen. Sie können Produkte aus dem ehemaligen Ostblock erwerben oder alle Zutaten für ein kosheres Essen kaufen. Sie können auch endlich einmal probieren, was eine echte Ostschrippe ist, die bis heute ganze Bürogemeinschaften entzweit oder sich in den verbliebenen Markthallen einen Eindruck wilhelminischer Industriearchitektur verschaffen.

Im Fabrikverkauf und bei Second Season Läden können Sie viel Geld sparen, das Sie dann zum Beispiel bei sozial sinnvollen Projekten wie Behindertenwerkstätten oder Arbeitsbeschaffungsmaßnahmen für Jugendliche wieder loswerden können. Sie können dabei durch Hinterhöfe und Fabriketagen flanieren oder Gegenden entdecken, in die Sie noch nie einen Fuß gesetzt haben und freiwillig auch nie setzen würden.

Auch für Freunde von Flohmärkten und Second-Hand-Läden ist Berlin ein Paradies. Das liegt schon an der Menge der sonntäglichen Flohmärkte und der Second-Hand-Läden und paradoxerweise daran, daß Berlin immer ärmer war als das im Wirtschaftswunder blühende Westdeutschland. Hier sind viele Sachen erhalten geblieben, die woanders schon vor 20 Jahren unwiederbringlich in den Müll geraten sind.

Was ich nicht mag und deshalb auch nicht aufgenommen habe, sind Kultläden und Edel-Second-hand. Mit Kultläden meine ich bestimmte Läden, wo »man" einkauft, was natürlich je nach Szenezugehörigkeit verschieden ist, und die ein besonderes Gedöns um die angeblich gebotene Qualität veranstalten, in Wirklichkeit aber Lebensgefühl verkaufen. In sogenannten Edel-Second-hand-Läden fühle ich mich ebenfalls betrogen, wenn ich für eine Jacke, die vielleicht vor 3 Jahren mal modisch war, immer noch 200 Euro bezahlen soll, bloß weil ein bestimmtes Schildchen drin ist.

Kompromisse gemacht habe ich bei Factory Outlets und Posten-und-Partien-Läden. Ich finde nicht, daß man die unbedingt braucht, aber wer aus irgendeinem Grund Markenkleidung tragen will oder Kaffeetassen mit Häschen mag, soll hier nicht meinem persönlichen Snobismus zum Opfer fallen. Jedenfalls habe ich, so gut es mir möglich war, recherchiert und auch eine Menge entdeckt.

Lebensmittel

Öko

Ökologischer Landbau und Low-Budget sind schwer vereinbar, weil er sehr viel kostenintensiver ist als konventionelle Landwirtschaft. Bei der Fördergemeinschaft Ökologischer Landbau e.V., Marienstraße 19-20, 10117 Berlin, Tel.: 030 / 28 48 24 40, Internet: *www.foel.de*, kann man eine Broschüre erhalten. In »Der BIO-Einkaufsführer für Berlin und Brandenburg« sind sämtliche Öko-Märkte, Bio-Bauernhöfe, Bio-Läden, alternative Fleischereien und Abo-Kisten-Lieferanten aufgelistet. Die Broschüre ist kostenlos, man muß aber das Porto bezahlen. Leider finden sich hier keine preislichen Bewertungen.

617 BiG Bio Discount Übersicht g8
Bergiusstr. 36 (Neukölln) U Grenzallee ☎ 680 56 661 ◷ Mo–Fr 13–19, Sa 9–14 ▶ Bewährte Naturkost im Abhollager zu bestechend günstigen Preisen. Große Mengen frei Haus, Rabattstaffel ab 200€ 3%, ab 300€ 5%. *www.big-bio.net*

618 Bio Company Übersicht g6
Bundesallee 88 (Friedenau) U Walther-Schreiber-Platz ☎ 809 40 160 ◷ Mo–Fr 9–20, Sa 9–18, Backwaren ab 7:30, So ab 8:30 ▶ Wirklich sehr angenehmer Biosupermarkt, ohne den üblichen Ökomuff. Das Bauernbrot erhielt einst im Tip-Bericht »Berlins Bäcker« (09/03) die Note 1+, die es wirklich verdient. *www.biocompany.de*

619 Bio Company F2
Wilmersdorfer Str. 102 (Charlottenburg) S Charlottenburg, U Wilmersdorfer Str. ☎ 323 81 31 ◷ Mo–Fr 9–20, Sa 9–20,

Backwaren ab 7:30 ▶s.o.
www.biocompany.de

620 Bio Company B9
Schönhauser Allee 65 (Prenzl. Berg) SU Schönhauser Allee ☎446 53 070 ◷Mo–Fr 9–20, Sa 9–18, Bestell–und Lieferservice ▶s.o. *www.biocompany.de*

621 Bio Company E12-13
Voigtstr. 38 (Friedrichshain) U Samariterstr. ☎420 84 910 ◷Mo–Fr 9–20, Sa 9–18 ▶s.o. *www.biocompany.de*

622 Bio Company H5
Hauptstr. 138 (Schöneberg) Bus 148 ☎939 532 92 ◷ Mo–Fr 9–20, Sa 9–18 ▶ Noch 2 weitere Läden zu den hier aufgeführten – bitte im Internet nachsehen. ✍ *www.biocompany.de*

623 Joachimsthaler Bio-Supermarkt F3
Grolmanstr. 48 (Charlottenburg) S Savignyplatz ☎547 10 254 ◷Mo–Sa 9–20 ▶Spezialisiert auf regionale Produkte aus der Schorfheide. Einerseits sollen die Verbraucher von der Frische profitieren, andererseits eine strukturschwache Region unterstützt werden. ✍

624 LPG G7
Mehringdamm 20-30 (Kreuzberg) U Mehringdamm ☎698 19 400 ◷Mo–Fr 9–20, Sa 9–20 ▶Biosupermarkt mit märkischen Bioprodukten. Wenn man hier Mitglied wird, kann man in allen LPG-Läden billiger einkaufen.

625 McBio Handels GmbH Übers. h7
Hundsteinweg 8, Zufahrt und Eingang Mariendorfer Damm (Mariendorf) U Alt-Mariendorf☎761 09 462 ◷Mo–Fr 9–20, Sa 9–16 ▶Eine Art Aldi für Ökos: ein kleines Sortiment wird ohne große Deko in Kisten angeboten. ✍

626 McBio Handels GmbH Übers. h6
Hindenburgdamm 99 (Lichterfelde) SU Rathaus Steglitz – Bus M85, 285 ☎ 740 71 385 ◷Mo–Fr 9–20, Sa 9–18 ▶s.o. ✍

Eigentlich für Gastronomen

Die folgenden Geschäfte sind eigentlich für Gastronomen, haben sich aber mittlerweile auch für normale Kunden geöffnet, z.T. mit unterschiedlicher Preisstruktur. Man kann hier sehr günstig einkaufen, aber nicht unbedingt hundert Gramm Salami, d.h. man muß dann schon die ganze Wurst nehmen. Andererseits gibt es aber nicht nur Großpackungen, sondern z.B. Weinflaschen auch einzeln und die anderen Dinge in durchaus haushaltsüblichen Mengen und Packungen.

627 Barlu Übersicht g7
Ringbahnstr. 6–8 (Tempelhof) SU Alt-Tempelhof ☎667 65 60 ◷Mo–Fr 8–19, Sa 9–16 ▶500 Sorten Meergetier, Fleisch und Geflügel für Gastronomen und Endverbraucher, das Meiste allerdings tiefgefroren. Di–Sa frischer Fisch. ✍
www.barlu-shop.de

628 Benzo GmbH Übersicht d7
Montanstr. 25 (Reinickendorf) S Alt-Reinickendorf ☎414 50 11/12 ◷Mo–Fr 9–18, Sa 9–15 ▶Der Importeur für italienische Weine und Lebensmittel liefert Delikatessen zu fairen Preisen. ✍ ★★★
www.benzo-berlin.de

629 Berliner Fischmarkt Übersicht d8
Rothenbachstr. 48 (Heinersdorf) S Pankow-Heinersdorf ◷Mo–Fr 8–19, Sa 8–14 ▶Michael Fleck hat hier auf 800qm Berlins größten Fischmarkt eröffnet. Einheimische Fische werden jedenTag frisch geliefert, aber auch exotische Fische sind im Angebot. Wer sich weiterbilden will, kann auch Räucher- und Kochkurse absolvieren. ✍

630 Centro Italia Übersicht h7
Großbeerenstr. 169–171 (Mariendorf) S Marienfelde ☎ 741 10 18 ◷Mo–Fr 10–18:30, Sa 10–14 ▶Alles was Italienliebhaber glücklich macht, auf jeden Fall bedeutend günstiger als im Delikatessenladen an der Ecke. Kundenfreundliche Nettopreise. ✍
www.centro-italia.de

631 Centro Italia Übersicht e5
Sophie-Charlotten-Str. 9-10 (Charlottenburg) S Westend ☎302 17 28 ◷Mo–Fr 9–18:30, Sa 10–16 ▶s.o.

632 Commatas H4
Meraner Str. 19 (Schöneberg) U Bayerischer Platz ☎854 29 00 ◷Mo–Fr 9–18:30, Sa 9–15 ▶Griechischer Restaurantbedarf – alles für die Grillparty. Auch hier gilt: kein Kleckerkram, sondern Eimer kaufen.

633 Frischeparadies Lindenberg D3
Morsestr. 2 (Charlottenburg) S U Zoolg. Garten ☎ 390 81 50 ⌚ Mo 8–19, Di–Fr 8–20, Sa 8–14 ▶ Nicht so ganz Low-Budget, aber für die angebotenen Delikatessen wirklich faire Preise. Sehr guter Käse und tolle Leberpasteten. ★★★

634 Koch Tiefkühlkost Übersicht d6
Ollenhauerstr. 17 (Reinickendorf) U Kurt-Schumacher-Platz ☎ 496 20 82 ⌚ Mo–Fr 9–17 ▶ Ein Gastronomieservice, der auch Endverbrauchern offen steht.

635 Mitte Meer D6
Invalidenstr. 50/51 (direkt hinter dem Hamburger Bahnhof) (Moabit) S Hauptbahnhof ☎ 398 38 793 ⌚ Mo–Fr 8–20, Sa 8–16 ▶ Vor allem preiswerter frischer Fisch und Wein, sowie die ganze mediterrane Palette. Phantastische Preise bei Salami und Käse, die im Stück verkauft werden. Für alle, die gerne essen und trinken ist ein Besuch dringend zu empfehlen. *www.mitte-meer.de* ★★★

636 Mercado F2
Kantstr. 42 (Charlottenburg) U Wilmersdorfer Str. ☎ 315 17 26 ⌚ Mo–Fr 9–20, Sa 9–18 ❸ Sa ab 14 Uhr Dumpingpreise bei Fisch ▶ Zweigstelle von Mitte Meer (s. dort) im Westen mit dem üblichen mediterranen Sortiment. ✍ *www.mercado.de*

Asia-Supermärkte

Asia Supermärkte gibt es in Berlin sehr viele und es ist immer wieder wie eine kleine Reise, sich hier umzusehen und einzukaufen. Sämtliche Asiatika, häufig auch Porzellan und Geschenkartikel sind hier meist ausgesprochen günstig zu haben. Man kann hier oft noch unbekannte Gemüse entdecken, oder sich mit tausendjährigen Eiern eindecken. Eine Quelle der Freude sind auch immer wieder Dosen in leuchtendem Asia-Design. Die Produkte sind meist günstiger als in der Exotik-Abteilung der Supermärkte, außerdem erhöht sich der Einkaufsspaß um ein Vielfaches. Die Preisstruktur der Läden ist recht ähnlich und ein Besuch lohnt sich auf jeden Fall.

637 Asia Foodland F1–F2
Wilmersdorfer Str. 60/61 (Charlottenburg) S Charlottenburg, U Wilmersdorfer Str. ☎ 324 40 62 ⌚ Mo–Fr 9–19, Sa 9–16.

638 Asia Mekong D-E9
Alexanderpl. 2 (Mitte) S U Alexanderpl. ☎ 247 82 82 ⌚ Mo–Fr 9–20, Sa 9–16.

639 Dao's Asia Shop F2
Kantstr. 122 (Charlottenburg) S Charlottenburg, U Wilmersdorfer Str. ☎ 313 88 02 ⌚ Mo–Mi, Fr 9–18:30, Do 9–20, Sa 9–16. *www.daosasiashop.de*

640 Punjab Food Traders Übers. d/e7
Tromsöer Str. 6 (Wedding) U Osloer Str. ☎ 49 30 12 39 ⌚ Mo–Fr 10–20, Sa 10–18 ▶ Asiasortiment hauptsächlich indischer Prägung. Viele Bollywoodfilme. ✍

641 Thailand Asia Markt Übersicht e7
Pankstr. 49 (Wedding) U Pankstraße ☎ 466 07 503 ⌚ Mo–Fr 9–19, Sa 9–16.

642 Tianfu-Asia-Supermarkt H3
Berliner Str. 15 (Wilmersdorf) U Berliner Str. ☎ 863 97 780 ⌚ Mo–Fr 10–19, Sa 10–16:30.

643 Vietnam F2
Krumme Str. 42 (Charlottenburg) S Charlottenburg, U Wilmersdorfer Str. ☎ 312 50 69 ⌚ Mo–Fr 9–19:00, Sa 8:30–17:30.

644 Vinh Loi Asien Supermarkt A5
Müllerstr. 40 (Wedding) U Seestraße ☎ 457 98 988 ⌚ Mo–Fr 9–19, Sa 9–17.

645 Vinh Loi Asien Supermarkt F4
Ansbacher Str. 16 (Schöneberg) U Wittenbergplatz ☎ 235 09 00 ⌚ Mo–Fr 9–19, Sa 9–17.

646 Vinh-Loi Asien Supermarkt Übersicht g6
Rheinstr. 45 (Friedenau) U Walther-Schreiber-Platz ☎ 859 36 78 ⌚ Mo–Fr 9–19, Sa 9–16 ▶ Kaum zu toppen an großer Auswahl.

Türkei und Vorderer Orient

Etwa 180 000 Menschen türkischer Herkunft leben in Berlin, die natürlich nicht auf ihre landestypischen Spezialitäten verzichten möchten und deshalb längst eine funktionierende Infrastruktur mit eigenen Läden geschaffen haben. Vor allem in den Stadtteilen, in denen viele Türken wohnen, also Kreuzberg, Wedding und Neukölln, finden sich zahlreiche türkische Geschäfte. Man sollte sie oft besuchen, denn sie vermitteln immer noch einen Hauch von orientalischer Pracht und Exotik, auch wenn man die meisten Produkte kennt. Besonders gut kaufen kann man hier Fleisch, v.a. wenn man Innereien mag, Großpackungen Oliven und gefüllte Weinblätter, getrocknete Tomaten sowie das Getreide und Hülsenfrüchte-Sortiment. Gemüse ist meist ebenfalls wesentlich frischer und preiswerter als in deutschen Supermärkten. Meist bekommt man auch sehr günstig mexikanische Maischips in Großpackungen.

647 Ay Discount Übersicht g8
Karl-Marx-Str. 189 (Neukölln) SU Neukölln ☎ 613 57 33 Mo–Fr 9–19, Sa 9–17.

648 Ay-Discount D4
Turmstr. 35 (Moabit) U Turmstraße ☎ 395 60 62 Mo–Fr 9–19, Sa 9–17.

649 Best Supermarkt (Birlik) G5
Potsdamer Str. 165 (Schöneberg) U Bülowstraße ☎ 216 24 40 Mo–Fr 7–19, Sa 7–15.

650 Best Supermarkt (Birlik) J4
Hauptstr. 113-115 (Schöneberg) SU Innsbrucker Platz ☎ 818 28 140 Mo–Fr 7–19, Sa 7–15.

651 Best Supermarkt (Birlik) G5
Potsdamer Str. 111 (Schöneberg) U Kurfürstenstraße ☎ 269 31 789 Mo–Fr 7–19, Sa 7–15.

652 Best Supermarkt (Birlik) Übers. g8
Karl-Marx-Str. 142 (Neukölln) U Karl-Marx-Str. ☎ 688 94 087 Mo–Fr 7–19, Sa 7–15.

653 Best Supermarkt (Birlik) D3
Huttenstr. 1 (Moabit) U Turmstraße ☎ 393 86 72 Mo–Fr 7–19, Sa 7–15.

654 Best Supermarkt (Birlik) G10
Reichenberger Str. 145-146 (Kreuzberg) U Görlitzer Bahnhof ☎ 616 270 14 Mo–Fr 7–19, Sa 7–15.

655 Best Supermarkt (Birlik) Übers. d7
Prinzenallee 51 (Gesundbrunnnen) U Pankstraße ☎ 494 701 516 Mo–Fr 7–19, Sa 7–15.

656 Bolu 2 Helal et Pazari Übersicht e7
Badstr. 59 (Gesundbrunnnen) U Pankstraße ☎ 465 075 90/-91 Mo–Fr 7–19:30, Sa–17 ▶ Prächtiger türkischer Riesensupermarkt mit vernünftigen Preisen.

657 Elfi-Warenhandels GmbH Übers. d7
Prinzenallee 4 (Gesundbrunnen) U Pankstr. ☎ 465 80 21 Mo–Sa 7–19 ▶ Riesiger türkischer Supermarkt mit allem, was das Herz begehrt. ✍

658 El Reda – Fleischerei & Lebensmittel D3
Huttenstr. 3, (Moabit) M27 ☎ 398 37 353 Fleischerei: 8:30–19, Sa–18, Grill: Mo–Sa 13–0 Kein Gericht über 3€ ▶ Libanesischer Supermarkt mit fairen Preisen. Der Clou ist aber der Grill, denn hier grillt der Chef auf echter Holzkohle, wie es sich gehört, die Köstlichkeiten aus der Fleischerei. ✍

659 Euro Gida D3
Turmstr. 43 (Moabit) U Turmstraße ☎ 398 75 398 Mo–Fr 8–18, Sa 8–17.

660 Euro Gida H3
Bundesallee 180 (Wilmersdorf) U Berliner Str. ☎ 857 573 80 Mo–Fr 7–20, Sa 7–18 ▶ Sehr günstig Fleisch, Gemüse. Oliven, Schafskäse, Hülsenfrüchte.

661 HARB – Delikatessen aus dem Libanon G5-6
Potsdamer Str. 93 (Tiergarten Süd) U Kurfürstenstr. ☎ 265 16 27 Mo–Fr 8–19:30, Sa 8–17 ▶ Orientalische Prachtentfaltung. Hingehen. Man sollte allerdings handeln können.

662 Inter Gida G9
Skalitzer Str. 138 (Kreuzberg) U Kottbusser Tor ☎ 695 69 555 Mo–Fr 8–18, Sa 9–16.

663 Iran-Shop F2
Kantstr. 124 (Charlottenburg) S Charlottenburg, U Wilmersdorfer Str. ☎ 312 55 68 Mo–Fr 9:30–18, Sa 9:30–14 ▶ Den wunderschönen Laden sollte man unbedingt gesehen haben. Es gibt günstige Rosenmarmelade, Orangenblütenwasser, Granatapfelsaft und orientalische Musik.

664 Konditorei Alialuba D3
Beusselstr. 68 (Moabit) S Beusselstraße

☎ 398 48 063 🕒Mo–Fr 9–17, Sa 9–12 ▶Ein Traum aus 1001 Nacht, großer Laden mit den süßen Köstlichkeiten des Orients.

665 Merhaba Markt F7
Friedrichstr. 225 (Kreuzberg) U Hallesches Tor ☎ 25 93 87 70 🕒Mo–Fr 8–20, Sa 8–18 ▶Türkischer Supermarkt mit reichhaltigem Obst- und Gemüseangebot, Frischfleisch und Feinkost. ✍

666 Tek Mer G9
Adalbertstr. 9 (Kreuzberg) U Kottbusser Tor ☎ 615 07 565 🕒Mo–Fr 8–20, Sa 8–18 ▶Intenat. Produkte.

667 Yeni Bolu GmbH H9-10
Kottbusser Damm 74-75 (Neukölln) U Hermannplatz ☎ 691 30 81 🕒Mo–Do 6–19, Fr/Sa 5–19.

Indischer Subkontinent

Nur schätzungsweise 3 500 Inder leben in Berlin. Dafür ist indische Kultur hier aber sehr präsent, was sicher auch am seit ein paar Jahren regen Interesse an Ayurveda und Bollywoodfilmen liegt. Das Angebot indischer Geschäfte deckt sich häufig teilweise mit dem Asia-Sortiment. Hier kann man gut kleine Linsen, Linsenflädchen zum Backen sowie verschiedene Gewürze, Reis, Räucherstäbchen und Yogi-Tee zu fairen Preisen erstehen. Viele Inder haben auch ein kleines Kosmetik-Sortiment, häufig mit herrlich duftenden, kitschig verpackten Seifen oder Körperpflege aus UK. Bei den meisten kann man auch Bollywoodfilme ausleihen oder kaufen.

668 Ganapathy Asien Shop H5
Willmanndamm 10 (Schöneberg) S York-straße ☎ 78 89 40 -78/-77 🕒Mo–Fr 9–20, Sa 9–16 ▶Kleiner aber sehr gut sortierter Laden mit asiatischen, indischen und afrikanischen Lebensmitteln,Gewürzen, Getränken, Filmen und Fischen. Auch ayurvedische Kosmetik.

669 Golden Raja J3
Bundesallee 157 (Wilmersdorf) U Bundesplatz ☎ 853 82 66. 🕒Mo–Fr 9:30–20, Sa 9:30–16 ▶Sehr große Auswahl auch an Bollywood-Filmen und indischer Musik. Einige Ayurveda-Produkte.
www.golden-rajah.com

670 Punjabstore B4
Torfstr. 23 (Wedding) U Amrumer Str. ☎ 454 56 76 🕒Mo–Fr 10–19:30, Sa 10–17.

671 Sona Food Traders G6
Bülowstr. 56, im Hof, Tor 11-12 (Schöneberg) U Bülowstraße, SU Yorkstraße ☎ 21 96 19-90/-91 🕒Mo–Fr 10–19, Sa 10–16 ▶Indische Delikatessen zu sensationellen Preisen. Unbedingt hingehen. Ein sehr gut sortierter Laden mit großer Auswahl an Reis, v.a. indischen Lebensmitteln und Gewürzen, ayurvedische Produkte, Tiefkühlkost und auch Bollywoodfilme und Musik. *www.cfd-berlin.de* ★★★

672 TS Food Traders D4
Stromstr. 11-17 (Moabit) U Turmstraße ☎ 397 89 770 🕒Mo–Fr 10–19:30, Sa – 16 ▶Sehr schöner großer indischer Großhandel und Supermarkt. Führt auch einige Ayurveda–Produkte zu günstigen Preisen.

Ehemaliger Ostblock

In der DDR war die Identifikation mit den sozialistischen Bruderstaaten eher unfreiwillig und die Beschäftigung mit deren Kulturen oft erzwungen. Heute ist es vermutlich eher der Zuzug vieler Russen nach Berlin, sowie eine steigende Populariät von allem Russischen. Auch die Ostprodukte erfreuen sich einer neuen Beliebtheit, sowohl bei ehemaligen DDR-Bürgern älteren Datums wie bei zugezogenen Westdeutschen.

673 1000 kleine Dinge im Kaufhof Lichtenberg C/D13
Anton-Saefkow-Platz 8 (Fennpfuhl) S Storkower Str. ☎ 27 589 712 🕒Mo–Fr 10–19, Sa 10–14 ▶Neben Lebensmitteln gibt es auch den aufklappbaren Ferienlager Zahnputzbecher und das Mini-Einkaufsnetz aus Dederon, in das 10 Flaschen Bier passen.

674 1000 kleine Dinge im Karl-Liebknecht-Haus D9
Weydinger Str. 14-16 (Mitte) U Rosa-Luxemburg-Platz ☎ 27 589 712 🕒Mo–Mi 10–18, Do 10–20, Fr 10–18, Sa 10–14 ▶s.o.

675 Deima H4
Bayerischer Platz 8 (Schöneberg) U Bayeri-

scher Platz ☎ 857 30 837 🕒Mo–Fr 9–18:30, Sa 9–16 ▶Schöner Supermarkt mit preisgünstigem und großem Angebot und russischer Lebensmittel. Ab 11 Uhr frisches Gebäck. *www.deima.de*

↗ Imbiß: frische selbstgemachte Backwaren, superleckere Piroski mit Sauerkraut- oder Leberfüllung ab 11 Uhr. Kaffee und russische Spezialitäten aus der eigenen Küche, auch zum Mitnehmen.

676 Deima G1
Kurfürstendamm 73 (Charlottenburg) U Adenauerplatz ☎ 319 97 061 🕒Mo–Fr 10–20, Sa 10–18 € Piroski ab 1€ ▶Der kleine und feine russische Laden bietet wie das Mutterhaus am Bayerischen Platz selbstgemachte russische Delikatessen. Salate und Gebäck sind vorzüglich. ✍ *www.deima.de*

677 Deima G3
Uhlandstr. 156 (Wilmersdorf) U Uhlandstraße ☎ 886 28 751 🕒Mo–Fr 10–20, Sa 10–18 ▶Russische Delikatessen wie bei den andern Deimas auch. Sitzgelegenheiten aber kein Klo. ✍ *www.deima.de*

678 ENA Internationale Delikatessen Supermarkt G5
Kleiststr. 1 (Schöneberg) U Nollendorfplatz ☎ 20 05 18 97 🕒Mo–Sa 8–20 ▶Das Beste aus Osteuropa, frisches Obst und Gemüse aus Polen, Wurstwaren, Frischfleisch, Molkereierzeugnisse und »den besten Alkohol auf der ganzen Welt«. ✍

679 Markt Retro Übersicht g6
Bundesplatz 12 a (Wilmersdorf) SU Bundesplatz ☎ 0173/207 62 96 🕒Mo–Sa 8–20 ▶Vielleicht so eine Art russischer Aldi. Der große Laden ist sehr preisgünstig, bietet allerdings nicht unbedingt Luxusartikel oder Delikatessen an. ✍

680 Intershop 2000 G11
Ehrenbergstr. 3-7 (Friedrichshain) SU Warschauer Str. ☎ Daniel Häfner 0179 - 671 90 16 🕒Mi–Fr 14–18, Sa 12–18, So 12:30–18 € Warenwelt der ehemaligen DDR in einer echten alten Raumerweiterungshalle präsentiert. Daneben ab Mai 2006 Museum »Schaufenster des Ostens«

681 Ostkost B9
Lychener Str. 54 (Prenzl. Berg) U Eberswalder Str. ☎ 0171 - 491 99 17 🕒Mo–Fr 7–20:30, Sa 7–18 ▶Verkauft werden Ostprodukte von Firmen, die das Ende der DDR überlebt haben, wie Halloren Kugeln, Kathi-Backmischungen und die beliebte Nudossi. Ferner gibt es Ostschrippen und Fleisch und Biogemüse aus dem Umland Berlins. *www.ostkost.de*

682 Rossija F1
Im S–Bhf. (Charlbg.) S Charlottenburg 🕒24h ▶Krim–Sekt, frischen Fisch und fette Sahne rund um die Uhr. ✍

683 Stolitschniy D12
Landsberger Allee 116 (Fennpfuhl) S Landsberger Allee 🕒Mo–Fr 9–19, Sa 9–15 ▶In der früheren DDR–Einkaufshalle residiert einer der größten russischen Supermärkte Berlins. Der kasachische Geschäftsmann Rinat Koltmann fährt mehrmals im Jahr zum Einkauf in die Heimat, wo er auch neue Produkte probiert. Neben über hundert Sorten Konfekt gibt es Pelmeni, Sauerkonserven, eingelegten Dorsch aber auch lebende Störe, Welse und Karpfen und eine Fleischerei. Die günstigen Preise locken viele Menschen der Umgebung an. ✍

684 Tanja - Russische Spezialitäten D8-9
Torstr. 59 (Prenzl. Berg) U Rosenthaler Platz ☎ 473 78 089 🕒Mo–Fr 9–20, Sa 10–20 ▶Schöner Spezialitätenladen, führt auch Videos.

Alpen/Bayern

685 Satis Genußmittel-Vertriebs-GbR C8
Torstr. 101 (Mitte) U Rosenthaler Platz ☎ 440 43 436 🕒Mo–Fr 10–19, Sa 10–15 ▶Bei dem riesigen Käseangebot aus den Alpen macht sich der Direktimport auch preislich bemerkbar.

686 Weiß Blau - Das bayerische Schmankerlparadies Messekarte b
Danckelmannstr. 24 (Charlottenburg) U Sophie-Charlotte-Platz ☎ 36 41 01 63 🕒Mo–Fr 10–19, Sa 9–14 € Weißwürste mit Brezn 3€, 0,5l Bier 1,50€ ▶Boris Priebe verkauft nur die feinsten Delikatessen aus seiner Heimat und Waren von Produzenten, die ihm selbst bekannt sind. Im Angebot hat er erlesene Biere, beste

Weine, Brände, Rohmilchkäse und Hausmacherwurst. Alles zu verträglichen Preisen. Auch eine zünftige Brotzeit kann man bei ihm einnehmen. ✍ ★★★
www.weiß-blau-berlin.de

Balkan

687 Balkanladen – Bozinovski & Söhne Übersicht g8
Karl-Marx-Str. 194 (Neukölln) U Karl-Marx-Str. ☎ 68 89 31 45 ⌚Mo–Fr 9–20, Sa 9–16 ▶Weine, Spirituosen, Liköre, Käse, Wurst und Süßigkeiten, alles vom Balkan. Musik natürlich auch. Nach Lust und Laune gibt es balkanische Eintöpfe. ✍

688 Delikat – Balkanspezialitäten Übersicht g8
Karl-Marx-Str. 208 (Neukölln) SU Neukölln ☎ 68 08 76 53 ⌚ Mo–Fr 10–19, Sa 10–15 ▶In dem schönen Laden gibt es eine große Auswahl an Weinen, Paprikaspezialitäten und geräucherte Fleisch- und Wurstwaren. Besondere Spezialität: geräucherte Schweinefüße. Auch Balkanmusik. ✍

Frankreich

689 Barcello's – salon sucré G11
Görlitzer Str. 32a (Kreuzberg) U Görlitzer Bahnhof ☎ 612 27 13 ⌚Mi–So 10–18 (im Winter auch mal für ein paar Wochen geschlossen, besser vorher anrufen) ▶Einer der beiden besten uns bekannten Konditoren in Berlin (der andere ist Meister Rabin, Nr. 715)! Man reist aus Zehlendorf an, weil es sowas dort nicht gibt. Zitronentarte mit perfektem Baiser, süß oder herzhaft gefüllte Hörnchen, Lothringer Lauchtorte – von einer Qualität wie in Straßburg. Nicht preiswert aber eine »Reise« wert. Wenige Sitzgelegenheiten innen, WC, im Sommer einige Tische draußen. ✍ ★★★

690 Der Franzose Übersicht g6
Cranachstr. 60 (Schöneberg) S Friedenau ☎ 855 51 95 ⌚Mo–Fr 6–18:30, Sa 6–15, So 8–11 ▶Ganz phantastischer französischer Bäcker, die leckersten »Flutes« in Berlin und dazu sehr preiswert. Sogar das Vollkornbrot ist besser als im Bioladen. ✍ ★★★

England, Schottland, Wales

691 Broken English F1
Leonhardstr. 23 (Charlottenburg) ☎ 28 59 93 07 ⌚Mo–Fr 11–18:30, Sa 11–16 ▶Geschenkartikel und Lebensmittel nicht nur aus Schottland, sondern auch aus Wales und England. Hier gibt es Shortbread, Oatcakes, Scones und Clotted Cream. ✍

692 Broken English H9
Körtestr. 10 (Kreuzberg) ⌚Mo–Fr 11–18:30, Sa 11–16 ▶s.o. ✍

Polen

693 Barbara's D3
Beusselstr. 81 (Moabit) ⌚ 9–18:30, Sommer–20, Sa 9–16 ▶Hier gibt es jeden Tag frisches Brot aus Polen, Piroggen, polnische Milchprodukte, Wurst von besten polnischen Herstellern, polnischen Alkohol und jeden Tag selbstgebackene Brötchen. Auch noch echte Salzgurken, die im Sommer besonders köstlich sein sollen und selbstgemachtes Sauerkraut. Dazu eine ausgesprochen reizende Beratung. ✍ ★★★

694 Krakauer Übersicht g8
Hermannstr. 127 (Neukölln) ☎ 62 60 99 10 ⌚Di 11–18, Mi–Fr 9–18, Sa 9–14 ▶Polnische Wurstspezialitäten und alles an polnischen Lebensmitteln, was das Herz begehrt. ✍

Jüdisch/Koscher

695 Kolbo D7
Auguststr. 77/78 (Mitte) S Oranienburger Str. ☎ 281 31 35 ⌚Mo–Do 15–17, Fr 11–14 (?) ▶Das koschere Lebensmittelgeschäft verkauft auch Fertiggerichte aus der Küche des Beth Café.

696 Koscher Deli F2
Goethestr. 61 (Charlottenburg) U Wilmersdorfer Str. ☎ 315 09 243 ⌚Mo–Do 9:30–17, Fr 9:30–13:30 ▶Der Deli schlachtet zweimal im Monat, um auch frisches Fleisch anbieten zu können.

697 Schalom G2
Sybelstr. 10 (Charlottenburg) U Adenauerplatz ☎ 312 11 31 ▶Der 1967 ge-

gründete Laden ist das älteste koschere Geschäft in Berlin.

Kuba

698 tienda cubana – salon malecón C8
Elisabethkirchstr. 3 (Mitte) U Rosenthaler Platz, S Nordbahnhof ☎ 81 49 23 00 Di–Fr 12–19:30, Sa 10–18, Mo Ruhetag ▶Axel Ollk, der lange auf Kuba gelebt hat, importiert Zigarren, Rum und kubanische Lebensmittel, die er auch im Internet vertreibt. Darüber hinaus hat er aber in seinem Geschäft auch ein kleines kubanisches Kulturzentrum geschaffen. Man kann hier nicht nur Spezialitäten probieren oder Zigarren und Rumseminare besuchen sondern auch Lesungen und Filme. Sein selbstausgebautes Lokal mit echten alten Reklametafeln hat eine ganz besondere Atmosphäre. ✍ ★★★ *www.tiendacubana.de*

Bäckereien

Es gibt sie noch, die Ostschrippe. Als eines der wenigen DDR-Relikte entzweit die Qualität der Ostschrippe bis heute ganze Bürogemeinschaften, dabei haben viele Westler sie noch nie probiert. Sie ist gehaltvoller und weniger fluffig als die Westschrippe, macht auch länger satt. Am nächsten Tag ist sie recyclebar. Im besten Falle ist sie noch solide Handarbeit, und damit auch näher an der Urschrippe. Allerdings gibt es auch im Westen noch wirkliche Bäckereien, deren Produkte sich auch geschmacklich von den industriellen Einheitsprodukten unterscheiden. Leider ist die Zahl der Bäckerei-Betriebe in Berlin von 1000 (im Jahr 2000) auf erschreckende 225 (2005) gesunken.

699 Bäckerei Hacker B9
Stargarder Str. 69 (Prenzl. Berg) SU Schönhauser Allee ☎ 445 51 73 ▶Familie Hacker backt noch selbst. Neben der berühmten Ostschrippe gibt es hier noch das gesamte DDR Gebäcksortiment. Schön anzusehen ist nicht nur der Werbespruch: »Hacki unser Bäcker, bei dem schmeckts immer lecker«, sondern auch die perfekt erhaltene Resopal-Einrichtung.

700 Abbas al Manar D3
Huttenstr. 71 (Moabit) U Turmstr. – Bus 101 ☎ 343 47 770 Mo–Sa 10–20 ▶Orientalische Backwaren in einem Laden wie aus 1001 Nacht. Berge duftenden Gebäcks machen eine Entscheidung nahezu unmöglich. ✍

701 Abbas al Manar H10
Sonnenallee 45 (Neulölln) ☎ 629 89 920 Mo–Sa 10–20 ▶s.o. ✍

702 Bäckerei Gallander Übersicht g9
Baumschulenstraße 70 (Baumschulenweg) S Baumschulenweg ☎ 53 28 748 Mo–Fr 6–18, Sa–Fr 6–13, So–Fr 7:30–11 ▶Eine der wenigen Bäckereien Berlins, die ihre Waren noch komplett selbst bäckt. Eine schmackhafte Abwechslung zur üblichen aufgebackenen Industrieware, noch dazu preiswerter als die meisten »Backshops«. ✍

703 Bäckerei Mälzer Übersicht g6
Ahornstr. 16a (Steglitz) U Schloßstraße ☎ 792 32 30 Mo–Fr 6:30–18, Sa 6:30–13, So 8–13 ▶Die erste rheinländische Bäckerei Berlins hat Schwarzbrot als Spezialität. Sehenswert ist auch die schöne alte Ladeneinrichtung. Mittlerweile 9 Filialen. *www.baeckerei-maelzer.de*

704 Bäckerei-Konditorei Sofian J10
Karl-Marx-Str. 40 (Neukölln) U Hermannplatz ☎ 0176-265 66 058 Mo–Fr 8–19, Sa 8–14 ▶Täglich frisches, schmackhaftes Gebäck sowie beste Konditorwaren aus Zielona Góra. Auch Kaffeeausschank. Hier schmeckt alles wie in der Kindheit. ✍

705 Bäckerei Thinius B9
Eberswalder Str. 27 (Prenzl. Berg) U Eberswalder Str. ☎ 449 53 53 Mo–Fr 6:30–18, Sa 6:30–12:30 ▶Unbedingt besuchenswert. Thinius backt noch selbst, auf Bestellung auch wundervolle Hochzeitstorten. Auch das DDR-Gebäcksortiment ist sehenswert und sehr köstlich. ★★★

706 Bäckerei Thinius B9
Danziger Str. 63 (Prenzl. Berg) U Eberswalder Str. ☎ 442 23 52 Mo–Fr 7–18, Sa 7–13:30 ▶Filiale der obigen Bäckerei.

707 Bäckerei u. Konditorei Brendel G7
Großbeerenstr. 16 (Kreuzberg) U Möckern-

brücke ☎ 216 91 55 ⌚ Mo–Fr 6–18, Sa 7–13, So 9–12 (Kuchenverkauf) ▶ Bei Brendel wird noch richtig gebacken, z.B. Liebesknochen.

708 Bäckerei Uwe Regenberg D11
Petersburger Str. 37 (Friedrichshain) U Frankfurter Tor ☎ 426 51 60 ⌚ Mo–Sa 6–18 ▶ Auch hier gibt es noch die Ostschrippe.

709 Bäckerei Waltraut Balzer D8
Sophienstr. 30/31 (Mitte) U Weinmeisterstr. ☎ 282 65 37 ⌚ Mo–Fr 6–18, Sa 6–12 ▶ Auch hier wird noch alles selbst gebacken.

710 Bäckerei Wolfgang Bork B9-10
Raumerstr. 26 (Prenzl. Berg) S Prenzlauer Allee ☎ 0171 162 74 98 ▶ Wunderbare Bäckerei, Bork backt selbst. Motto: »Von der Hochzeitstorte bis zum Leuchtturm, alles ist machbar«.

711 Second Back B9
Raumerstr. 38 (Prenzl. Berg) U Eberswalder Str. ☎ 0179 361 67 50 ⌚ Mo–Fr 7–19, Sa 9–16 ▶ Vesta Heyn fährt jeden Morgen verschiedene Bäckereien an und sammelt das Brot vom Vortag, das sie dann zur Hälfte des Preises anbietet.

Torten

Im folgenden ein paar Konditoreien, deren Besuch sich lohnt. Lieber weniger Kuchen essen, aber dafür guten.

712 Albrechts Patisserie C9
Rykestr 39 (Prenzlauer Berg) 🚋 M2 ☎ 44 01 72 73 ⌚ tgl. 11–18 € Törtchen 2,60€, 17:30–18 Uhr 2 fur 1 ▶ Noch ein Kandidat für die beste Patisserie Berlins, zumindest behaupten das die Zittymitarbeiter (9/2006). Die Törtchen sind wirklich hervorragend, aber die besten?

713 Albrechts Patisserie G3
Fasanenstr. 29 (Charlottenburg) U Uhlandstraße ☎ 88 72 93 83 ⌚ tgl. 11–18 € ▶ s.o.

☛ **Café Berio 595**

714 Café Konditorei Buchwald D4
Bartningallee 29 (Tiergarten Süd) S Bellevue ☎ 391 59 31 ⌚ Mo–Sa 9–18, So+Feiert. 10–18 ▶ Herrlich altmodisches Café mit Spreeblick. Spezialität ist der in ganz Berlin bekannte Baumkuchen.

☛ **Barcello's - salon sucré 689**

715 Konditorei-Confiserie Klaus Rabin Übersicht g6
Klingsorstr. 13 (Steglitz) SU Rathaus Steglitz, dann 🚌 M85, 285 Neue Filandastr. ☎ 791 65 95 ⌚ Mo–Fr 9–18, Sa 9–14, So 13–16 ▶ Konditor Rabin kommt ganz ohne künstliche Aromastoffe aus. Phantastische Torten; Schwarzwälder Kirsch 1,65 EUR – sensationell ! Ehemaliger Potsdamer Hofkonditor, seit 1878. ★★★

716 Konditorei Fester Übers. e4
Markt 4 (Spandau) ☎ 333 58 72 ⌚ Mo–Fr 8–18:30, Sa –18, So 13–18 € Schwarzwälder Kirschtorte Stück 2,10€ ▶ Richtig schöne altmodische Konditorei mit Café. Alle nur denkbaren Kuchen und Torten. Bedient wird man von strammen Blondinen mit Frisur. ✍

Supermärkte

Im folgenden nur eine kleine Auswahl von günstigen Supermärkten mit extrem großem Angebot.

717 Ullrich Getränkemarkt E1
Wilmersdorfer Str. 25 (Charlottenburg) U Bismarckstr. ☎ 340 00 840 ⌚ Mo–Fr 9–20, Sa 8–20.

718 Ullrich E1
Wilmersdorfer Str. 26-28 (Charlottenburg) U Bismarckstr. ☎ 340 00 8 50/-60 ⌚ Mo–Do 9–20, Fr 8–20, Sa 8–20 ▶ Die Ullrich-Märkte haben eine breite Angebotspalette, v.a. hochwertige Alkoholika, meist billiger als anderswo.

719 Ullrich E-F7
Mohrenstr. 69 (Mitte) U Mohrenstr. ☎ 22 668 00 ⌚ Mo-Fr 8-20, Sa 7:30-16:00.

☛ **Ullrich am Bhf. Zoo 747**

720 Wal-Mart Übersicht g8
Karl-Marx-Str. 231-235 (Neukölln) SU Neukölln ☎ 682 816 ⌚ Mo–Sa 7–20 ▶ Amerikanischer Giga-Markt.

Lebensmittel Fabrikverkauf

721 Bahlsen Fabrikverkauf Übersicht g7-g8
Oberlandstr. 52-63 (Tempelhof) 🚌 M46,

170 ☎ 755 18 732 ⌚Mo–Fr 9–18, Sa 9–14 ▶Das ganze Bahlsensortiment Bruch oder 2. Wahl deutlich verbilligt. Man kann bis zu 40% sparen.

722 Bahlsen Fabrikverkauf Übersicht g8
Coppistr. 11 (Lichtenberg) U Magdalenenstr. ☎ 551 53 030 ⌚Mo–Fr 9–18, Sa 9–13 ▶s.o.

723 Buchholzer Kelterei Breitbarth Übersicht c8–d8
Triftstr 2-8 (Pankow) S Blankenburg ☎ 486 21 835 ⌚Mo–Fr 8–16, Mi 8–18:30, Sa 8–13 ▶Obstsäfte zu sehr günstigen Preisen, z.B. Apfelsaft 85 Cent pro Liter. Im Angebot sind 34 traditionelle Säfte. Übrigens hat diese Kelterei kürzlich im Tagesspiegel-Test am besten abgeschnitten.

724 L I E Konsserven, Udo Noack Übersicht g8
Brusendorfer Str. 11 (Neukölln) S Sonnenallee ☎ 684 17 25 ⌚Mo–Fr 7–13 ▶Die 400ml Dosen werden nur im Karton abgegeben. Dosenkonserven der berühmten chinesischen Suppen, ab 400ml.

725 Stollwerk Übersicht j7
Motzener Str. 32 / Sperenberg Str. (Tempelhof) S Schichauweg ☎ 720 18 290 ⌚Werksverkauf: Mo–Fr 9:30–17:30 ▶Unterschiedliche Sonderangebote aus der Stollwerk-Palette. Sarotti, Sprengel, Lindt z.T. aber auch normale Preise.

Süßwaren vgl. Lebensmittel Fabrikverk.

726 Bonbonmacherei D7
Oranienburgerstr. 32, Heckmann Höfe (Mitte) S Oranienburgerstr. ☎ 440 55 243 ⌚Mi–Sa 12–20, Vorführungen Sa 14, 16, 18 Uhr, unter der Woche Termin vereinbaren ▶Ein Laden der wie Kindheit riecht, hier werden Bonbons noch selbst hergestellt. Man kann auch ungewöhnliche Geschmacksrichtungen erwerben oder bei der Herstellung zusehen. ✍

727 Erich Hamann Bittere Schokoladen G2 ⚐
Brandenburgische Str. 17 (Wilmersdorf) U Konztanzer Str. ☎ 873 20 85 ⌚Mo–Fr 9–18, Sa 9–13 ▶Im Schoko-Lädchen direkt neben der Schokoladenfabrik Hamann gibt es die Schokolade zum Vorzugspreis, aber auch Packungen mit Bruch. Der Laden ist auch wegen seiner Einrichtung aus den 20er Jahren im Stil der Neuen Sachlichkeit sehenswert. Zudem liegt Hamann mit seinen hohen Kakaoanteilen gerade wieder voll im Trend. ★★★

728 Hofer Schokoladen Übersicht g6
Rheinstr. 56 (Friedenau) U Friedrich-Wilhelm-Platz, 🚌 M48 ☎ 859 99 174 ⌚Mo–Fr 9:15–18:30, Sa 9:15–14 ▶In den Hofer Schokoläden gibt es immer einige Sonderangebote qualitativ hochwertiger Schokoladen, u.a. auch der Firma Rausch.

729 Hofer Schokoladen G1
Kurfürstendamm 146/147 (Wilmersdorf) U Adenauerplatz ☎ 892 66 68 ⌚Mo–Fr 9–18, Sa 9–19 ▶s.o. ✍

730 Hofer Schokoladen Übersicht e4
Breite Str. 36 (Spandau) U Altstadt Spandau☎ 35 30 30 45 ⌚Mo–Fr 9:30–19, Sa 9–16 ▶s.o. ✍

731 Rausch Schokoladen Übersicht g7
Wolframstr. 95-96 (Tempelhof) U Ullsteinstraße ☎ 757 88 22 ⌚Mo–Fr 10–18, Sa 10–14 ▶Das Geschäft ist kein Fabrikverkauf mehr, die Fabrik hat geschlossen und produziert wird nur noch in Peine. Der Laden und die günstigen Preise wurden aber beibehalten.
www.rausch-schokolade.de

732 Wald-Marzipan F1 ⚐
Pestalozzistr. 54a (Charlottenburg) S Charlottenburg ☎ 323 82 54 ⌚Mo–Fr 11–18, Sa 10–14 ▶ In diesem wunderschön altmodischen Laden kann man nach original Königsberger Rezept hergestellten Marzipan kaufen. ✍ ★★★

Fleisch und Wurst (und 1x Käse)

Fleisch gehört auch zu den Sachen, von denen man besser weniger, dafür aber gut ißt; und am besten natürlich aus artgerechter Haltung. Unter der Adresse »www.neuland-fleisch.de« kann am im Internet Neuland-Fleischereien auffinden. Erfragen kann man diese auch beim Neuland-Büro Berlin: Potsdamer Str. 68, Di–Do 9–17, Tel. 25 79 97 84.

733 Alfred Bredel – Roßschlächterei Übersicht e4

Feldstr. 32 (Spandau) 137, 337 ab SU Rathaus Spandau bis Halt Askanierring ☎ 333 28 71 Di–Do 8–13+15–18, Fr 8–18, Sa 8–13 ▶Ganz wunderbarer und ursprünglicher Laden. Für Kenner ist Pferdefleisch eine Delikatesse. ★★★
www.rosschlaechterei-bredel.de

Fleischer Hoffmann 404

734 Fleischerei Günter Bauer Übersicht g8

Juliusstr. 18 (Neukölln) U Grenzallee ☎ 625 20 82 Mo–Fr 8–14 ▶Im kleinen Hofladen werden im Direktvertrieb bayrische Spezialitäten verkauft.
www.fleischbauer.de

735 Fleischwaren Gleich Übersicht f8

Karl-Marx-Platz 9-11 (Neukölln) U Karl-Marx-Str. ☎ 687 20 04 Mo–Fr 8–18, Sa 8–13 ▶Karnivorenparadies. Fleischermeister Marcus Benser, mehrfacher Träger des Europäischen Blutwurstpreises, bereitet nicht nur seine Wurst nach alten Rezepten aus den 30er Jahren, er ist auch ein phantastischer Berater bei nicht eben gängigen Zubereitungen. Die sensationelle Fleischrei ohne Allüren unterscheidet sich auch preislich und durch die netten Fachverkäuferinnen wohltuend von einigen Juwelier-Fleischereien. ★★★

736 Käsetheke Potsdamer-Platz-Arkaden Untergeschoß F6

Potsdamer Str. 7 (Tiergarten) SU Potsdamer Platz ☎ 255 92 70 ▶Gute Auswahl und preisgünstig, sowie eine nette Bedienung. Der alte Holländer ist sensationell

737 Recke auf dem Großmarkt C3

Beusselstr. 44 (Moabit) S Beusselstraße ☎ 395 70 63 und 395 20 73 Mo–Fr 3–14, Sa 8–11 ▶Großpackungen sehr preisgünstig, auch nach Kilogramm.

Kräuter

738 Kräuter Kühne H10

Kottbusser Damm 33 (Kreuzberg) ☎ 69 40 91 74 8:45–13+14–18, Sa 8:45–14 ▶Schon in den 50er Jahren setzte sich der Firmengründer und heutige Inhaber das Ziel, seiner Kundschaft Heilkräuter aus aller Welt zu volkstümlichen Preisen anzubieten. Gewürze, Heilkräuter und Naturkosmetik, günstig und völlig unprätentiös. Es gibt zig Filialen in Berlin, am besten im Internet nachsehen. ★★★
www.kraeuter-kuehne.de

Einkaufen außerhalb der üblichen Öffnungszeiten

Nachts, Sonntags, Feiertags

739 Bäckerei Melek Pastanesi G9

Oranienstr. 28 / Adalbertstr. (Kreuzberg) U Kottbusser Tor ☎ 612 01 958 durchgehend ▶Der beste türkische Bäcker der Stadt ist Tag und Nacht für seine Kunden da.

740 Bäckerei Salut G11

Schlesische Str. 1 (Kreuzberg) U Schlesisches Tor ☎ 618 24 05 durchgehend ▶Die ganze Woche lang Tag und Nacht versüßt die Bäckerei ihren Kunden die Nächte.

Berlin Story (Buchhandlung) **000**

741 EDEKA Bhf. Friedrichstr. E7

Im Hf. Friedrichstraße (Mitte) SU Friedrichstr. tgl. 8–22 ▶Normales großes Sortiment, Gemüse frisch, nicht billig.

742 Kaisers im Hbf. D6

Im Hauptbahnhof (Mitte) SU Hauptbahnhof/Lehrter Bhf. Mo–Sa 6–23, So 8–23 ▶Leicht eingeschränktes Vollsortiment inkl. Frischfleich und Gemüse. (*www.hbf-berlin.de)*

743 Kulturkaufhaus Dussmann E7

Friedrichstr. 90 (Mitte) SU Friedrichstraße ☎ 202 52 400 Mo–Sa 10–22 ▶Auch bis Samstag 22 Uhr noch vergessene Geschenke einkaufen. Bücher, CDs (sehr großes Klassik-Sortiment) und Videos.

744 Lidl im U-Bhf. Übersicht g6

Im U-Bahnhof Innsbrucker Platz (Schöneberg) SU Innsbrucker Platz Mo–So 8–22 ▶Auch sonntags und spät zu normalen Lidl-Preisen einkaufen. Nie mehr am Wochenende zur Tankstelle!

745 Lidl im Ostbhf. F10
Im Ostbahnhof (Friedrichshain) S Ostbahnhof Mo–So 8–22 ▶s.o.

746 Minimal im Ostbhf. F10
Im Ostbahnhof (Friedrichshain) S Ostbahnhof ☎ 293 65 952 Mo–So 7–22 ▶Auch hier ganz normale Minimal-Preise, auch Sonn- und Feiertags. *www.rewe.de*

Rossija 000

747 Ullrich am Bhf. Zoo F3
Kantstr. 7 (Charlottenburg) SU Zoolg. Garten ☎ 340 00 855 Mo–So 11–22 ▶Auch die Versorgung mit Marken-Alkoholika muß nicht am Wochenende scheitern.

748 Volcksladen F12
Gabriel-Max-Str.18 (Friedrichshain) SU Warschauer Str. ☎ 290 04 604 Mo–Fr ab 7, Sa+So ab 8 ▶Artikel des tgl. Bedarfs, Bioprodukte und Backwaren. Mittags gibt es eine Suppe für 2,50 und sonntags selbstgemachten Kuchen.

749 Wohltat'sche Buchhandlung F3-F4
Budapester Str. 44 (Charlottenburg) SU Zoolg. Garten ☎ 262 36 36 Mo–Sa 10–22, So 10–18 ▶Im modernen Antiquariat finden sich zahlreiche Angebote, für alle, die am Wochenende plötzlich die Leselust übermannt. Auch CDs, DVDs und Videos. *www.wohltat.de*

Markthallen

Die Markthallen sind begehbare Beispiele wilhelminischer Zweckbauten und deshalb nicht nur zum Einkaufen interessant. Alle vom Stadtbaumeister Herrmann Blankenstein errichtet, traten sie in der 2.Hälfte des 19. Jahrhunderts als Zeichen wilhelminischen Ordnungswillens an die Stelle der zahlreichen mobilen Wochenmärkte. Sie sollten die Versorgung der Bevölkerung sichern und waren so eine Art frühe Supermärkte. Nur wenige überlebten allerdings die beiden Weltkriege. Die Arminiushalle ist die urtümlichste und skurriliste.

750 Arminiushalle D4
Bremer Str. 9 (Moabit) U Turmstraße Mo–Do 7:30–18:30, Fr 7:30–19, Sa 7–14 ▶1891 erbaut und sehr sehenswert.
↗ **Hallen-Imbiß** am Haupteingang (Hier wurde »3 Damen vom Grill" gedreht).

751 Eisenbahnhalle G10
Eisenbahnstr. 42 (Kreuzberg) U Görlitzer Bahnhof Mo–Fr 7:30–19, Sa 7:30–14 ▶1891 erbaut.

752 Marheinekehalle H7-8
Marheinekeplatz 14 (Kreuzberg) U Gneisenaustr. Mo–Fr 7:30–19, Sa 7:30–14 ▶Neubau von 1951 an alter Stelle und in altem Stil.

Wochenmärkte

753 Am Rathaus Wedding B5
Genter / Ecke Ostender Str. (Wedding) U Leopoldplatz ☎ 369 11 36 Mi+Sa 11–14 ▶Türkische und arabische Händler sowie Biobauern aus dem Umland.

754 Boxhagener Platz F12
Boxhagener Platz (Friedrichshain) U Samariterstr. Do 12–18 ▶Bunte Mischung und gute Preise.
↗ Trödelmarkt So 9–16 Schöner großer Trödelmarkt, sehr gemischtes Angebot vom Szeneschnickschnack bis zu guten Angeboten.

755 Crellestraße H6
Crellestraße / Ecke Großgörschenstr. (Schöneberg) SU Yorckstr./Großgörschenstr. Mi+Sa 10–15 ▶Große Mengen preiswerten Gemüses, hauptsächlich türkische Händler.

756 Karl-Marx-Platz Übersicht f8
Karl-Marx-Platz (Neukölln) U Karl-Marx-Str. ☎ 781 58 44 Do+Sa 8–13 ▶Von türkischen Händlern geprägt und somit günstiges Obst und Gemüse, Schafskäse und Eingelegtes.

757 Türkenmarkt Maybachufer G9
Maybachufer (Neukölln) U Schönleinstr. Di +Fr 12–18:30 ▶Ziemlich billig, nicht zuviel kaufen!

758 Winterfeldtmarkt G5
Winterfeldtplatz (Schöneberg) U Nollendorfplatz Mi+Sa 8–14 ▶Nicht gerade billig, hat aber Tradition und ist schön zu gucken. Am besten kurz vor Schluß, wegen der Sonderangebote.

Kleidung

759 Bons Amis - Asiatische Bekleidung F4
Kurfürstenstr. 109 (Schöneberg) U Wittenbergplatz ☎ 789 55 470 ▶Z.T. sehr schöne, elegante Seidenjacken und Blusen zu moderaten Preisen sowie üppige Abendkleider. ✍

760 Moti Mahal - Indian Store G5
Potsdamer Str. 98 (Tiergarten) U Kurfürstenstraße ☎ 269 49 650 ▶Bezeichnet sich selbst als den größten Bollywood-Laden in Berlin und ist tatsächlich ziemlich groß. Damen-, Herrn- und Kinderkleidung gehören zum Sortiment wie auch Filme, Poster, Bücher, CDs und Schmuck. Am schönsten sind die Turbane. ✍

Secondhand Kleidung

761 Anastati-Luxus2nd Hand D7
Reinhardstr. 3 (Mitte) SU Friedrichstr. ☎ 240 885 88 Mo–Fr 11–19:30, Sa 11–16 ▶Gebrauchte Luxusmarken zu sehr niedrigen Preisen. ✍
www.luxus-2nd-hand.de

762 cache coeur berlin C9
Schönhauser Allee 174 (Prenzlauer Berg) U Senefelder Platz ☎ 44 35 49 62 Di–Fr 14–20, Sa 12–18 € 18–400€ ▶Vintage Mode in sehr gut erhaltenem Zustand, teilweise ungetragen mit Schwerpunkt auf den 50er und 60er Jahren. Die Sachen sind nicht billig, aber, Einzigartigkeit und Erhaltungsgrad berücksichtigt, preislich korrekt. ✍

763 Colours Kleidermarkt H7
Bergmannstr. 102 (Kreuzberg) U Mehringdamm ☎ 694 33 48 Mo–Fr 11–19, Sa 11–18 ▶Riesiger Laden, moderate Preise und meist im Trend.
www.kleidermarkt.de

764 DRK Kilo-Shop Übersicht d7
Prinzenallee 48 (Wedding) U Osloer Str. ☎ 466 04 056 Mo–Fr 10–18.

765 DRK Kilo-Shop Übersicht g6
Schmiljanstr. 19/20 (Friedenau) U Friedrich-Wilhelm-Platz ☎ 85 10 24 99 Mo–Fr 10–18, Sa 10–13 ▶Zwischen viel Unsäglichem findet man immer wieder gute Sachen.

766 Die Rose B9
Schönhauser Allee 57 (Prenzl. Berg) U Eberswalder Str. ☎ 955 50 025, 0170-80 36 195 Mo–Fr 11–19, Sa 11–16. ▶Der ehemalige DRK-Laden ist jetzt in privater Hand. Man findet eine große Auswahl an Abendkleidern und Mode der 50er–80er Jahre.

767 Firlefanz H4
Eisenacher Str. 75 (Schöneberg) U Eisenacher Str. ☎ 781 74 75 Mo–Fr 14:30–18:30, Sa 11–15 ▶Art Deco bis Sixties. Edel und geschmackvoll zu vernünftigen Preisen: Kleidung, Haushaltsgegenstände, Kleinmöbel. ★★★

768 Garage G5
Ahornstr. 2 (Schöneberg) U Nollendorfplatz ☎ 211 27 60 Mo–Fr 11–19, Sa 11–18 € Kilo 13,99€ ▶Neben totalem Müll finden sich in dem riesigen Laden Okkasionen, v.a. riesige Auswahl.
www.kleidermarkt.de

769 Glencheck G1
Joachim-Friedrich-Str. 34 (Wilmersdorf) S Charlottenbg. (☎ 89 12 199 ?) Freitags am wahrscheinlichsten geöffnet. ▶Bekleidung und Accessoires von ca. 1900 bis 1950. Seltene und ausgefallene Stücke. Kompetente Beratung in Sachen historischer Kleidung. ✍
www.glencheck.de (nicht immer aktuell)

770 Heimzucht B9
Danziger Str. 10 (Prenzl. Berg) U Eberswalder Str. Mo–Fr 11–19:30 ▶Anziehsachen der 30er bis 80er.

771 Lindt H8-9
Körtestr. 16 (Kreuzberg) U Südstern ☎ 691 79 10 Mo–Fr 11–19, Sa 11:30–16:00 ▶Ausgewählte Secondhand-Mode, im Moment viel Sixties.

772 Madano-Second Hand E-F12
Grünberger Str. 63 (Friedrichshain) U Frankfurter Tor ☎ 297 70 778 Mo–Fr 12–20, Sa 11–19 ▶Kleiner, netter Laden.

773 Made in Berlin G5
Potsdamer Str. 105 (Tiergarten Süd) U Kurfürstenstr. ☎ 262 24 31 Mo–Fr 10:30–19, Sa 11–18 ▶Große Auswahl, z.T. auch neue Sachen. $400m^2$ heller schöner Laden ohne Secondhand-Muff.
www.kleidermarkt.de

774 Made in Berlin D8
Neue Schönhauser Str. 19 (Mitte) U Weinmeisterstr. ☎ 212 30 601 Mo–Fr 12–20, Sa 11–18 ▶Die übliche Kleidermarkt-Mischung von neu und Secondhand zu fairen Preisen. Für die Gegend sensationell billig. *www.kleidermarkt.de*

775 Mimi - Textile Antiquitäten H5
Goltzstr. 5 (Schöneberg) ☎ 23 63 84 38 Mo–Fr 12–19, Sa 11–16 ▶Ankauf, Verkauf&Verleih antiker Textilien, Bekleidung und Accessoires 1850–1950. Es gibt auch ein Kostümatelier mit Maßschneiderei. Man fühlt sich regelrecht in eine andere Welt versetzt, so liebevoll und freundlich ist der Laden gestaltet. Die unglaublich schönen alten Kleider sind zwar nicht zum Flohmarktpreis zu haben, wenn man aber bedenkt, was ein beliebiges Fähnchen bei H&M kostet, ihren Preis auf jeden Fall wert. ✍

776 Modeinstitut Berlin E12
Samariterstr. 8 (Friedrichshain) U Samariterstr. ☎ 420 19 088 Mo–Fr 12–19, Sa 11–16 ▶Kleidung, alte Hüte u. Accessoires.

777 Mode und Sparen F2
Kantstr. 117 (Charlottenburg) U Wilmersdorfer Str. ☎ 345 08 477 Mo–Sa 11–19 ▶Im freundlichen Secondhand-Laden findet sich gebrauchte Marken- und Designerkleidung, meist nicht älter als 2 Jahre. ✍

778 Oxfam G1
Kurfürstendamm 146 (Halensee) U Adenauerplatz ☎ 895 42 267 Mo–Fr 10–19, Sa 10–15 ▶Oxfam ist eine weltweite Organisation zur Katastrophenhilfe. Hier kann man Sachen spenden oder erwerben. Der Erlös geht dann an Projekte für eine bessere Welt. Das Sortiment ist etwas betulich und modisch nicht immer ganz auf der Höhe, dennoch findet man immer wieder gute Sachen. Auch Bücher und Haushaltswaren.

779 Oxfam A9
Schönhauser Allee 118a (Prenzl. Berg) SU Schönhauser Allee ☎ 417 25 474 Mo–Fr 10–19, Sa 10–14 ▶s.o.

780 Oxfam Übersicht e4
Carl-Schurz-Str. 53 (Spandau) U Altstadt-Spandau ☎ 367 57 245 Mo–Fr 9:30–18, Sa 10–14 ▶s.o.

781 Oxfam Übersicht g6
Rheinstraße 22 (Friedenau) U Walther-Schreiber-Platz ☎ 859 62 501 Mo–Fr 10–18, Sa 10–14 ▶s.o.

782 Plaste & Elaste H7
Bergmannstr. 15 (Kreuzberg) U Mehringdamm ☎ 692 47 15 Mo 10:30–20, Di–Mi 10:30–18:30, Do–Fr 10:30–20, Sa 10–18 ▶Latexmode und Grunge. Für den speziellen Geschmack kleine Preise. *www.plaste-elaste.com*

783 Rock-a-Ticki B9
Eberswalder Str. 26 (Prenzl. Berg) U Eberswalder Str. ☎ 437 39 760 Mo–Fr 12–19, Sa 12–15 ▶50er-Jahre-Laden.

784 Sgt. Peppers C8-9
Kastanienallee 91/92 (Prenzl. Berg) U Eberswalder Str. ☎ 448 11 21 Mo–Sa 11–20:00 ▶Gebrauchtmode 60er/70er und Sportjacken jüngeren Datums.

785 Spitze F2
Weimarer Str. 19 (Charlottenburg) U Wilmersdorfer Straße ☎ 313 10 68 Di–Fr 14–18:30, Sa 11–14 ▶Historische Kleidungsstücke 1860 bis 1960. Herren- und Damenbekleidung. Natürlich nicht immer billig. Wer aber z.B. schöne große Stofftaschentücher sucht und sie im Kaufhaus nicht mehr finden kann, kriegt sie hier für wenig Geld. Die Inhaber überzeugen durch Freundlichkeit und überragende Kenntnis der Kostüm- und Bekleidungsgeschichte.

786 Sterling Gold D7-8
Oranienburger Str. 32, Heckmann-Höfe (Mitte) S Oranienburger Str. ☎ 280 96 500 Mo–Fr 12–20, Sa 12–18 ▶Michael Boehnke ist spezialisiert auf Abend- und Cocktailmode der 40er-80er Jahre. Hier werden Prinzessinnenträume wahr. Die Roben sind außerordentlich gut gepflegt und daher nicht ganz billig. Wenn man aber bedenkt, was ein x-beliebiges Kleid im Kaufhaus kostet, sind diese wunderschönen Einzelstücke ihren Preis wert. Sehenswert ist auch der Laden, der im Stil eines alten Modesalons gehalten ist. *www.sterlinggold.de* ★★★

787 Traschick F12
Wühlischstr. 31 (Friedrichshain) SU Warschauer Str. ☎ 275 74 437 Mo–Fr 12–20, Sa 11–18 ▶Sehr schöner Laden. Gebrauchtmoden verschiedenster Art, neuerdings auch eine Army-Abteilung.

788 Uko G9-10
Oranienstr. 201 (Kreuzberg) U Görlitzer Bhf. ☎ 693 81 16 Mo–Fr 11–20, Sa 11–16 ▶Schicke Secondhand Frauenkleidung der letzten Saison, nicht billig.

789 Waahnsinn Berlin D8
Rosenthaler Str. 17 (Mitte) U Weinmeister Str. ☎ 282 00 29 Mo–Sa 12–20 ▶Secondhand-Kleidung und Wohngegenstände. Nicht wirklich billig, aber immer wieder Ausgefallenes.

790 »Waren ohne Mängel« Übers. g6
Ebersstr. 72 (Schöneberg) S Schöneberg ☎ 818 53 440 Mo–Fr 10–16 ▶Der gepflegte Secondhand-Laden gehört zur Pinel GmbH, die sich um die Reintegration psychisch kranker Menschen kümmert. Er führt v.a. moderne Kleidung und Kindersachen. ✍

Kurzwaren, Hüte, Stoffe, Leder

791 Dalink Übersicht e4
Wilhelmstr. 26–30 (Spandau) Bus 134, 135, 638, 639 ☎ 36 28 35 40 ▶Größte Auswahl an Nähzubehör zu günstigsten Preisen. ✍ www.dalink-textil.de

792 Espe – Knöpfe & Reißverschlüsse F2
Wilmersdorfer Str. 106 (Charlottenburg) U Wilmersdorfer Str ☎ 324 50 04 Mo–Fr 9:30–18, Sa 9:30–13 ▶Traditionelles Kurzwarengeschäft mit Beratung. Notfalls werden Reißverschlüsse auch noch repariert. Auch Großhandel. ✍

793 Fichu H5
Akazienstraße 21 (Schöneberg) U Eisenacher Str. Mo + Mi–Fr 12–18, Di 15–18, Sa 10–14 ▶Ungeheuer großes Sortiment an einzigartigen alten Stoffen, z.T. aus den 20er Jahren. Die Ballen Stapeln sich bis zur Decke.

794 Frau Tulpe C8
Veteranenstr. 19 (Mitte) U Rosenthaler Platz S Nordbahnhof ☎ 44 32 78 65 Mo–Fr 10–20, Sa 12–18 ▶Frau Tulpe verkauft Stoffe und Nähzubehör sowie auch selbstgenähte Taschen und Schürzchen. Man kann hier auch Nähkurse besuchen. ✍ *www.frautulpe.de*

795 Gina M. B9
Schönhauser Allee 72 (Prenzlauer Berg) SU Schönhauser Allee ☎ 44 67 35 88 Mo–Sa 11–20 € Hüte ab 10€ ▶Vor allem Accessoires und Schnickschnack, aber ausgesprochen preiswerte Hüte im Queen-Mum-Format. ✍

796 Kleemann Hüte A9
Schönhauser Allee 131 (Penzlauer Berg) U Eberswalder Str. ☎ 449 77 20 Mo–Fr 10–20, Sa 10–15 ▶Kleemann Hüte gibt es seit 100 Jahren. Das schöne Traditionsgeschäft, das auch die DDR überlebte, verkauft nicht nur Hüte, sondern fertigt auch an. ✍

797 Knopf Paul H7
Zossener Str. 10 (Kreuzberg) U Gneisenaustr. ☎ 692 12 12 Di+Fr 9–18, Mi+Do 14–18 ▶Knopf Paul hat vermutlich die größte Knopf-Auswahl in Berlin. Große Auswahl handwerklich wertvoller, schöner und alter Knöpfe. ✍

798 Leder Adelt Fachgeschäft für Schuhbedarf G1
Joachim-Friedrich-Str.. 41 (Wilmersdorf) U Adenauerplatz ☎ 891 33 34 Mo–Fr 9–17, Sa 9–13 ▶In dem schönen, alten, nach Leder riechenden Geschäft findet man alles, was man braucht, um Schuhe und Lederkleidung zu reparieren oder herzustellen. ✍ ★★★

799 Stoff Wohnkultur Outlet Übers. d/e7
Oudenarder Str. 16 (Wedding) U Nauener Platz oder Osloer Str. ☎ 45 80 32 45 Mo–Fr 11–19, Sa 11–16 ▶Hochwertige Heimtextilien wie Gardinen oder Polsterstoffe international bekannter Hersteller aus Produktionsüberhängen oder mit kleinen Fehlern. Bis zu 70% kann man sparen. ✍

Reparieren

Diese neue Kategorie ist uns sehr wichtig, denn das Reparieren oder Herstellen von schönen Dingen gehört zu den vielfältigen Freuden eines recyclingfreudigen Daseins. Wenn man schöne, alte Dinge mag, steht man irgendwann immer vor der Frage, wohin sich wenden...? Im folgenden ein paar Adressen:

800 Chemische Reinigung Alexander Pretzer G1
Paulsborner Straße 90 (Wilmersdorf) U Adenauerplatz ☎ 892 28 99 Mo–Fr 8–18 ▶Hier werden nicht nur fast alle Flecken erfolgreich entfernt, sondern auch die betroffenen Textilien äußerst schonend behandelt. Die Reinigung ist sogar überregional bekannt. Sakko 11€, Hose 5€, Kleid ab 10€.

801 Grammophonia Berlin H9
Grimmstr. 21 (Kreuzberg) ☎ 0178/68 33 415 oder 75 51 26 92 Mo+Fr 13–17, Di, Mi, Do 13–20 ▶Digitale Restauration von Foto, Bild, Film und Ton. Die professionelle Rettung alter Aufnahmen.

802 Peters Werkstatt (HiFi) G10
Skalitzer Str. 46b (Kreuzberg) U Görlitzer Bhf. ☎ 618 65 49 Mo–Fr 9–18 ▶Peter Dorscheid hat sich auf die Reparatur von Unterhaltungselektronik der 60er-80er Jahre spezialisiert.

803 Schuh-Klinik am U-Bhf. Lipschitzallee Übersicht h8
Lipschitzallee 69 (Gropiusstadt) U Lipschitzallee ☎ 61 74 85 67 Mo–Fr 7–18, Sa 7–13 ▶Ein Orthopädieschuhmacher nimmt sich hier gerne schwieriger Fälle an.

804 Schuhhaus Wendt J4
Hauptstr. 55 (Schöneberg) SU Innsbrukker Platz ☎ 781 71 64 Mo–Fr 9–18, Sa 9–13 ▶Wendt ist Spezialist für die Besohlung von Trekkingschuhen und versteht sein Handwerk bei ausgesprochen fairen Preisen.

Korsagen

805 Korsett Engelke F1
Kantstr. 109 (Charlottenburg) U Wilmersdorfer Str. ☎ 324 41 26 Mo–Fr 10–13 + 15–18:30; 1. Sa im Monat 10–14 ▶Herrliches traditionelles Wäschegeschäft, in dritter Generation in Familienbesitz. Die jahrzehnte lange Erfahrung bewährt sich auch bei schwierigen oder ausgefallenen Größen und Spezialanfertigungen der letzten Korsettmacherin Berlins.

Schuhe

806 Die Kesse Sohle Übersicht e7-8
Schönhauser Allee 111 (Prenzl. Berg) SU Schönhauser Allee ☎ 446 50 728 Mo–Fr 10–18:30, Sa 10–16 ▶Inhaberin Ute Fahr. Elegante und extravagante italienische Damenschuhe ab Fabrik zu sensationellen Preisen. Die schönsten und günstigsten Schuhe Berlins kommen direkt aus Italien. ★★★

807 Die Kesse Sohle F1
Pestalozzistr. 35 (Charlottenburg) S Charlottenburg, U Wilmersdorfer Str. ☎ 327 06 301 Mo–Fr 10–18:30, Sa 10–14 ▶s.o.

808 Leiser Lagerverkauf Übersicht g9
Grenzallee 9-11 (Neukölln) S Köllnische Heide ☎ 683 73 330 Mo–Fr 10–19, Sa 10–18 ▶Jetzt mit Designer-Outlet. Sehr gute Auswahl an Rest- und Einzelpaaren des großen Berliner Schuhhauses mit z.T. beträchtlichen Rabatten.

809 Jünemanns Pantoffel Eck C8
Torstr. 39 (Mitte) U Rosa-Luxemburg-Platz ☎ 442 53 37 Mo–Fr 10–19 ▶Seit 1908 werden hier Hausschuhe gefertigt. Auch dieses schöne Geschäft hat die DDR überlebt. Neben den Traditionstretern gibt es neuerdings auch todschicke Designer–Modelle. Auch im Online–Shop.
www.pantoffeleck.de

810 euphoria-outlet F3
Grolmanstr. 30 (Charlottenburg) ☎ 88 677 972 Mo–Fr 11–19, Sa 11–16 ▶Vor allem sehr viele ziemlich ausgefallene Schuhe, aber auch Kleidung. Versace, CK, Biagotti etc.

811 Riccardo Cartillone Outlet F1 -2
Wilmersdorfer Str. 65 (Charlottenburg) S Charlottenburg, U Wilmersdorfer Str. ☎ 327 301 88 Mo–Sa 10–20 ▶Outlet für italienische Schuhe von klassisch elegant bis ausgefallen.
www.riccardocartillone.com

812 Riccardo Cartillone F3
Savignyplatz 4 (Charlottenburg) U Savignyplatz ☎ 31 50 33 27 Mo–Fr 9–

20, Sa 9–16 ▶Hier landen die schönen heruntergesetzten Schuhe von gegenüber. Immer mal wieder reinschauen. ✍ *www.riccardocartillone.com*

813 Trippen C7
Chausseestr. 35, 2. Hinterhof, Klingeln (Mitte) U Zinnowitzer Str. ☎ (Zentrale) 53 21 3056 ⌚Mo–Do 9–18 ▶Factory Outlet. Unverwechselbare Schuhe aus Leder, Gummi, Holz. Angeboten werden Schuhe der 2. Wahl. Ersparnis zwischen 30 und 40%.

Fabrikverkauf Kleidung

814 Becon Factory Outlet F7
Friedrichstraße 194-199 (Mitte) U Kochstraße ☎ 293 452 0 ⌚Mo–Fr 10–19, Sa 10–15 ▶Businessmode für Männer im Baukastensystem. Wer so etwas anziehen will oder muß, findet vielleicht was. *www.sie-haben-den-job-wir-den-anzug.de*

815 Berlin Showroom G3
Hohenzollerndamm 6 (Wilmersdorf) U Spichernstraße ☎ 886 28 307 ⌚Mo–Fr 11–19, Sa 11–16 ▶Das Damenmode-Versandhaus Madeleine verkauft hier Mode aus den Vorsaisons. Laufend neue Angebote. *www.madeleine.de*

816 Donna G3
Uhlandstr. 145 (Wilmersdorf) U Hohenzollernplatz ☎ 881 73 60 ⌚Mo–Fr 11–19, Sa 10–16 ▶Reduzierte Designerware: Ferre, D&G, Blumarin, M.Kors, A.Sens bis zu 70% reduziert. ✍

817 Fashionesta Designer Outlet F4
Marburger Str. 17/Ecke Tauentzien (Charlottenburg) U Wittenbergplatz ☎ 21 96 83 74 ⌚Mo–Sa 11–20 ▶Die Stücke namhafter Designer sind vorwiegend Einzelstücke: Restposten und Teile aus aktuellen Kollektionen. Bis 50% reduziert. ✍

818 Lean Selling – Der Luxussupermarkt G2
Schlüterstr. 42 (Charlottenburg) 🚌 M19, M29 bis Bleibtreustr ☎ 88 71 82 96 ⌚Mo–Fr 11–19, Sa 11–18 ▶Ohne Werbung und teure Ladeneinrichtung verkauft Claudia Obert Edelmode aus Italien zu verträglichen Preisen. ✍

819 Maaßen Zehn G5
Maaßenstr. 10 (Schöneberg) U Nollendorfplatz ☎ 215 54 56 ⌚Mo–Fr 10–19, Sa 9:30–17 ▶Verbilligte Jeans mit kleinen Fehlern oder aus der Vorsaison.

820 Maaßen Zehn B9
Schönhauser Allee 60 (Prenzl. Berg) U Eberswalder Str. ☎ 446 49 91 ⌚Mo–Fr 10–19, Sa. 9:30–17 ▶s. Nr. 819

821 Maaßen Zehn A5
Müllerstr. 39 (Wedding) U Seestraße ☎ 458 03 144 ⌚Mo–Fr 10–19, Sa. 9:30–17 ▶s. Nr. 819

☛ **Marc Cain Second Season 198**

822 Marc O'Polo Second Season F1
Kaiserdamm 7 (Charlottenburg) SU Kaiserdamm ☎ 325 61 60 ⌚Mo–Fr 10–20, Sa 10–18 ▶Sportliche Mode, bei der die 2. Saison nicht auffällt, deutlich billiger. *www.marc-o-polo.de*

823 Nice Price F3
Knesebeckstr. 8-9 (Charlottenburg) U Ernst-Reuter-Platz ☎ 312 65 02 ⌚Mo–Fr 9–20, Sa 9–18 ▶Markenjeans, T-Shirts und Pullover zum halben Preis.

824 Orange 'n Red E13
Frankfurter Allee 93 (Friedrichshain) SU Frankfurter Allee ☎ 427 89 69 ⌚Mo–Fr 10–19:30, Sa 9:30–16 ▶Neben aktueller Mode reduzierte Second Season Ware.

825 Outlet Tandem und Transit F7
Friedrichstr. 58 (Mitte) U Stadtmitte ☎ 204 55 888 ⌚Mo–Fr 10–19, Sa 10–16.

826 Red Fashion Shop Outlet G3
Uhlandstr. 144 (Wilmersdorf) U Hohenzollernplatz ☎ 886 80 970 ⌚Mo–Fr 10–19, Sa 10–14 ❸ € ▶Diesel und Hilfiger bis 50% reduziert. Größen 34–54. ✍

827 Revanche de la femme - Outlet G3
Uhlandstr. 50 (Wilmersdorf) U Hohenzollernplatz ☎ 85 10 38 78 ⌚Mo–Fr 11–19, Sa 11–15 ▶Saisonale Überhänge bei Wäsche und Kleidern. Z.T. sehr günstig. Die Korsetts haben die gleichen Preise wie im Hauptgeschäft am Kurfürstendamm 177. ✍ *www.rdlf.de*

828 The Jeans G-H7
Mehringdamm 31 (Kreuzberg) U Mehringdamm ☎ 692 95 25 ⌚Mo–Fr 10–19, Sa 10–16 ▶2. Wahl, Überproduktion, Musterkollektion von Markenjeans.

829 Vivi Lenz - Der Couture Discount
Schlüterstr. 37 (Charlottenburg) Bus M19, M29 Bleibtreustr. ☎ 88 70 17 11 ⌚Mo–Fr 11–19, Sa 11–16 ▶Nach dem Discount-Prinzip werden hier edle Klamotten verkauft. ✍

Flohmärkte – alle am Wochenende

830 Flohmarkt am Arkonaplatz B8
Arkonaplatz (Mitte) U Bernauer Str. ⌚So 10–16 ▶Szenig, viele 70er Jahre Sachen, moderate Preise.

831 Flohmarkt am Mauerpark B9
Schwedter Str. (Mitte) U Eberswalder Str. ⌚So 9–18 ab Mai auch Sa bis 20 ▶Auf dem Flohmarkt am Mauerpark werden vor allem zahlreiche Kindersachen, sowie Kleinmöbel im Retrostil und zahlreiche Klamotten gehandelt. ✍
www.mauerpark.de

832 Großer Antikmarkt am Ostbahnhof E-F10
Erich-Steinfurt-Str. / Ostbahnhof (Friedrichshain) SU Ostbahnhof ⌚Sa/So 9–15 ▶Viel Gerümpel, aber auch teure Sammlerstücke.

833 Großer Berliner Trödel und Kunstmarkt E3
Straße des 17. Juni (Tiergarten Süd) S Tiergarten ⌚Sa/So 11–17 ▶Vorwiegend teuer, edel und professionell. Immer auch Günstiges.

834 Kunst und Nostalgiemarkt D7
Am Kupfergraben, nahe Aufgang zum Pergamonmuseum (Mitte) SU Friedrichstraße ⌚Sa/So 11–17 ▶Eher für Berlin-Touristen. Dennoch preiswerte Platten und Bücher.

835 Trödelmarkt H4-J4
John F. Kennedy-Platz (Schöneberg) U Rathaus Schöneberg ⌚Sa/So 8–16 ▶v.a. Samstags viele private Anbieter. Moderat und Okkasionen.

☛ **Trödelmarkt Boxhg. Pl. 638**

Buchhandlungen

836 Anitquariat im Hufelandhaus E7
Hegelplatz 1 (Mitte) SU Friedrichstraße ☎ 342 20 11 ⌚Mo–Fr 11–18 ▶Medizin und Naturwissenschaften sehr preisgünstig in einem der größten europäischen Antiquariate.

837 Antiquariat M. Drummer H10
Hobrechtstr. 66 (Neukölln) U Hermannplatz ☎ 693 56 83 ⌚Mo–Fr 14–18:30, Sa 11–17 ▶Das besondere an Drummers Antiquariat sind die mehr als 3000 Sportbücher. *www.sportantiquariat.de*

838 Antiquariat Wiederhold C8
Ackerstr. 18 (Mitte) U Rosenthaler Platz ☎ 280 74 08 ⌚Mo–Fr 11:30–19, Sa 11–16 ▶Breites Sortiment mit verbraucherfreundlichen Preisen. Belletristik auf Englisch, Französisch, Polnisch, Russisch, Wörterbücher und Sprachkurse.

839 Another Country H7
Riemannstr. 7 (Kreuzberg) U Gneisenaustr. ☎ 694 01 160 ⌚Mo–Fr 11–20, Sa 11–20 ▶Die größte Sammlung englischsprachiger Science-Fiktion-Literatur in Deutschland. Die antiquarischen Bücher sind gegen 1,50€ auch ausleihbar. Sehr kauziger Laden.

☛ **Berlin Story 11**

840 Bilder-Buch-Laden H7
Zossener Str. 6 (Kreuzberg) U Gneisenaustr. ☎ 691 10 80 ⌚Mo–Fr 10–18, Sa 10–13 ▶Der Laden gehört wie der Fahrradladen Velofit (s. dort) zu »Starthilfe '85 e.V.« und will der integrativen Jugendarbeit dienen. V.a. Mütter mit Kindern sind hier willkommen. Die Literatur für und über Kinder wird zu buchhandelsüblichen Preisen verkauft. ✍

841 Biografische Bibliothek Übers. g8
Richardstr. 104 (Neukölln) U Karl-Marx-Str.. ☎ 68 05 93 87 ⌚Mo, Di, Do, Fr 15–19 € ab 1€ ▶Katinka Krause hat sich in ihrem Antiquariat auf Biographien spezialisiert. Sie verleiht auch Bücher und hilft bei der Buchrecherche im Internet. ✍

842 Bücherbogen - Internationales Modernes Antiquariat F3
Knesebeckstr. 27 (Charlottenburg) S Savi-

gnyplatz ☎ 88 68 36 95 ⌚Mo–Fr 10–20, Sa 10–18 ▶Modernes Antiquariat für Design, Architektur, Kunst, Film. ✍

843 Bücher Bumerang B9
Raumerstr. 31 (Prenzlauer Berg) U Eberswalder Str. ☎ 44 03 67 56 ⌚Mo–Fr 11–19, Sa 11–16 ▶Nicola Ruebsam bietet in ihrem Geschäft eine große Auswahl aktueller gebrauchter Bücher (zum 1/2 Preis) sowie die neuesten Bestseller zum Neupreis. Wenn sie gebrauchte gelesene Bücher zurückbringen, bekommen sie bis zur Hälfte ihres Geldes wieder. Der Rückkaufwert steht schon beim Einkauf fest. Das zahlenmäßig stärkste Angebot im Konzept des Bücher Bumerangs liegt bei Romanen und Krimis. ✍
www.buecherbumerang.de

844 Bücherstände vor der HU E7
Unter den Linden 6 (Mitte) SU Friedrichstraße ⌚Von ca. 10 bis zur Dunkelheit. ▶Vor der Umboldt-Universität (HU). Buntes Sortiment verbilligter Bücher, viele DDR-Devotionalien.

845 Extra-Buch H7
Mehringdamm 66 (Kreuzberg) U Mehringdamm ☎ 789 51 797 ⌚Mo–Fr 10–20, Sa 10–18 ▶Schönes modernes Antiquariat der ehemaligen Kiepert-Extra-Mitarbeiter.

☛ **Russische Buchh. Gelikon 325 + 326**

846 Joker's E7
Friedrichstr. 148 (Mitte) SU Friedrichstr. ☎ 20 45 84 23 ⌚Mo–Sa 10–20 ▶Der Internetanbieter von Restauflagen hat auch einen zentral gelegenen Laden in Mitte. ✍

847 Mink Bücher C7
Invalidenstr. 145 (Mitte) U Rosenthaler Platz, S Nordbahnhof ☎ 280 47 892 ⌚Mo–Fr 11–18, Sa 11–16 ▶Bei Dieter Mink gibt es v.a. Kochbücher, Krimis, Kinderbücher. Manchmal hat er auch Delikatessen wie Kutteln oder Rum im Angebot. ✍

848 Schropp G5
Potsdamer Str. 129 (Schöneberg) U Bülowstraße ☎ 235 57 320 ⌚Mo–Fr 9:30–20, Sa 10–16 ▶Die führende Spezialbuchhandlung für Reiseführer und Landkarten, eigentlich normale Preise aber auch Sonderangebote.

849 Zweitausendeins F2
Kantstraße 41-42 (Charlottenburg) S Charlottenburg, U Wilmersdorfer Str. ☎ 312 50 17 ⌚Mo–Mi 10–19, Do/Fr 10–20, Sa 10–18 ▶Bücher, CDs, DVDs.
www.zweitausendeins.de

Buchhandlungen - Andere Kulturen

☛ **Ägypt. Kulturladen Papyri 324**

☛ **Buchhdl. Gelikon (Russ.) 325 + 326**

☛ **Dante Connection 329**

☛ **La Rayuela 335**

☛ **Yamashina 342**

☛ **Zadig (Franz.) 343**

Filmverleih DVD/Video

850 Filmkunst F11
Revaler Str. 8 (Friedrichshain) SU Warschauer Str. ☎ 41 99 71 65 ⌚Mo–Sa 12–24, So 13–24 € Pro Tag und Film 1,60€, ab 23 Uhr 2 Filme für1€ ▶Programmvideothek mit einer guten Auswahl an internationalem Autorenkino, Arthouseproduktionen der Gegenwart, Splatter und asiatische Anime. Über das Verleihgeschäft hinaus wollen die beiden Filmenthusiasten im gemütlichen Café zum Gedankenaustausch unter Kinofreunden anregen. Im Sommer auch draußen. ✍
www.filmkunst-berlin.de

851 Negativeland B9
Dunckerstr. 9 (Prenzlauer Berg) U Eberswalder Str. ☎ 447 74 47 ⌚Mo–Sa 12–24 ▶Klassiker der Filmgeschichte und ausgefallene Filme. Mitarbeiter Carl Andersen macht selbst Filme. ✍
www.negativeland.de

852 Videodrom H8
Mittenwalder Str. 11 (Kreuzberg) U Gneisenaustr. ☎ 692 88 04 ⌚Mo–Sa 12–24, So 15–21 € 1 Film bis zum nächsten Tag 24Uhr 3,50€ ▶Wirklich die größte Auswahl von Filmen in Berlin – unverzichtbar! Sowohl seltenste Filme als auch Mainstream, viele OV, Serien. Achtung: wich-

tigste Regel für die Beantragung des (kostenlosen) Verleihausweises: ein gültiger Personalausweis mit Berliner Adresse. Ausreden wie »Perso gerade nicht dabei«, sind z-w-e-c-k-l-o-s! ✍
www.videodrom.de

Musikalien

853 Hans Riedel – Musikalienhandlung G3

Uhlandstr. 38 (Wilmersdorf) U Uhlandstr. ☎ 882 73 95 Mo–Fr 8–18:30, Sa 9–14 ▶Mit der seit 1910 existierenden Musikalienhandlung betritt man eine Zeitmaschine. Noten, Musikliteratur und Instrumente. ✍

854 NiK H7

Friesenstraße 7 (Kreuzberg) U Gneisenaustr. ☎ 69 45 575 Mo–Fr 10–19, Sa 10–15 ▶»Noten in Kreuzberg«. Neue und Secondhand-Musikalien. Eine der wenigen verbliebenen Musikalienhandlungen in Berlin. ✍ *www.nik-noten.de*

Musik, Schallplatten

855 Comeback Records H9

Hasenheide 9 (Kreuzberg) U Hermannplatz ☎ 694 01 433 Mo–Fr 12–18:30, Sa 11–15 ▶Importe, Restposten und Raritäten auf CD und Vinyl ab 3€.

856 DNS Record Store B9

Eberswalder Str. 30 (Prenzlauer Berg) U Eberswalder Str. ☎ 247 98 35 Mo–Fr 11–20, Sa 11–16 ▶Überwältigendes Angebot in Sachen neues Venyl und die ganze Welt der elektonischen Clubmusik, auch DJ–Equipment und guter Bestellservice. ✍ *www.dns–music.com*

857 Hard Wax G9

Paul-Linke-Ufer 44 (Kreuzberg) U Kottbusser Tor ☎ 61 13 01 11 Mo–Sa 12–20 ▶Ein Klassiker. Der Hinterhofladen bietet auch viel Venyl Berliner Labels. Das gesamte Angebot kann man auch online ansehen oder gleich bestellen. ✍
www.hardwax.com

858 Horenstein – Klassikschallplatten und Café H3

Fechnerstr. 3 (Wilmersdorf) U Blissestr. ☎ 86 39 68 97 Mo–Fr 13–19, Sa 10–16 ▶Wolf Zube und Cord Röttjen haben hier im gastronomisch nicht eben reichen Wilmersdorf ein kleine Oase geschaffen. Zu ausgewählten Klassik–Schätzen kann man hier Kaffee trinken und Kleinigkeiten probieren, wie »Seele« mit Ziegenkäse und Himbeersenf. Man kann aber sowohl die Schallplatten wie auch Senf, Weine und Schokoladen für den Hausgebrauch erwerben. Bei schwer zu beschaffenden Raritäten sind die beiden auch behilflich. ✍
★★★

859 Käpt'n Nuss B4–B5

Torfstr. 16 (Wedding) U Amrumer Str. ☎ 453 35 81 Mo–Fr 11–18 ▶Fast alle Musikrichtungen. CD max.10€, Maxi 2€.

860 Logo H7

Bergmannstr. 10 (Kreuzberg) U Mehringdamm ☎ 693 19 98 Mo–Fr 12–19, Sa 11–16 ▶Alles außer Klassik und deutsche Schlager. Schnäppchen als Restposten und als Cut-Out. *www.logo-berlin.de*

861 Mr Dead &Mrs Free G5

Bülowstr. 5 (Schöneberg) U Nollendorfplatz ☎ 215 14 49 Mo–Fr 11–19, Sa 11–16 ▶Der Laden ist berühmt für spontane Live-Auftritte. Ziemlich viel importiertes Vinyl, nicht ganz billig.
www.deadandfree.com

862 Platten Pedro D1

Tegeler Weg 102 (Charlottenburg) U Mierendorffplatz ☎ 344 18 75 Mo–Fr 10–18, Sa 10–13 ▶Größtes Berliner Schallplatten-Antiquariat.
www.platten-pedro.de

863 Space Hall H7

Zossener Str. 33 (Kreuzberg) U Gneisenaustr. ☎ 694 76 64 Mo–Fr 11–20, Sa 11–18 ▶Zwölf Abhörstationen für Venyl, viel Elektronisches, House, Techno und Breakbeats. Großes Angebot auch an CDs und Kartenvorverkauf für Konzerte. ✍
www.spacehall.de

☛ Zweitausendeins 849

HiFi

864 HiFi Components Bernhard Vehns G1

Kurfürstendamm 138 (Wilmersdorf) S Halensee ☎ 896 70 60 Mo–Fr 10–

13 und 14:30–18:30, Sa 10–13 ▶Der führende Versender von HiFi- und Stereo-Komponenten sowie der Bereiche Heimkino und Video-TV. Die Abholpreise im Laden liegen 30% oder tiefer unter den Katalogpreisen.

865 Second Hand HiFi H5
Crellestr. 42 (Schöneberg) U Kleistpark ☎ 781 43 11 ⌚Mo–Do 10–18:30, Fr 14–19, Sa 11–14. Außerhalb dieser Zeiten nach Vereinbarung ▶Ulrich Steeg arbeitet hochwertige alte HiFi-Komponenten auf und gibt ein Jahr Garantie bei Verkauf.

Elektronik

866 Atzert G4
Kleiststr. 32-33 (Schöneberg) U Wittenbergplatz ☎ 212 98 40 ⌚Mo–Fr 9:30–19, Sa 10–16 ▶Selbstbedienungsmarkt für Profis und Amateure von der Glühbirne bis zum Datenträger.

867 Conrad H9
Hasenheide 14-15 (Kreuzberg) U Hermannplatz ☎ 616 51 70 ⌚Mo–Fr 9:30–20, Sa 9–16 ▶Techniktempel auf drei Etagen mit vielen Sonderangeboten. *www.conrad.de*

868 Conrad G4
Kleiststraße 30-31 (Schöneberg) U Wittenbergplatz ⌚Mo–Fr 10–20, Sa 10–18 ▶Conrad bezeichnet diese Filiale als Megastore. *www.conrad.de*

Zeichnen & Schreiben

869 boesner Großhandel für Künstlerbedarf Übersicht h7-j7
Nunsdorfer Ring 2 10 (Marienfelde) S Buckower Chaussee ☎ 72 00 833 ⌚Mo–Fr 9:30–18, Mi–20, Sa 10:30–16 ▶Riesige Auswahl an Künstlerbedarfsartikeln zu günstigen Preisen. *www.boesner.de*

870 Chinas Kultur Übersicht f-g8
Flughafenstr. 20 (Neukölln) U Rathaus Neukölln ☎ 623 91 90 ⌚Mo–Fr 11–18:30, Sa 10–16 und nach Vereinbarung ▶Alles, was man für chinesische Tuschezeichnungen braucht: Chinesische Farben, Stempel, Hefte, aber auch Geschirr und Kleidung. Sehr faire Preise, der ideale Laden, wenn man ein schönes Geschenk sucht.

871 Druckerei Manfred v. Malotky G3
Uhlandstr. 52 (Wilmersdorf) 🚌 249 ☎ 883 86 24 ⌚Mo–Fr 9–18 ▶Seit 1902 in dritter Generation in Familienbesitz gibt es in der Druckerei Briefbogen, Umschläge, Briefdruck, Blei- und Fotosatz. Man kann einfach schöne Briefumschläge kaufen, oder sich Visitenkarten drucken lassen (nicht billig, aber bei Visitenkarten sollte man nie sparen). ✍ ⚐

872 Thörner fürs Büro H4
Salzburger Str. 9 (Schöneberg) U Bayerischer Platz ☎ 789 59 20 ⌚Mo–Fr 8–20, Sa 9–16 ▶Alles, was im Büro gebraucht wird. Der Großhändler ist in vielen Sachen günstiger. *www.thoerner.de*

873 Zeichen- Center Ebeling B4-B5
Triftstr. 39 (Wedding) U Amrumer Str. ☎ 454 88 44 ⌚Mo–Fr 9–19, Sa 10–16 ▶Künstlerbedarf und alles, was man zum Schreiben braucht. Oft unter den Preisempfehlungen der Hersteller. *www.zczz.de*

Bastel- & Dekorationsbedarf

874 Deko-Behrend H5 ⚐
Hauptstr. 18 (Schöneberg) 🚌 148 ☎ 781 49 06 ⌚Mo–Fr 10–19, Sa 10–14 ▶Alles, was man ganz dringend braucht, Dekorationsbedarf und Karnevalskostüme. Eine Deutschlandfahne für die WM oder ein komplettes Vampirkostüm. ✍

875 Hobby Rüther H5 ⚐
Goltzstr. 37 U Eisenacher Str. ☎ 23 63 68–3 ⌚Mo–Fr 10–19, Sa 10–16 ▶Berlins bekanntester Bastelladen. Alles für die Selbstverwirklichung in Ton oder Seidenmalerei. ✍

876 Modulor H8
Gneisenaustr. 43–45 (Kreuzberg) U Gneisenaustr. ☎ 69 03 60 ⌚Mo–Fr 9–20, Sa 9–16 ▶Ursprünglich Architektenbedarf, mittlerweile aber allen Bastlern offen, als eine Art Designer–Baumarkt. Nicht wirklich billig, aber echtes Fachgeschäft. Pappen, Kartons, Papiere, Architekturmodellbau-Werkstoffe. ✍ *ww.modulor.de*

Zauberbedarf

877 Zauberkönig Übersicht g8
Hermannstr. 84–90 (Neukölln) U Leinestr. ☎ 621 40 82 Mo–Fr 10–18, Sa 10–13 ▶Laut Inhaberin Mona Schmidt »alles, was die Welt nicht braucht«. Im seit 122 Jahren in Berlin existierenden Fachgeschäft erhält man Karnevalsbedarf, Zauberbedarf und Scherzartikel.

Outdoor

878 Globetrotter Übersicht g6
Schloßstr. 80 (Steglitz) SU Rathaus Steglitz ☎ 850 89 20 Mo–Fr 10–20, Sa 9–20 ▶Mehr als ein Geschäft: Touristenattraktion und Pilgerziel für Outdoor-Fetischisten und Extremsportler aus ganz Deutschland. Größter Outdoor-Ausstatter Europas mit Anprobe-Kühlkammer und einem Wasserbecken zum Ausprobieren von Kanus. Verhältnismäßig faire Preise und oft gute Angebote bei Saisonschluß. *www.globetrotter.de*

Geschenke

879 Bunzlauer Landhauskeramik G3-H3
Hohenzollerndamm 197 (Wilmersdorf) U Hohenzollernplatz ☎ 873 29 57 Mo–Fr 11–18, Sa 9–13 ▶Das handgearbeitete Geschirr kostet hier weniger als die Hälfte des normalen Ladenpreises. Sehr empfehlenswert auch als Geschenk.

880 Der Klosterladen Übersicht e6
Heckerdamm 232 (Charlottenburg) U Jakob-Kaiser-Platz oder Bus 109 bis Weltlinger Brücke ☎ 364 117 20 Mo, Di, Do, Fr 10–12 + 15–18, Mi 10–19:30, Sa 10–13 Was heißt schon teuer in Bezug auf unser Seelenheil! ▶Der Laden gehört zum Kloster Maria Regina Martyrium und verkauft selbstgemachte Klosterartikel. Marmelade liefert der Franziskushof in Zehdenik.

881 Harry Lehmann F1
Kantstr. 106 (Charlottenburg) S Charlottenburg, U Wilmersdorfer Str. ☎ 324 35 82 Mo–Fr 9–18:30, Sa 9–14 ▶Seit 1926 gibt es das Geschäft schon. Harry Lehmann ist Besitzer einer Duftfabrik und verkauft nach Gewicht. 10g Parfüm kosten 3-4€ und sind damit sehr günstig. Der Laden ist äußerst sehenswert.

882 O.K. Versand D8
Alte Schönhauser Str. 36/37 (Mitte) U Weinmeisterstr. ☎ 246 38 746 Mo–Fr 12–20, Sa 12–17 ▶Außergewöhnliche Gebrauchsgegenstände aus Asien, Lateinamerika und Osteuropa. Häufig aus schreiend buntem Blech oder Plastik. Nicht superbillig, aber wirklich ungewöhnlich.

883 Postenbörse G1
Kurfürstendamm 105 (Halensee) S Halensee ☎ 891 82 33 Mo–Fr 10–18:30 ▶Die Inneneinrichtung des Palastes der Republik wurde hier verscherbelt. Extravagante DDR-Stücke und immer noch etwas davon da.

884 Senfsalon H7
Hagelberger Str. 46 (Kreuzberg) U Mehringdamm ☎ 78891101 Mo–Fr 11–19, Sa 11–15 ▶Merit und Christoph Schambach bieten in ihrem kleinen Laden selbstgemachte Senfe, Chutneys und Marmeladen an. *www.senfsalon.de*

885 Werkstattladen Übersicht g5
Königin-Luise-Str. 94 (Dahlem) U Dahlem-Dorf ☎ 841 08 905 Mo–Fr 8–15 ▶Hier werden Produkte von behinderten Künstlern und Handwerkern aus Berlin und Brandenburg verkauft. Handgeschöpftes Papier, Keramik oder handgewebte Tischdecken.

Aus alten Katalogen – Posten und Partien

Wer sonst nicht aus Katalogen kauft, wird hier nicht unbedingt glücklich werden, aber man kann ja mal vorbeischauen, auch wegen technischer Geräte.

886 Corso Nieder mit den Preisen Übersicht d6
Auguste-Viktoria-Allee 99/100 (Reinickendorf) U Kurt-Schumacher-Platz ☎ 417 83 801 Do/Fr 9:30–18, Sa 9:30–14 ▶Corso ist eine Tochter des bekannten Hamburger Versandhauses Otto. Katalog-Überhangware wird hier zu stark reduzierten Preisen verkauft. Ersparnis im Durchschnitt 30-35%.

887 Corso Sonderpostenmarkt Übersicht d8
Gehringstr. 26 (Weißensee) 🚌 255 Gehringstr. ☎ 920 92 140 🕒 Mo–Mi 10–18, Do+Fr 10–20, Sa 10–15 ▶ Textilien, Schuhe Sportartikel.

888 Corso Sonderpostenmarkt Übersicht h9
Eichenauer Weg 61 (Rudow) U Rudow ☎ 669 90 50 🕒 Mo–Mi 10–18, Do+Fr 10–20, Sa 10–15 ▶ Textilien, Schuhe Sportartikel.

889 Extrem Günstig E12
Frankfurter Allee 3 (Friedrichshain) U Frankfurter Tor 🕒 Mo–Fr 9–19, Sa 9–16 € 0,19–4,50€ ▶ Ganz besonders schöner Konkursverwerter. Führt noch DDR-Geschirr sowie Nähnadeln aus Tschechien und Hutgummi. Auch Kosmetik und Haushaltswaren. ✍

890 Foxmarkt Übersicht g8
Karl-Marx-Str. 225 (Neukölln) SU Neukölln ☎ 568 25 820 🕒 Mo–Fr 10–19, Sa 9:30–16 ▶ Foxmarkt verkauft die Restauflagen, die nach Auslaufen des aktuellen Neckermann-Kataloges übrigbleiben. Ersparnis 30-50%. Auf alle Geräte 2 Jahre Garantie mit vollem Kundenservice; Textilien, Schmuck, Schuhe.

891 Foxmarkt Berlin E10-11
Karl-Marx-Allee 82 (Friedrichshain) U Strausberger Pl. ☎ 296 66 800 🕒 Mo–Fr 10–19, Sa 9:30–16 ▶ s.o.

892 Foxmarkt City-Point-Center D13
Paul-Junius-Str. / Weißenseer Weg (Lichtenberg) 🚋 M8, M13, 16 Paul-Junius-Str. ☎ 979 97 612 🕒 Mo–Fr 9:30–19, Sa 9–14:30 ▶ Kleine Elektrogeräte.

893 Foxmarkt B5
Müllerstr. 153, im Leopoldcenter, 1. OG (Wedding) U Leopoldplatz ☎ 461 25 14 🕒 Mo–Fr 9:30–18:30, Sa 9–15, So 9–14 ▶ Schuhe, Textilien.

894 Francesca Haushaltswaren E12
Frankfurter Allee 67 (Friedrichshain) U Samariterstr. ☎ 428 088 49 🕒 Mo–Fr 9–19, Sa 9–16 ▶ Liebevoll gestalteter Konkursverwerter, v.a. günstiges Geschirr, Schreibwaren, Kosmetik. ✍

895 Francesca Haushaltswaren A9
Schönhauser Allee 112 (Prenzlauer Berg) ☎ 417 220 70 🕒 Mo–Fr 9–19, Sa 10–16 ▶ s.o. ✍

896 OTTO extra % F1/2
Wilmersdorfer Str. 124 (Charlottenburg) U Wilmersdorfer Str. 🕒 Mo–Fr 10–20, sa 10–19 ▶ Hier verkauft der Kataloggigant auf 550 qm seine Überhänge (nur Bekleidung). Wer sonst auch bei Versandhäusern ordert, kann hier fündig werden. Im 1. Stock findet sich ein zugehöriger »Schuh-Star« mit gleichen Öffnungszeiten. ✍ *www.otto-extra-berlin.de*

897 Tchibo Prozente F3
Kantstr. 154 (Charlottenburg) SU Zoolg. Garten ☎ 315 03 923 🕒 Mo–Fr 10–18:30, Sa 10–14 ▶ Vor allem Haushaltswaren und Kleidung aus alten Tschibo-Angeboten.

898 Tchibo Prozente E11
Karl-Marx-Allee 123 (Friedrichshain) U Weberwiese ☎ 427 80 223 🕒 Mo–Fr 9:30–18:30, Sa 9:30–14 ▶ s.o.

899 Tchibo Prozente Übersicht g8
Hermannstr. 213 (Neukölln) U Boddinstraße ☎ 628 43 950 🕒 Mo–Fr 10–18:30, Sa 10–14 ▶ s.o.

900 Tchibo Prozente Übersicht g7
Tempelhofer Damm 219 (Tempelhof) U Ullsteinstraße ☎ 757 02 356 🕒 Mo–Fr 9:30–18:30, Sa 9:30–14 ▶ s.o.

Haushaltswaren

901 C. Adolph F3
Savignyplatz 3 (Charlottenburg) S Savignyplatz ☎ 313 80 45 🕒 Mo–Fr 9–19, Sa 9–14 ▶ Eines der letzten noch verbliebenen anständigen Haushaltswarengeschäfte. Von der englischen Puddingform bis zum soliden Glockenkorkenzieher wird hier jeder Wunsch erfüllt. ✍

902 GLASKLAR Gläser Jan Hinrichs F3
Knesebeckstr. 13/14 (Charlottenburg) U Ernst-Reuter-Platz ☎ 313 10 37 🕒 Mo–Fr 11–18:30, Sa 11–16 ▶ Sehr große Auswahl an formschönen, günstigen Gläsern. Der Vorteil gegenüber dem

Gelegenheitskauf liegt v.a. in der Nachkaufgarantie und der guten Beratung. ✍

903 Teppich Domäne Harste H8
Blücherstr. 32 (Kreuzberg) U Südstern ☎ 693 60 03 Mo–Mi 9–19, Sa 9–16 ▶Nicht immer ganz geschmackssicher, jedoch vernünftige Preise bei Teppichböden und Haushaltswaren.

904 Warenschleuder Handelsgesellschaft mbH Übersicht c8
Treseburger Str. 21 (Blankenburg) S Blankenburg ☎ 474 13 54 Mo–Mi 9–18:30, Do, Fr 9–19, Sa 9–14 ▶Rest- und Sonderpostenmarkt aus Havarien und Versicherungsschäden. Auf 2000m² finden sich Schuhe, Textilien, Haushaltswaren.

Trödel

905 Antiko Übersicht g6
Düppelstr. 30 a (Steglitz) US Rathaus Steglitz ☎ 86 42 33 73 Mo, Mi, Do, Fr 10–18, Sa –13 ▶Der schöne und gepflegte Antiquitätenladen bietet hauptsächlich Geschirr, Besteck, Kleinmöbel und Modeschmuck sowie Fotoapparate. Auch ganze Wohnungsräumungen. ✍

906 Kramari H7/8
Gneisenaustr. 91 (Kreuzberg) U Gneisenaustr. ☎ 61 30 41 27 Di–Fr 14–19, Sa 12–17 ▶Kein Kramladen. Hier werden eher Stücke verkauft, die vom Design her interessant erscheinen oder Klassiker sind. Dafür sind die Preise moderat. Kleinmöbel, Lampen, Geschirr, Schmuck. Auch Restaurierung und Beratung. ✍

907 Kunterbunt & allerlei Trödel H5
Leberstr. 11 (Schöneberg) U Kleistpark ☎ 0172/803 96 42 Mo–Fr 12–19 ▶An- und Verkauf, Wohnungsauflösungen, eigene Werkstatt.Ganz bezaubernder Kiezladen, hauptsächlich Hausrat und Schmuck. Jens Grimm baut auf Wunsch auch Möbel.

908 money point Übersicht d6
Ollenhauerstr. 4–5 (Reinickendf.) U Kurt-Schumacher-Platz ☎ 49 87 18 20 Mo-Fr 10–19, Sa 10–17 ▶Hauptsächlich gebrauchte Haushaltsgeräte und Unterhaltungselektronik zu fairen Preisen. Man kann auch Sachen gegen Geld abgeben. ✍
www.money–point.de

909 Motz Laden F7
Friedrichstr. 226 (Kreuzberg) U Hallesches Tor Mo–Fr 10–20, Sa 10–16 ▶Der Laden wird betrieben von der Obdachlosen–Initiative Motz e.V. um damit obdachlosen Menschen zu helfen. Hauptsächlich Hausrat, z.T. zu sehr günstigen Preisen. ✍

910 Trödelmarkt H7
Nostitzstr. 6/7 (Kreuzberg) U Mehringdamm ☎ 698 19 457 Di 11–13 + 15–18, Do11–13 + 15–18, Sa 11–14 ▶Das richtige Angebot für Flohmarktsüchtige, die unter der Woche an Entzugserscheinungen leiden. Hausrat, Kleidung, Bücher, Spielzeug zu günstigen Preisen. Der Erlös kommt der Obdachlosenarbeit der Ev. Kirchengemeinde Heilig Kreuz-Passion zugute. ✍

911 Tierheim-Trödelladen E12
Boxhagener Str. 84 (Friedrichshain) U Frankfurter Tor ☎ 792 78 01 Mo–Fr 10–18 ▶Der Erlös aus dem Verkauf kommt direkt den Tieren zu Gute. Futter, tierärztliche Behandlungen und Impfungen im Tierheim Falkenberg werden damit finanziert. ★★★

Bürsten

912 Blindenanstalt von Berlin G9
Oranienstr. 26 (Kreuzberg) U Kottbusser Tor ☎ 28 50 30 121 Mo–Fr. 10–19, Sa 10–14 ▶Im sehenswerten Ambiente des frühen 20. Jahrhunderts gibt es hochwertige Bürsten und Korbwaren zu fairen Preisen. Neuerdings gibt es auch eine Design-Kollektion. *www.blindenanstalt.de*

913 Blindenwerkstatt Übersicht g6
Rothenburgstr. 14-15 (Steglitz) SU Rathaus Steglitz ☎ 792 50 33 Mo–Mi 9–16, Do 9–17:30, Fr 9–14:30 ▶Die Preise sind fair, ein handgemachter Roßhaarbesen kostet 12€. Man distanziert sich hier von der Mitleidschiene und will die wirtschaftliche Selbstständigkeit blinder Menschen fördern.
www.blindenhilfswerk-berlin.de

914 Laden des Blindenhilfswerks F/G4
Keithstr. 16 (Schöneberg) SU Rathaus Steglitz ☎ 792 50 33 Mo, Di, Do 10–

16, Mi 10–18, Fr 10–15 ▶ Bürsten und Körbe von sehr hoher Qalität. Vgl. oben. *www.blindenhilfswerk-berlin.de*

Fundbüros / Versteigerungen

Selten trifft der Satz »des einen Freud, ist des andern Leid« so sehr zu, wie bei Fundbüros und Leihhäusern. Hier sei sowohl denen eine Chance gegeben, die etwas verloren haben, wie denen, die etwas ersteigern wollen.

915 BVG Fundbüro H5
Potsdamer Str. 182 (Schöneberg) U Kleistpark ☎ 19 44 9, 256 23 040 Mo–Do 9–18, Fr 9–14 ▶Hier werden die Verluste aus den öffentlichen Verkehrsmitteln (außer S-Bahn) gelagert. Versteigert werden die Sachen im Auktionshaus Beier, Halenseestr. 31-35, Charlottenburg. Termine bitte telefonisch erfragen: 89 54 02 21.

Deutscher Zoll
▶Unter dem Stichwort »Zoll-Auktion« versteigert die Zoll-Verwaltung im Internet verschiedenste Artikel, die nach dem Ende der Versteigerung an der zuständigen Dienststelle abgeholt werden müssen. *www.zoll-d.de/auktion/index.html*

Fundbüro der Deutschen Bahn AG
☎ Service Hotline: 01805-990 599 ▶Dinge, die nicht binnen einer Woche ihrem Besitzer zugeordnet werden können, landen in Wuppertal, Döppersberg 37, 42103 Wuppertal, (0202) 35 24 42 (Mo–Fr 8–15).

Internet Fundstelle
▶Größter kostenloser Such- und Fundanzeiger rund um die Uhr. *www.fundbuero.com*

Lufthansa Auktionen
▶»Lost & Found Auktionen« an verschiedenen Orten in Deutschland, ein paar mal jährlich auch in Berlin. Verlorene Gepäckstücke, deren Besitzer nicht auffindbar ist, werden mit unbekanntem Inhalt versteigert. *www.wendt-auktion.de*

916 Zentrales Fundbüro Berlin J7
Platz der Luftbrücke 6 (Tempelhof) U Platz der Luftbrücke ☎ 756 03 101 ▶Bis zu 30 000 Fundsachen jährlich sammeln sich in Deutschlands größtem Fundbüro. Fahrrader, Schlüssel und sogar Kühlschränke werden hier abgegeben. Versteigert werden die Sachen mehrmals im Jahr im Auktionshaus Karner & Co Berliner-Industrie-Auktionen GmbH, Werdauer Weg 23, Berlin. Termine bitte erfragen, Telefon: 77 32 63-0.

Leihhäuser

917 Leihhaus am Görlitzer Bhf. G10
Wiener Str. 18 (Kreuzberg) U Görlitzer Bahnhof ☎ 612 61 74 Mo, Di, Do, Fr 9–13+ 14–17, Mi 15–18 ▶Unterhaltungselektronik, Videokameras und Schmuck.

918 Leihhaus am Hermannplatz H9
Kottbusser Damm 23 (Kreuzberg) U Hermannplatz ☎ 695 05 010 Mo–Fr 9–18 ▶Uhren und Schmuck. Das Leihhaus veranstaltet auch monatliche Versteigerungen im Blub-Hotel an der Grenzallee. Termine bitte erfragen.

919 Leihhaus am Wittenbergplatz F4
Ansbacher Str. 18 (Schöneberg) U Wittenbergplatz ☎ 214 74 715 Mo–Fr 10–17 ▶Technische Geräte und Schmuck. Regelmäßige Versteigerungen. Ständiger Verkauf von Schmuck.

920 Leihhaus Friedenau Übersicht g6
Bundesallee 94 (Friedenau) U Walther-Schreiber-Platz ☎ 852 80 46 Mo–Fr 9–18 ▶Vorzugsweise Schmuck.

Traditionsgeschäfte

Das sind die Art Geschäfte, die unsere Mütter und Großmütter noch mit »guten Geschäften« bezeichneten, in denen man Dinge kaufte, die man ein Leben lang benutzen wollte. Die Gründe für ihr Aussterben sind vielfältig. Die wenigen, die es noch gibt, haben nicht nur ein gutes Preis-/Leistungs-Verhältnis, sondern auch immer einen kulturellen Mehrwert und passen schon deshalb hervorragend hierher. Wer schon einmal versucht hat, bei einer beliebigen Fleischerei die Garzeiten eines Saumagens zu erfragen, im Kaufhaus einen Reißverschluß für eine alte Lederjacke oder einen designfreien stabilen Glockenkorkenzieher zu finden, wird diese

Geschäfte schätzen. Man hüte sich allerdings vor Mimikry-Traditionsgeschäften, die es v.a. in Mitte massenhaft gibt. Meist ist hier eine gediegene Einrichtung gepaart mit inkompetenter Bedienung und überhöhten Preisen.

Die in diesem Buch aufgeführten Traditionsgeschäfte sind mit einem Wimpel gekennzeichnet und im Folgenden aufgelistet:

140 Ratskeller Rathaus Schöneberg
263 Kantine im BE
341 Tadshikische Teestube
345 Buddhistisches Haus
350 Zimmertheater Karlshorst
366 Casino in der Berliner Synchron
369 Casino im Columbiahaus
438 Café Sibylle
488 Rodelhütte
505 Tori Katsu
512 Zum Mittelpunkt
553 Konnopkes Imbiß
554 Krasselt's
556 Kropp – Delikatessen
574 Rogacki
598 Café Konditorei Richter
607 Bornholmer Hütte
608 Diener
609 E. & M. Leydicke
611 Felsenkeller
612 Hoeck
613 Metzer Eck
699 Bäckerei Hacker
703 Bäckerei Mälzer
705 Bäckerei Thinius
714 Café Konditorei Buchwald
715 Konditorei-Confiserie Klaus Rabin
716 Konditorei Fester
727 Erich Hamann Schokoladen
732 Wald–Marzipan
733 Alfred Bredel – Roßschlächterei
735 Fleischwaren Gleich
738 Kräuter Kühne
792 Espe – Knöpfe & Reißverschlüsse
796 Kleemann Hüte
798 Leder Adelt
804 Schuhhaus Wendt
805 Korsett Engelke
809 Jünemanns Pantoffel Eck
848 Schropp Land und Karte
853 Hans Riedel – Musikalienhandlung
871 Druckerei Manfred v. Malotky
874 Deko–Behrend
875 Hobby Rüther
881 Harry Lehmann
901 C. Adolph
912 Blindenanstalt von Berlin
947 Samen Pohle
948 Samen Wilhelm
981 Eiscafé Monheim
982 Eisflocke
987 Gelateria Pirandello
993 Sommerbad Olympiastadion
995 Strandbad Wannsee
1130 Café Heider
1141 Gustav Stahlberg
1145 Wilhelm Braune, Bäckerei
1154 Softeis

Freizeit, Sport & Spiel

Nr. 148

BERLIN hat zu jeder Jahreszeit einen sehr hohen Freizeitwert. Dies liegt vor allem daran, daß die Stadt sehr grün ist und viele Seen hat und man mit öffentlichem Nahverkehr auch sehr gut überall hin gelangt. Zum zweiten wurde die Stadt erst sehr spät, nämlich 1920 zum Großraum Berlin zusammengelegt und hat damit viele kleine Zentren. Dann kam noch die Teilung dazu, die noch weiter zur Dezentralisierung beitrug und deshalb ist Berlin sehr abwechslungsreich und eigentlich »viele Städte«. So kann es passieren, daß man sich trotz 3,5 Millionen Einwohnern plötzlich mitten auf dem Lande fühlt und von Äckern und Weiden umgeben ist.

Die interessante Stadtgeschichte kann man noch in einigen Schwimmbädern sinnlich nachvollziehen. Sie können zum Beispiel in einem Jugenstilbad der Kaiserzeit (Nr. 926) unter wasserspeienden Seelöwen sitzen oder sich an der funktionalen Schönheit der Neuen Sachlichkeit (Nr. 927) erfreuen. Sie können im Sommer im größten Binnenseestrandbad Europas nackt im Ostseesand (Nr. 995) liegen oder mal dort schwimmen gehen, wo Leni Riefenstahl ihre berühmten Olympia-Filme (Nr. 993) drehte.

Interessant ist die Stadt sogar für den Naturfreund, denn es gab zu Mauerzeiten hier viele Nischen für Flora und Fauna, zum Beispiel auf brachliegenden Bahngeländen oder den anderen vielen nicht genutzten Flächen. So findet man hier tatsächlich Tier- und Pflanzenarten, die woanders ausgestorben sind (Nr. 931-933). In der Spandauer Zitadelle befindet sich sogar eines der größten Fledermausquartiere Europas (Nr. 1053).

Die beiden wichtigsten Sommervergnügungen in Berlin sind sicher der Besuch von Biergärten und das Schwimmen in den zahlreichen Seen im Stadtgebiet. Selbst der fieseste Arbeitstag kann durch die Vorstellung, abends noch schnell in die Krumme Lanke zu springen und danach ein Bierchen zu trinken, gemildert werden.

Berlin war in der Mauerzeit trotz aller Subventionen arm und proletarisch, und ich glaube, das ist der Grund, warum sich hier bodenständige Volksvergnügen wie Minigolf, Bötchen leihen und Drachen steigen lassen so besonders gut erhalten haben und nur wenige Angebersportarten praktiziert werden. Oder wenn, dann gibt es eben auch die Low-Budget-Variante, ohne Wichtigtuerzuschlag.

Ganzjährig

Für die Abteilung Sport & Freizeit gibt es sehr gute Internetportale:

www.stadtentwicklung.berlin.de
▶Beim Portal der Senatsverwaltung für Stadtentwicklung findet man alles, was im weitesten Sinne mit städtischen Grünflächen und deren Nutzung zu tun hat.

www.senjbs.berlin.de
▶Bei der Senatsverwaltung für Jugend, Bildung und Sport findet man Sportstätten und deren Öffnungszeiten, sowie aktuelle Informationen zum Superferienpaß.

www.berlinerturnerbund.de
▶Weitere Anregungen, die den Vereinssport betreffen, kann man auch im Internet finden. Es sind 2000 Freizeit- und Gesundheitssportangebote von über 200 Vereinen abrufbar.

Das Sport-Service-Telefon des Berliner Senats 902 65 050 gibt Informationen über die Angebote von mehr als 1.900 Sportvereinen und des Landessportbundes wie auch die Öffnungszeiten von Schwimmbädern, Eisstadien etc.

Sport

920a funpool G9
Dieffenbachstraße 33 (Kreuzberg) U Kottbusser Tor ☎ 615 07 151 Bürozeiten Mo–Fr 10–19 ▶Verbund Berliner und Brandenburger Freizeitsportanlagen: verschiedene Freizeiteinrichtungen haben sich hier zusammengeschlossen. Von Mai bis August wird das »Weg vom Sofa"-Sportscheckheft verkauft. Für 30€ können ca.25 verschiedene Sportarten ausprobiert werden. *www.funpool.de*

Zentraleinrichtung Hochschulsport

Die meisten Kurse von Aerobic bis Yoga können auch von Externen gebucht werden und sind dann immer noch erheblich günstiger als bei kommerziellen Veranstaltern. Außerdem kann man bei entsprechender Berechtigung Boote ausleihen. Erkundigungen einziehen sollte man immer zu Beginn des Semesters, also Anfang Oktober und Anfang April, da die Kurse schnell ausgebucht sind.

921 FU-Berlin, Zentraleinrichtung Hochschulsport Übersicht g6
Königin-Luise-Str. 47 (Dahlem) U Dahlem-Dorf ☎ 838 53 -320, -512, -96 Mo 12:30–15:30, Di, Mi, Fr 8:30–11:30, Do 14–18. In den Ferien Mo–Fr 9–11. *www.hs-sport.fu-berlin.de*

922 HU-Berlin, Zentraleinrichtung Hochschulsport E8
Hausvogteiplatz 5-7 (Mitte) U Hausvogteiplatz ☎ 209 34 869 Di 14–16, Do 11–13, Sekretariat: 8–16 Mo–Fr. *www.zeh.hu-berlin.de*

923 TU-Berlin, Zentraleinrichtung Hochschulsport E3
Straße des 17. Juni 135 (Charlottenburg) U Ernst-Reuter-Platz ☎ 314 22 948 Di, Do, Fr 9–12:30, Mi 14:30–17 ▶Nur mit vorheriger Internet-Anmeldung. *www.tu-sport.de*

Schwimmbäder mit kulturellem Mehrwert

Trotz dramatischer Schließungen in den letzten Jahren gibt es in Berlin immer noch sehr viele Schwimmbäder. Die sehenswertesten Hallenbäder, die ich hier aufgeführt habe, kosten keinen Komfort-Bad-Zuschlag, so daß eine Tageskarte für 4/2,50€ zu haben ist. Die Nutzung vor 8 oder nach 20 Uhr kostet 2,50€ für alle. Die Familienkarte für 1 Erw.+ 2 Kinder oder umgekehrt kostet ohne Zeiteinschränkung 7€. Jedes weitere Kind 1,50€. Leider verlangt diese Karte tatsächlich Blutsverwandschaft. Zu den Öffnungszeiten mag sich bei den Berliner-Bäder-Betrieben im Moment niemand so richtig äußern, da für den Sommer Schließzeiten geplant sind, die aber noch nicht feststehen. Aktuelle Öffnungszeiten erfährt man vor Ort, bei der Bäder-Hotline der BBB (Tel. 01803-10 20 20, tgl. 8-20) oder unter: *www.berlinerbaederbetriebe.de*

924 Schwimmhalle Fischerinsel E8
Fischerinsel 11 (Mitte) U Spittelmarkt ☎ 201 39 85 Öffnungszeiten bitte erfragen ▶Günstige Sauna 3Std 8/6,50€ ohne Schnickschnack, inkl. Schwimmen Wunderbare DDR-Architektur mit Wandmosaik.

925 Schwimmhalle im Europasportpark C-D11
Paul-Heyse-Str. 26 (Prenzl. Berg) S Landsberger Allee ☎ 421 86 120 Mo, Di, Do 6:30–22:30, Mi 8–22:30, Fr 9–22:30, Sa 12–19, So 10–18 ▶Die größte Schwimmhalle Europas wurde auf einer Fläche von 10ha in den Prenzlauer Berg versenkt. Hier können 4.200 Zuschauer bei den Wettkämpfen mitfiebern. Die Sprunganlage ist stufenlos verstellbar und weltweit einzigartig. Die Einschwimmhalle steht auch Freizeitsportlern offen. 50m-Becken.

926 Stadtbad Charlottenburg – Alte Halle E2
Krumme Str. 9-10 (Charlottenburg) U Richard-Wagner-Platz ☎ 343 83 860 Öffnungszeiten bitte erfragen ▶Das älteste Hallenbad Berlins wurde 1898 nach Plänen von Paul Bratring erbaut. Zwei Hallen, davon eine sehr schön renovierte der Jahrhundertwende mit Wandgemälden und gußeisernen Säulen. Die FKK - Abende werden auch gerne von Schwulen genutzt. Die neue Halle hat ein 50m- die Alte ein 25m-Becken.

927 Stadtbad Mitte C-D7
Gartenstr. 5 (Mitte) S Nordbahnhof U Rosenthaler Platz ☎ 308 80 910 Öffnungszeiten bitte erfragen ▶Im Stil der neuen Sachlichkeit errichtetes Stadtbad von 1930. Architekt war Heinrich Tessenow, übrigens der Lehrmeister Albert Speers. 50m-Bahnen. In der Sauna (s.u.) kann man ein Glasfenster von Max Pechstein bewundern.

↗ Russisch Römisches Bad (Sauna)
☎ 281 06 66 in der Wintersaison: Mo–Fr 16–23, Sa/So 14–21, Di+Do Damen, Sommersaison: Zeiten bitte erfragen € 8/6,50€, Mo-Fr bis 17 Uhr 7/5,50€ ▶Vielleicht die künsterisch interessanteste Sauna Berlins. Der Brücke-Künstler Max Pechstein gestaltete die Fenster in der Dampfsauna mit Badeszenen, die er die »Vier Jahreszeiten« nannte. Der Besuch der Schimmhalle (s.o.) ist nicht im Preis inbegriffen. *www.sauna-mitte.de*

928 Stadtbad Neukölln Übersicht g8
Ganghofer Str. 3 (Neukölln) U Rathaus Neukölln ☎ 682 49 812 Öffnungszeiten bitte erfragen ▶Die schönste Schwimmhalle Berlins aus dem Jahre 1912 wurde von Stadtbaurat Reinholt Kiehl nach dem Vorbild der römischen Therme errichtet. Wasserspeiende bronzene Walrosse und eine beeindruckende Säulenhalle. Kleine und Große Halle 19+25m. Auch die im Stil des Bades angepaßte Sauna lohnt den Besuch, kostet aber 14€.

Saunen

Die im folgenden aufgelisteten Saunen sind ausgesprochen preisgünstig, wenn auch nicht unbedingt etwas für Anhänger verspielter Wellness-Landschaften.

☛ **Russisch Römisches Bad 927**

929 Schwimmhalle Ernst Thälmann-Park B10
Lilli-Henoch-Str. 20 (Prenzl. Berg) S Greifswalder Str. ☎ 420 249 146 Öffnungszeiten bitte erfragen ▶Zur Schwimmhalle gehört eine Trockensauna, Tauchbecken, Sanarium, Dampfbad und ein kleiner Garten mit finnischer Sauna. 9/7€ für 3 Stunden inkl Schwimmen.

930 Schwimmhalle Holzmarktstr. E10
Holzmarktstraße 51 (Friedrichshain) SU Jannowitzbrücke ☎ 249 21 74

Öffnungszeiten bitte erfragen ▶Zur Schwimmhalle gehört eine Trockensauna mit Tauchbecken. Drei Stunden kosten 8/6,50€ mit Schwimmbadnutzung.

Natur

Nabu & BUND

931 Nabu Landesgeschäftsstelle Übersicht d7

Wollankstr. 4 (Pankow) Ⓢ Wollankstr. ☎ 986 08 370 Mo–Fr 9–17, Fr 9–15 ▶Der mitgliederstärkste Naturschutzverband der Stadt bietet ganzjährig interessante Führungen und Informationsveranstaltungen zu allen Themen, die den Naturfreund interessieren. Ob es sich um Vögel, Amphibien, Fledermäuse, ökologischen Landbau oder Pilze und Kräuter handelt, hier finden Sie Informationen und Gleichgesinnte. Für Mitglieder sind die Führungen kostenlos, andere Teilnehmer sollten sich mit mindestens 2€ an den Unkosten beteiligen. Das kostenlose Veranstaltungsprogramm des Nabu, das jeweils für ein halbes Jahr gilt, erhält man auch in öffentlichen Bibliotheken und bei Behörden. *www.nabu-berlin.de*

932 BUND Landesverband Berlin H5

Crellestr. 35 (Schöneberg) ☎ 78 79 00 12 Mo–Do 10–12+14–17, Fr 10–13 ▶Der BUND Landesverband bietet geführte Wanderungen und Informationen zu so ziemlich allen Belangen des Umwelt- und Naturschutzes. Für alle Naturinteressierten eine wichtige Anlaufstelle. Termine bitte dem Internet entnehmen. ✍ *www.bund-berlin.de*

Ökowerk

933 Naturschutzzentrum Ökowerk Übersicht f5

Teufelsseechaussee 22-24 (Grunewald) Ⓢ Heerstr., dann 2km der Teufelsseechaussee folgen ☎ 300 00 50 Sommer: Mo–Fr 9–16, Winter: Mo–Fr 9–16 ▶Jeden Sonn-und Feiertag 12-18 Uhr (Winterhalbjahr 11-16) gibt es Führungen und Spezialprogramme zu Naturbeobachtung, gesundem Leben und Naturschutz. Sehr geeignet auch für Kinder. Auch sonst stehen die Mitarbeiter des Ökowerks für Umweltthemen zur Verfügung. *www.oekowerk.de*

Waldschulen

Die Waldschulen sollen Kinder an die Natur heranführen, aber auch Erwachsene können hier einiges erfahren. So werden z.B. eßbare Wildkräuter vorgestellt oder Pilzberatungen durchgeführt. Termine erfragt man am besten telefonisch oder entnimmt sie der Waldzeitung, die vom Landesforstamt herausgegeben wird. Sie ist bei den Revierförstereien, den Bürgerberatungen der Bezirke und den öffentlichen Bibliotheken kostenlos erhältlich. Das Programm und weitere Informationen finden sich auch im Internet unter *www.stadtentwicklung.berlin.de/forsten/waldschulen/*. Veranstaltungen wie Führungen oder Basteln mit Naturmaterialien pro Kind 1,50€, Erwachsene 2,50€, Familien bis 5 Personen 5€.

934 Schutzgemeinschaft Deutscher Wald – Waldmuseum/Waldschule Übersicht g5

Im Fachwerkhaus Jagdschloß Grunewald (Zehlendorf) 🚌 X10 bis Pücklerstr., dann 1km Waldweg ☎ 813 34 42 tgl. 8–15.

935 Waldschule Bucher Forst Übersicht b9

Wiltbergstr. 55 (Buch) Ⓢ Buch ☎ 941 14 733 tgl. 8–15.

936 Waldschule Plänterwald Übersicht g9

Dammweg 1B (Plänterwald) Ⓢ Plänterwald ☎ 530 00 970 tgl. 8–15.

937 Waldschule Spandau Übersicht d4

Niederneuendorfer Allee 81 (Spandau) 🚌 136 ab ⓈⓊ Rathaus Spandau bis Halt: Bürgerablage ☎ 336 30 55 nur mit Anmeldung.

938 Waldschule Zehlendorf – Revierförsterei Dreilinden Übersicht h4

Stahnsdorfer Damm 3 (Zehlendorf) Ⓢ Wannsee ☎ 804 95 180 tgl. 8–15.

939 Waldschule / Lehrkabinett Teufelssee Übersicht h11

Müggelheimer Damm 144 (Müggelheim /

Köpenick) X69 bis Haltestelle Rübezahl ☎ 694 13 71 tgl. 8–15.

Waldlehrpfade

Auf den Waldlehrpfaden kann man die Natur auf eigene Faust erkunden und auf Tafeln alles Wissenswerte erfahren.

940 Tegeler Forst Übersicht c5
Ehrenpfortensteig 9 (Hermsdorf) S Tegel U Alt-Tegel ☎ 404 79 25 (Di 14–18) kostenlos ▶Auf 2,8 Kilometern werden Bäume und im Wald lebende Tiere erklärt. Der Pfad grenzt an ein Wildschaugehege, in dem Schwarz-, Dam- und Rotwild leben.

941 Teufelssee Übersicht h11
Müggelheimer Damm 144 (Müggelheim) 169 bis Haltestelle Rübezahl ☎ 654 13 71 kostenlos ▶Beginnend am Lehrkabinett sind hier die Eigenarten der Tier- und Pflanzenwelt erklärt.

Weltraumführung

942 Archenhold-Sternwarte H13
Alt-Treptow 1 (Treptow) S Treptower Park ☎ 534 80 80 nach Veranstaltung ▶Hier kann man u.a. den »Großen Refraktor«, das längste Linsenfernrohr der Welt bewundern oder bei wechselnden Sonderausstellungen viel über Sterne lernen. ✍ *www.astw.de*

943 Bruno H. Bürgel-Sternwarte Übersicht e3
Heerstr. 531 (Staaken) M37, X49, M49 ☎ 363 62 42 nach Veranstaltung ▶Die Sternwarte wird von einem Verein betrieben und ist mehr als die anderen Sternwarten wissenschaftlich orientiert. Namhafte Wissenschaftler halten hier Vorträge oder veranstalten Exkursionen. Die Öffentlichkeit ist willkommen, es gibt aber kein »Infotainment«. ✍ *www.bhb-sternwarte-berlin.de*

944 Orbital im FEZ Wuhlheide Übersicht g10
An der Wuhlheide 197 (Oberschöneweide) 27, 63, 67 bis Freizeit- und Erholunszentrum ☎ 530 71 593 Sa 13–18 und So 10–18 bei stündlichem Durchlauf. Spezielle Veranstaltungen für Gruppen können vereinbart werden 2€ ▶Hier kann man den Weltraum erleben oder spezielle Veranstaltungen besuchen. V.a. für Kinder ganz toll. *www.fez-berlin.de*

945 Planetarium am Insulaner Übersicht g6/7
Munsterdamm 90 (Steglitz) S Priesterweg ☎ 790 0930 nach Veranstaltung ▶Auch hier ein breitgestreutes Programm, v.a. auch für Kinder und Schüler. Es gibt eine Astronomieshow und Weltraummärchen und zweimal jährlich einen Monat Hörspiel unterm Sternenhimmel in Kooperation mit dem RBB. Das aktuelle Programm im Internet. ✍ *www.wfs.be.schule.de*

946 Zeiss-Großplanetarium B10
Prenzlauer Allee 80 (Prenzl' Berg) S Prenzlauer Allee ☎ 42 18 45 12 nach Veranstaltung ▶Das Großplanetarium wurde im Oktober 1987 als eines der größten Sternentheater Europas eröffnet. Man kann hier alles über Sterne lernen, oder auch Hörspiele und Filme genießen. Das vielfältige Progamm ist der Homepage zu entnehmen. ✍ *www.astw.de*

Jahreszeiten

Frühling

Wildkräuter sammeln

Eine große Freude ist es, wenn im zeitigen Frühjahr die ersten Kräuter sprießen. In Berlin wachsen in den größeren Parks häufig Waldmeister, Wunderlauch und andere Kräuter. Man sollte sich aber etwas auskennen und nicht an befahrenen Straßen oder in stark frequentierten Hundeauslaufgebieten sammeln. Löwenzahn und Brennesseln kennt wohl jeder, darüberhinaus wird es oft schon schwierig. Man kann dann entweder an einer Wildkräuterführung von Nabu oder den Waldschulen teilnehmen, oder sich selbst in Büchern oder im Netz kundig machen. Zwei gute Netzadressen sind:

www.big-flora.de
▶Das Bundesinformationssystem Genetische Ressourcen ist eine Super-Datenbank mit Einträgen zu mehr als 150 000 Obst- und Gemüsepflanzen, Blumen, Sträuchern und Bäumen.

www.floraweb.de
▶Dies ist die Internet-Seite des Bundesamtes für Naturschutz. Hier finden sich Bestimmungshilfen und Informationen über geschützte Pflanzen.

Rezept Waldmeisterbowle

Eine Handvoll Waldmeister sollte leicht in den Händen gerieben und etwas angetrocknet werden. Also etwa einen Tag liegen lassen oder für Spontanaktionen kurz im Backofen antrocknen (nicht rösten). Dann läßt man den Waldmeister im optimalen Fall eine Stunde in einem Glas Weißwein ziehen. Wenn es ganz schnell gehen soll, legt man ihn sofort in eine große Kanne oder einen Topf und gießt eine Flasche Weißwein, eine Flasche Sekt (im besten Falle beide gekühlt) darauf. Dann schneidet man eine ungespritzte oder gut abgewaschene Orange in Scheiben und fügt sie zu. Waldmeister wirkt leicht euphorisierend, weswegen der Konsum von Waldmeisterbowle außerordentlich vergnüglich ist.

Blumen und Gemüse sähen

Falls man über irgendwelche Anbauflächen verfügt, sei es Fensterbrett oder Balkon, gehört zu den echten Frühlingsvergnügungen auch die Aufzucht von Pflanzen aus Samen. Man kann im Frühjahr in nahezu jedem Supermarkt Samentütchen kaufen. Ich empfehle in diesem Falle aber eher das Fachgeschäft, weil es einfach die Freude um ein Vielfaches erhöht, fachkundige Beratung zu haben und unter einer Vielfalt von Sorten wahlen zu können, was sich im Preis letztlich nur geringfügig niederschlägt, wenn man keinen ganzen Acker einsähen will. Auch lohnt es sich weitaus eher, Geld und Mühe in den Anbau von Sorten zu stecken, die einem nicht in jedem Supermarkt nachgeworfen werden. Vorzuziehen sind im Grunde Nutzpflanzen, weil man an ihnen die gleiche Freude wie an Blühpflanzen hat, jedoch am Ende eine Ernte einfährt. Für Blühpflanzen gilt jedoch das gleiche.

947 Samen Pohle F1
Kaiser-Friedrich-Str. 50a (Ecke Kantstraße) (Charlottenburg) Ⓢ Charlottenburg, Ⓤ Wilmersdorfer Str. ☎ 324 49 53 ⌚Mo–Fr 9–18, Sa 9–14 ▶Samen, Raritäten, Pflanzenschutz, Gartengeräte.

948 Samen Wilhelm C3-D3
Beusselstr. 66 (Moabit) Ⓢ Beusselstraße ☎ 391 36 74 ⌚8:30–18, Mi+Sa –13 ▶Inhaber Ludwig Gaupp-Wagener kann man alles über Pflanzen und Wildvögel fragen. ★★★

949 Treppens Übersicht h5
Berliner Str. 88 (Zehlendorf) Ⓢ Sundgauer Str. ☎ 811 33 36 ⌚Mo–Fr 9–18, Sa 9–13:30 ▶Ganzjährig ein umfangreiches Sortiment. *www.treppens.de*

Tip: Man kann es mangels eigener Anbauflächen auch wie Goethe machen: Der soll bei seinen Spaziergängen immer ein Samentütchen dabei gehabt haben, dessen Inhalt er verstreute, um sich dann bei weiteren Spaziergängen am Gedeihen seiner Saat zu erfreuen. Bitte jedoch nicht in geschützten Parks praktizieren!

Sommer

Biergärten & Clubs

950 Biergarten von MS Völkerfreundschaft C9
Kollwitzstr. 22, auf dem Senefelderplatz (Prenzl. Berg) Ⓤ Senefelderpl. ☎ 440 42 363 ⌚tgl. ab 12 je nach Wetter, Publikumsverkehr und Reaktionen der Nachbarn ⊖ Berliner 0,5l Fl. 1,80€ ▶Es gibt ihn noch, wenn auch gegenüber. Der wunderbare Bauwagen von MS Völkerfreundschaft versorgt den mittlerweile ziemlich überpolierten Kiez auf einer Baubrache mit billigem Bier. Leider vorerst nur bis Herbst. ★★★
www.ms-voelkerfreundschaft.de

951 Café Schönbrunn D10
Am Schwanenteich im Volkspark Friedrichshain (Friedrichshain) 🚋 M5, M6, M8 ☎ 467 93 893 ⌚Restaurant 10–1, Biergarten 16–2, Kiosk 12–21 bzw. WE 10–21 ⊖ Im Biergarten kosten 0,5 Bier 3€ ▶Einerseits österreichisches Restaurant, andererseits Biergarten sowie ein Kiosk. Die Essenspreise standen bei Redaktionsschluß noch nicht fest, sollen sich aber im unteren Preissegment bewegen. Der Kiosk

hat die gleichen Preise wie der Biergarten. *E-Mail: office@schönbrunn.net*

Café Geissler 314

952 Club der Visionäre G11
Am Flutgraben 1 (Alt-Treptow) U Schlesisches Tor, S Treptower Park ☎ 695 18 944 Mo–Fr ab 16, Sa/So ab 12 0,5l Augustiner Edelstoff für 3€ ▶ Sehr angenehmer Aufenthaltsort mit guter Musik und netten Leuten. Gehört neben Freischwimmer, Hoppetosse, Badeschiff und Glashaus zum Arena-Imperium von Falk Walter. *www.clubdervisionaere.com*

953 Grillo Imbiß F13
Boxhagener Str. 68 (Friedrichshain) S Ostkreuz ☎ 291 79 14 tgl. 8–4 ▶ Kein direkter Biergarten, sondern eher Türkenimbiß mit Zapfanlage und Klo. Für sagenhafte 1,80€ kann man mit Blick auf die Gleise 0,5l Bier trinken, im Sommer auf Bänken vor der Tür.

954 Gaststätte und Kiosk Schmetterlingshorst Übersicht h11
Schmetterlingshorst 1 (am Langen See, Köpenick) 62 letzte Station vor Wendenschloß, dann ca 1/4h am Wasser langlaufen ☎ -Infos beim Sportbund Treptow-Köpenick: 674 98 13 tgl. 10-17 ▶ Wurst und Bier zu günstigen Preisen. Der Sportbund Treptow-Köpenick, der auch das Strandbad Müggelsee betreibt, bemüht sich seit Jahren, die traditionelle Ausflugsgaststätte wieder aufzubauen. Man kann schon Ergebnisse besichtigen. Ansonsten gibt es für Wanderer und Wassersportler kleine Erfrischungen am Kiosk. ✍

955 Insel Übersicht f9
Alt-Treptow 6 (Alt-Treptow) S Treptower Park ☎ 20 91 49 90 Ab Mitte Mai bis Herbst tgl. 14–open end (ca. 22–23) 0,5l Bln. Pilsner für 2€. ▶ Der Internationals Bund, der die Insel unterhält, tritt stark für Jugendarbeit ein und bietet Aktivitäten vielfältiger Art an. Paddelboote zum kostenlosen Ausleihen, DJs legen täglich Platten auf (Reggae, Electro, DnB). Liegestühle und Hängematten vorhanden. Cocktails und Snacks – alles, was man zum Chillen braucht. *www.insel-berlin.net*

↗ **Bootsverleih »Rent a Boat«**
An der Abteibrücke ☎ 0177-299 32 62 Ab Ostern 10 – Dunkelheit Ruderboot (4 Pers.) 8€/Std., Wassertreter 11€. Auch Motorboote. Frisch gezapftes Bier 0,4l für 2€ und Rostbratwurst 1€. *www.rent-a-boat-berlin.com*

956 Kiki Blofeld Club F9-10
Köpenicker Str. 48/49 (Mitte) U Heinrich-Heine-Str.. ☎ 0173/78 28 28 6 tgl. ab 12 0,3 Bier 2,50, zu Essen gibt es auch. Leider 1€ Eintritt ▶ Ehemals eine unterirdische Anlegestelle für NVA–Boote, fungiert das Bootshaus jetzt auch ganzjährig als Club. Tischtennisspielen und in der Sonne sitzen geht aber immer noch, allerdings auf weniger Fläche. ✍

957 Loretta am Wannsee Übersicht h4
Kronprinzessinnenweg 260 (Zehlendorf) S Wannsee ☎ 803 51 56 tgl.10–24 0,5l ab 2,80€, Rostbratwurst mit Brot 1,80€, 0,5l Hefe 2,60€ ▶ Ältester und bekanntester sowie größter Biergarten West-Berlins. Angenehm gemischtes Publikum. Ami-Touristen neben Zehlendorfer Rentnern und Frauen mit zweifarbigen Frisuren sowie Leute, die auch in Mitte nicht auffallen würden. Entspannte Atmosphäre bei fairen Preisen. *www.loretta.de*

958 Löcknitzidyll Übersicht h13
Fangschleusenstr. 1 (Erkner i. Brandengb.) ☎ 03362/501 104 tgl. ab 7–open end Bier 2,50€, Essen 5€ ▶ Schöne Großgaststätte mit großem Biergarten am Wasser und moderaten Preisen. Wie der Name schon sagt wirklich idyllisch gelegen. ✍

959 Ökonomie RVG Übersicht f4
Brandensteinweg 2 (Spandau) S Pichelsberg ☎ 361 14 67 Di–So ab 12–? ▶ Hier werden die Grundbedürfnisse von Wassersportlern befriedigt. Bier und Knackwurst oder Bratkartoffeln mit Spiegelei. Im Sommer auch auf der großen Terrasse. Wenn man zu ungewöhnlichen Zeiten oder mit vielen Leuten kommt, vorher anrufen. ✍

960 Oranke Orange E11
Karl-Marx-Allee 93 (Friedrichshain) U Weberwiese ☎ 214 00 22 Mo–Fr 15–23, Sa/So 12–23 ▶ Auch hier wurde mittlerweile jede Menge Sand aufgeschüttet. Korrekter Biergarten, neben diversen Spe-

zialangeboten immer 0,4l Berliner Pilsener für 2,50€. *www.oranke-orange.de*

961 Oranke am See Übersicht e9
Orankestr. 41, Oberseestraße (Hohenschönhausen) ☎ 214 00 22 Mo–Fr 16–22, Sa 12–22, So 10–22 ▶Strandbar mit Sandstrand am See und günstigen Preisen. *www.oranke-am-see.de*

962 Oststrand F10
Mühlenstraße, auf Hälfte der East Side Gallery (Friedrichshain) S Ostbahnhof SU Warschauer Str. Ab 28. April tgl. 10–open end Pils lokal 0,3l 2€, divers 2,50€ ▶Der gleiche Betreiber wie Strandbar Mitte, was man auch an der Atmosphäre merkt. Das Publikum ist allerdings nicht so mittig, sondern mehr friedrichshainig, weshalb auch nicht sehr freundliche Alkoholkontrollen durchgeführt werden. Der Oststrand verfügt jetzt über 10.000qm feinen Sand. Ab Mai gibt es ständig kostenlose Konzerte und Partys bei freiem Eintritt und sogar Völkerballmeisterschaften echter Völker mit passender Musik und Getränken. Außerdem die schönsten Sonnenuntergänge der Stadt. *www.oststrand.de*

963 Pizza & Pasta D8
Karl-Liebknecht-Str./ Ecke Gontardstr. (Mitte) SU Alexanderplatz ☎ 284 44 585 tgl. rund um die 0,5l Bier 2,50€ ▶Auf Holzbänken in Alexnähe und draußen.

☛ Pfefferberg 199

964 Playa Paradiso C/D 2
Goslarer Ufer 1 (Charlottenburg) tgl. ab 10. Happy Hour 17-19 ▶Sandstrand und Jamaikan Barbecue. Einen Regenunterstand für die nicht so schönen Tage gibt es auch.

☛ Prater 260

965 Schleusenkrug F3-F4
Müller-Breslau- Str./ Tiergartenschleuse (Charlottenburg) SU Zoolg. Garten ☎ 313 99 09 tgl. ab 10 0,5l Bier für unverschämte 3,30€, Neulandbratwürstchen Paar 3€ ▶Gehört eigentlich nicht hierher, ist allerdings leider der schönste innerstädtische Biergarten im Westen. *www.schleusenkrug.de*

966 schönwetter im Mauerpark B8
Bernauer Str. 6 (Prenzl Berg) U Eberswalder Str. ☎ 0177-373 78 41 Wenn es nicht regnet ab 18Uhr, Sonntags ab 10Uhr 0,3l Berliner 2€ ▶Die Lounge unter freiem Himmel hat wirklich nur bei schönem Wetter auf. Kurzfristige Informationen bitte dem Internet entnehmen. *www.schoenwetter-berlin.de*

☛ Sommergarten des FaF 278

967 Stadtstrand F-G11
Mühlenstraße, nahe Oberbaumbrücke (Friedrichshain) Ostbahnhof, SU Warschauer Str. ☎ 293 38 010, gehört zum Speicher ab Mai 10–open end ▶0,3l Bier 2,50€, Bratwurst 1,75€.

968 Space Beach F10
Mühlenstraße 63 SU Warschauer Str. Bar ab April 12–open end ▶Sand, Ponton in der Spree zum Baden.

969 Strandbar Mitte D8
Monbijoustr. 3 (Mitte) SOranienburger Str. Ab 29. 04. tgl. ab 10 Getränke: Mit 2€ für ein Fläschchen (0,3l) Berliner Pilsener eigentlich zu teuer, aber zu schön um hier nicht erwähnt zu sein. Di=Theatertag 11/8€ ▶Herrliche Strandlandschaft an der Spree mit Liegestühlen. Betreiber ist Christian Schulz vom Hexenkessel-Hoftheater. Bekanntestes Open-Air-Theater Berlins. Man wollte die Freifläche vor dem Theater nicht ungenutzt lassen und besorgte Sand aus Caputh. *www.strandbar mitte.de*

☛ Studio Osthafen 000

970 Wassersportverein 1921 Übers. j11
Rohrwallallee 87–99 (Karolinenhof) S Grünau, dann Tram bis Fetschauer Allee ☎ 675 8530 Mi–Fr 12–open end, Sa/So 10–open end ▶Sehr schöne Vereinsgaststätte mit Hausmannskost und Bier zu wirklich sehr fairen Preisen. Man sitzt am Wasser und träumt, so sollte Sommer sein. ★★★

971 Zenner-Eierschale H13
Alt-Treptow 14-17 S Plänterwald ☎ 533 73 70 Mo–Do 11–19, Fr/Sa 11–4 o.5, So 10–19 0,4l Bier ab 2,20€, für Grill 1,50–3€ ▶Trotz fairer Getränkepreise eher Horror, da man der gruseligen Schla-

germucke in keinem Teil des Gartens entkommen kann.

972 Zur Flugschneise Übersicht g8
Oderstr.174 gegenüber dem Schützenhaus (Neukölln) SU Hermannstr. Im Sommer nachmittags und abends ▶Hier treffen sich die Freunde des Tempelhofer Flughafens zum »Flugzeuge-Gucken«. Die Atmosphäre ist ziemlich rustikal und getrunken wird nicht eben wenig. ✍

Theaterkantine Maxim Gorki 255

Übersee-Bar 816

Eisdielen

Die Öffnungszeiten beziehen sich, wenn nicht anders angegeben, auf die Hauptsaison von Ende März bis Ende September.

973 Alberto Eis H3
Güntzelstraße 44 (Wilmersdorf) U Güntzelstraße ☎ 863 98 784 Mai–Ende September tgl. 10–22, Oktober–Mitte Dezember tgl. 12–20:30, ab 1.Februar geht`s dann weiter 0,60€ die Kugel ▶Leckeres Eis und Eis-Saucen aus eigener Herstellung. Alberto betreibt seit 25 Jahren Eisdielen. ✍

974 Aldemir G11
Falckensteinstr. 7 (Kreuzberg) U Schlesisches Tor ☎ 611 83 68 tgl. 10–24 ▶40 wechselnde Sorten selbstgemachtes Eis, davon 20 ständig im Angebot. Spezialitäten: Jogurt- und Quarkeis. Selbstgemachte Waffeln.

975 Berliner Eisbär F1
Kantstr. 63 (Charlottenburg) S Charlottenburg, U Wilmersdorfer Str. ☎ 327 06 362 tgl 11–22, im Winter nicht so lange ▶Herr Wollny verarbeitet in seinen eigenen Kreationen frische Produkte aus dem Umland. Von 60 Sorten sind 24 ständig im Angebot, z.B. Berliner Vanille mit Cassis und Keksen.

976 BioEisdiele G–H10
Reichenberger Str. 104 (Kreuzberg) U Görlitzer Bahnhof ☎ 618 17 20 Mo–Sa 8–20, So 8–20 ▶Zutaten aus 100 Prozent kontrolliert biologischem Anbau. Sonnenseite.

977 Der Eisladen D6
Luisenstr. 14 (Mitte) S Friedrichstraße ☎ 28 04 54 54 tgl.11–20 Kugel 0,60€ ▶In dem sehr netten Laden ist immer Betrieb. Man kann hier auch Kaffeespezialitäten genießen oder Kuchen essen. Im Sommer schmeckt das selbstgemachte Bio-Eis auch draußen. ✍

978 Eis-Bär-Eis D3
Beusselstr. 22 (Tiergarten) TXL , 106, 123 ☎ 399 33 971 tgl.10–22? Im Sommer länger Kugel 0,50€ ▶Das ausgesrochen preisgünstige Eis ist selbst gemacht, und das schmeckt man. ✍

979 Eisdiele Arcobaleno Übersicht g9
Baumschulenstraße 74 (Baumschulenweg) S Baumschulenweg ☎ 53 21 40 88 März–Sept. tägl. 12–20, im Sommer bis 22 Kugel 0,60€, Freitags alle Eisbecher nur 2,90€! ▶Kleines Eiscafé mit über 30 selbstgemachten Eissorten. Neben den klassischen Eissorten werden auch unkonventionellere Sorten angeboten. ✍

980 Eiscafé Mauritius Messekarte a
Theodor-Heuss-Platz 2 (Charlottenburg) U Theodor-Heuss-Platz ☎ 306 23 08 Rund ums Jahr Mo–Sa 10–22, So+Feiert. 12–22 ▶Beliebt ist besonders das Bitterschokoladeneis. 44 ständig vorhandene Eissorten. Alles ist aus eigener Produktion und ohne Farb- und Konservierungsstoffe hergestellt.

981 Eiscafé Monheim H–J2
Blissestr. 12 (Wilmersdorf) U Blissestr. ☎ 822 86 32 tgl. 10–20:30 ▶Schon seit 75 Jahren stellt man hier eigenes Eis her. Von den 40 Sorten sind ständig 15 im Angebot, z.B. Honig Sesameis mit naturreinem Honig sowie Zimteis. ★★★

982 Eisflocke J5
Gotenstr. 64 (Schöneberg) S Schöneberg ☎ 781 65 22 Je nach Wetter, wahrscheinlich Mitte April bis Ende September tgl. ca.12–20 ▶Gerlinde Glitz übernahm die Eisdiele mit der kompletten Einrichtung und Rezepten aus dem Jahre 1954. Sie bietet 30 Sorten Eis an, davon 12 tgl. wechselnd im Angebot. ★★★

983 Eis-Konditorei Annett Übers. h10
Büxensteinallee 2 (Grünau) S Grünau ☎ 674 32 93 Do–Di 12–20 ▶Nettes Eis-

café in Familienbesitz mit selbstgemachtem Eis und Kuchen. Bockwurst und Bier gibt es aber auch. Im Sommer draußen. ✍

984 Eissalon Tanne B. G10
Eisenbahnstr. 48 (Kreuzberg, am Lausitzer Platz) U Görlitzer Bahnhof ☎ 0177/20 56 876 Mo–So 10–22 ▶Schöne bunte lustige Eisdiele mit selbstgemachtem Eis und Snacks. Man kann auch ein Eis–mobil für Veranstaltungen buchen. ✍

985 Florida Eiscafé Übersicht e4
Klosterstraße 15 (Spandau) 131, 134, 135 ab SU (Rathaus) Spandau bis Ziegelhof ☎ 33 15 666 tägl. 12–23

986 Franken Grunewald Eiskrem G4
Gossowstr. 6 (Schöneberg) U Nollendorfplatz ☎ 236 27 888 1.März–1.Okt. tgl. 11–21 (Mai–Sept bis 22) ▶Alle Sorten werden aus natürlichen Zutaten selbst hergestellt.

987 Gelateria Pirandello J7
Manfred-von-Richthofen-Str. 9 (Tempelhof) U Platz der Luftbrücke ☎ 78 89 93 38 tgl.12–20 ▶In dem klassischen italienischen Eiscafé gibt es auch italienische Spezialitäten und Weine. Die Einrichtung ist angenehm altmodisch und erinnert an die 60er Jahre. ✍

988 Isabel's G–H9
Böckhstr. 1 (Kreuzberg) U Schönleinstraße ☎ 606 37 42 Rund ums Jahr tgl. 9–22 ▶70 selbstgemachte Eissorten davon 20 in der Vitrine. Sorten: Zimt-Kastanien und Grapefruiteis. Kinderfreundlich.

☛ **Glücklich am Park 602**

☛ **Kauf dich glücklich 603**

989 Kleine Eiszeit B9
Stargarder Str. 7 (Prenzl. Berg) SU Schönhauser Allee ☎ 447 90 37 tgl. 12–20 ▶Pfirsich, Orange und Joghurt sind die Highlights.

Super-Ferien-Paß

Niemand, der 18 Jahre alt ist oder jünger, sollte versäumen, sich vor den Sommerferien den Super-Ferien-Paß zu besorgen. Er wird herausgegeben vom Jugendkulturservice und kostet 9 Euro. Mit dem Paß kann man in verschiedenen Freizeitstätten vergünstigte Eintrittskarten bekommen. Freibäder der Berliner Bäder-Betriebe sind den ganzen Tag kostenfrei, die Hallenbäder bis 13:00 Uhr. Wie weit das beibehalten wird, ist allerdings noch in der Diskussion. Kinder und Jugendliche bis (enschl.) 18 Jahren erhalten den Paß in den Schwimmbädern der Berliner Bäder-Betriebe, bei der Supermarktkette Kaisers, bei Karstadt Sport und in den Bürgerämtern der Bezirksämter. Im Kundencenter der Berliner Zeitung, Karl-Liebknecht Straße 29, 10178 Berlin, Tel. 232 75 777 ist er ebenfalls erhältlich. Der Paß ist nur mit einem Paßfoto gültig und nicht übertragbar. Er gilt bis zu den Osterferien. Weitere Fragen beantwortet der Jugendkulturservice, der das Ferien-Paß Programm organisiert: Tel. 235 56 20.
www.jugendkulturservice.de

Es gibt auch einen Familienpaß (Eltern, Kinder, Enkel, Großeltern) für 6 Euro pro Kalenderjahr, mit dem zahlreiche Ermäßigungen verbunden sind. Er ist an den gleichen Stellen wie der Super-Ferien-Paß zu kriegen.

Strand- und Sommerbäder

Im folgenden habe ich ein paar Freibäder mit kulturellem Mehrwert aufgelistet. Es gibt natürlich viel mehr, die man erfragen kann unter der Hotline der Berliner Bäder-Betriebe 01803-10 20 20 oder unter www.berlinerbaederbetriebe.de. Die genauen Öffnungszeiten waren bei Redaktionsschluß noch nicht zu erfahren. Die Eintrittspreise werden die gleichen bleiben, also 4/2,50€. Es soll wohl auch wieder einen Früh- und Spätschwimmertarif geben, der aber ebenfalls zu erfragen ist.

990 Badeschiff »Spreebrücke« G12
Eichenstraße 4, vor der Arena in der Spree (Alt-Treptow) U Schlesisches Tor ☎ 5332030 S Treptower Park tgl. 8–24 3€ ▶Aktion des Vereins »Stadtkunstprojekte« und der Arena. Im 8m breiten und 32m langen Badeschiff kann man den ganzen Tag schwimmen. Das Schiff liegt in der Spree und es gibt Duschen, Getränke und einen Sandstrand am Ufer. Nachts ist das Becken beleuch-

tet. Das Badeschiff wird im Winter eine Sauna (12€).

991 Freibad am Weißen See
Übersicht e8
Uferpromenade (Weißensee) M4, M13, 12 Berliner Allee /Indira-Gandhi-Str. ☎ 925 32 41 ab Mai. tgl. 9–open end 4/2,50€ ▶2 Strände mit Palmen und überdachter Bar, Spielplatz. Den ganzen Tag Sonne, keine Kriminalität. In der Bar gibt es abends oft Live-Musik und wer nach 19 Uhr noch schwimmen will, wird nicht daran gehindert – dann ist der Eintritt frei.

↗ **Übersee-Bar** (Seeweg) ☎ 926 38 45 oder 0160-220 66 36 9:00–open end 0,5l Bier 2,50€, Cocktails ab 4€. ▶Die Bar gehört zum Strandbad Weissensee, das von Regisseur Oliver Schulz betrieben wird. Sie ist aber unabhängig und ohne Eintritt zu betreten. In der Abendsonne am Sandstrand unter Palmen ein Bier trinken. Live-Musik und Gastspielort für Theatergruppen.Frühstück ab 4 EUR, abends wird gegrillt, 60 Cocktails.

992 Freibad Plötzensee B3
Nordufer 24–26 (Wedding) SU Westhafen ☎ 450 20 123 telefonisch erfragen 4/2,50€ ▶Sandstrand, große Liegewiese, FKK, Tischtennisplatten und Fußballplatz, Streetball und Volleyball. Das sehenswerte Strandbad aus den 20er Jahren hat jetzt einen privaten Betreiber und eröffnet im Mai 2006.

993 Sommerbad Olympiastadion
Übersicht f5 öffnet 15.07.06
Olympischer Platz, Osttor (Charlottenburg) U Olympiastadion ☎ 300 63 440, 300 63 473 4/2,50€ ▶Das Bad öffnet am 15.07.2006! 50m Becken, Planschlandschaft, 2 Nichtschwimmerbecken, Kinderrutsche, Sprunganlage bis 10m, Tischtennis. Das für die Olympischen Spiele 1936 erbaute Sommerbad gehört zu der von Werner March konzipierten Gesamtanlage. Hier wurden auch die Springszenen von Leni Riefenstahls Olympia-Filmen gedreht. Die Nationalsozialisten hatten die Spiele damals weitgehend ihrer Propaganda untergeordnet. Ein Rundgang auf dem riesigen Areal lohnt auf jeden Fall. Siehe auch Eintrag »Olympiastadion«.
www.berlinerbaederbetriebe.de

994 Strandbad Müggelsee
Übersicht g–h12
Fürstenwalder Damm 838 (Köpenick) S Friedrichshagen, dann weiter mit 61 bis Licht- und Luftbad Müggelsee ☎ Infos beim Sportbund Treptow-Köpenick: Tel.: 674 98 13 bitte telephonisch erfragen frei ▶Genau wie das Strandbad Wannsee 1929/30 errichtet und einfach wunderschön. Die 12,3ha große Anlage bietet Platz für bis zu 20.000 Besucher und verfügt über einen FKK-Strand, Strandkörbe, Gaststätten und auch sonst alles, was ein Strandbad braucht.
Das Bad wurde vom Bezirk übernommen und soll jetzt und in Zukunft bei freiem Eintritt Sommer wie Winter zugänglich sein. Betrieben wird es vom Sportbund Treptow Köpenick.

↗ **Borkenbude** ☎ 648 15 80 tgl. ab 12 Mittagessen für 3,80€, 0,5l Bier 2,50€, Kaffee 1€ ▶Gehört zur Surf-und Segelschule Reiner Schmidt und befindet sich links neben dem Freibad. Dort sitzt man 1 Meter vom Wasser entfernt mit Blick über den Müggelsee auf Müggelturm und Müggelberge. Auch Bootsverleih (5€ 1h, 18€ 4h).

995 Strandbad Wannsee Übersicht h4
Wannseebadweg 25 (Wannsee) S Nikolassee, dann 15 min dem Wannseebadweg folgen ☎ 803 56 12 29.04.–27.08. (oder länger) Mo-Fr 10–19, Sa/So 8–20 Einzelkarte 4/2,50€, 10er-Karte 36/22,50€, Strandkorb 8€ ▶Dem größten und schönste Binnenstrandbad Europas mit 1km Ostseesandstrand drohte die Zerstörung durch die Berliner Beamtokratie. Seit über zehn Jahren sollte der unter Denkmalschutz stehende Komplex saniert werden. Nun wird seit Dez. 2004 gebaut. Die »Stiftung Denkmalschutz« steckt 12 Mill. Euro in das Projekt. Im Mai 2007 soll es fertig sein. Es ist aber im Sommer geöffnet! Ein ganz beachtlicher Bau der Neuen Sachlichkeit, an dem auch Stadtbaurat Martin Wagner mitgewirkt hat.
www.berlinerbaederbetriebe.de

↗ **Lüders Bootscharter** Strandbad Wannsee – links am Zaun entlang, kleiner Waldweg – eigener Eingang ☎ 803 45 90 Ab Mai–Oktober tgl. 10–19 Tretboot bis 4 Pers. 11€, Ruderboot bis 4 Personen 9€, Paddelboot 7€ pro Stunde.

Bootsverleih

An einem heißen Sommertag ein Bötchen ausleihen, ist auch eines der unübertrefflichen Sommervergnügen. Die Möglichkeiten sind in Berlin sehr vielfältig.

☛ Bootsverleih »Rent a Boat« 955

996 Bootsverleih Plötzensee B3
Nordufer 23 (Wedding) SU Westhafen ☎ Inh. Wolfgang Düring 452 40 21 tgl. 10–22, Ruderboote 1.4.–1.11 Ein Ruderboot für 3 Pers. 6,50€ + 10€ Pfand. 0,5l Berliner kann man im Monoblocksessel für 2€ trinken.

997 Bootsverleih Schlachtensee
Übersicht h4
Marinesteig 6B (Zehlendorf) S Schlachtensee ☎ 803 73 04 10:30–Dunkelheit, aber nur bei schönem Wetter Ruderboote bis 4 Pers. 7€/Std.

☛ Lüders Bootscharter 995

998 Minigolf & Bootsvermietung
Übersicht d5
Greenwichpromenade (Tegel) SU (Alt-) Tegel ☎ 433 76 90 1. Mai–Ende September tgl. 10–19 Minigolf teuer, Boote billig. Minigolf: Erwachsene 3€, Kinder 2€, Ruderboot (1-3 Pers.) 5€, Tretboot 8€ ▶18 Bahnen.

Nicht zu vergessen sind hier aber auch die an anderer Stelle erwähnten Zentraleinrichtungen des Hochschulsports. Auch hier kann man günstig Bötchen leihen, muß aber vorher die entsprechenden Kenntnisse erwerben oder nachweisen. Also am besten bei Semesterbeginn erkundigen.

Badestellen – Eintritt frei

Badestellen gibt es in und um Berlin in Unmengen und fast alle Badegewässer haben eine gute Wasserqualität. Das Landesamt für Arbeitsschutz, Gesundheitsschutz und technische Sicherheit Berlin (LAGetSi) mißt alle 14 Tage die Wasserqualität, die man im Internet einsehen (www.badegewaesser. berlin.de) oder telefonisch erfragen kann (Tel. 902 16 000). Für die brandenburgischen Gewässer empfiehlt sich die folgende Internet Adresse: *www.brandenburg. de/ badestellen*

999 Große Steinlanke / Unterhavel
Übersicht g4
Havelchaussee (Zehlendorf) 318 ▶Heller Havelstrand und Paradies für Schwimmer.

1000 Krumme Lanke Übersicht g5
Fischerhüttenstraße (Zehlendorf) U Krumme Lanke ▶Da nicht janz so weit draußen, von den Berlinern auch als Erfrischung nach der Arbeit geschätzt.
↗ Winter: Eislaufen

1001 Müggelsee Übersicht g11-12
Fürstenwalder Damm (Köpenick) 61 bis Fürstenwalder Damm/Müggelseedamm ▶Der Nudistenstrand befindet sich gleich neben dem Seebad Friedrichshagen.
↗ Winter: Eislaufen

1002 Schildhorn/Unterhavel Übersicht f4
Havelchaussee (Charlottenburg) S Pichelsberg ▶Gemischtes Publikum.

1003 Schlachtensee Übersicht g4-h4
Am Schlachtensee (Zehlendorf)
S Schlachtensee ▶Da nicht janz so weit draußen, von den Berlinern auch als Erfrischung nach der Arbeit geschätzt.
↗ Winter: Eislaufen

1004 Tegeler See Übersicht d5
Maienwerderweg und Schwarzer Weg (Tegel) SU (Alt-)Tegel ▶Am Tegeler See gibt es mehrere Badestellen, ist er doch einer der größten Seen Berlins.

1005 Teufelssee Übersicht f5
Teufelsseechaussee im Grunewald (Grunewald) S Heerstraße, dann 2km der Teufelsseechaussee folgen ▶In der Nahe des Ökowerks (s. dort), das den See auch kontrolliert, treffen sich die FKK-Anhänger mit zahlreichen Kleinkindern.
↗ Winter: Eislaufen

Fähren

Mit einem BVG-Fahrausweis kann man auch die sechs Fährlinien befahren, die im Auftrag der BVG betrieben werden. 6,9 Kilometer Strecke befährt die BVG täglich auf Berlins Wasserstraßen. Auf allen Fähren dürfen Fahrräder mitgenommen werden. Die Fähren fahren allerdings nicht bei Nebel oder Eis. Wenn man nur die Fähre benutzt, löst man einen Kurzstrecken-Fahrausweis (1,20/1 Euro)

Ganzjährige Fähren

F 10 Übersicht g3–g4
(Wannsee – Kladow) Ⓢ Wannsee ☎ 194 49 ◷ stündlich ▶Fährt zwischen S-Bahnhof Wannsee und Alt-Kladow.

F 11 Übersicht g9
(Oberschöneweide–Baumschulenweg) Ⓢ Baumschulenweg ☎ 194 49 ◷ alle 20 Min. ▶Fährt zwischen »Oberschöneweide, Wilhelmstrand« und »Baumschulenstr./ Fähre«.

F 12 Übersicht h10
(Grünau) Ⓢ Grünau ☎ 194 49 ◷ alle 20/30 Min ▶Fährt zw. »Wendenschloß, Müggelbergallee« und »Grünau, Wassersportallee«.

Saisonfähren

In der Saison (täglich außer Montag ab 9. April am Wochenende und ab 4. Mai unter der Woche bis 3.Oktober). Wenn Sie einen Ausflug planen, können Sie vorher im BVG Call-Center anrufen (19 44 9) und sich nach den Fahrzeiten erkundigen.

F 21 Übersicht j11
(Schmöckwitz) 🚌 68 von Ⓢ Grünau ☎ 194 49 ▶Fährt zw. »Krampenburg«, »Große Krampe« und »Schmöckwitz, zum Seeblick«.

F 23 Übersicht h12
(Rahnsdorf) 🚌 161 von Ⓢ Rahnsdorf, 🚌 169 von Ⓢ Köpenick ☎ 194 49 ▶Fährt zw. »Rahnsdorf, Müggelwerderweg« und »Rahnsdorf Kruggasse«.

F 24 Übersicht h12
(Rahnsdorf) 🚌 161 von Ⓢ Rahnsdorf, 🚌 169 von Ⓢ Köpenick ☎ 194 49 ▶Ein Ruderboot! Fährt zw. »Müggelheim, Spreewiesen« und »Rahnsdorf, Kruggasse«.

Bootstouren

1006 **Reederei Riedel G9**
Planufer 78 ☎ 693 46 46 ◷ ❸ Brückenfahrt 14€ ▶Die Reederei Riedel ist spezialisiert auf Innenstadttouren: Kern- und Brückenfahrten sowie Abendfahrten. Anlegestellen: Märkisches Ufer, Kottbusser Brücke, Hallesches Tor, Hansabrücke, Potsdamer Brücke etc. ✍
www.reederei-riedel.de

1007 **Stern & Kreisschiffahrt H12**
Puschkinallee 15 (Treptow) Ⓢ Treptower Park ☎ 53 63 600 ❸ Brückenfahrt 16€ ▶Verschiedene Touren v.a. Innenstadt und Havel sowie nach Potsdam. Anlegestellen: Jannowitzbrücke, Schloßbrücke Charlottenburg, Hafen Treptow, Wannsse und Potsdam Lange Brücke. ✍
www.sternundkreis.de

Grünanlagen

1008 **Grunewald Übersicht f4-5, g5-5**
(Grunewald) Ⓢ Grunewald ▶Tatsächlich schon ein Waldgebiet, zu Mauerzeiten hoffnungslos überlaufen, jetzt aber wieder gut zur Erholung nutzbar. Auf dem Teufelsberg kann man Rodeln, Drachen steigen lassen und klettern. In der Havel kann man schwimmen und im Wald radfahren.

1009 **Köpenicker Forst Übersicht g11-12, h11-12**
(Köpenick) z.B. Ⓢ Rahnsdorf ▶Die größte zusammenhängende Waldfläche mit dem größten See Berlins, dem Müggelsee (nördlich und südlich des Sees) Hier auch zahlreiche Freizeiteinrichtungen.

1010 **Lustgarten E8**
(Mitte) Ⓢ Hackescher Markt ▶Diese Oase mitten in der Innenstadt lädt im Sommer ein, sich die Füße zu kühlen. Der früher viel größere Lustgarten ging aus einem kurfürstlichen Küchengarten hervor. Hier wurden auch in Berlin die ersten Kartoffeln angebaut.

1011 **Mauerpark B8**
(Prenzl. Berg) Ⓤ Eberswalder Str. ▶Zur Zeit der interessanteste aber auch der vermüllteste Park in Berlin.

1012 **Pfaueninsel Übersicht h3**
Pfauenseeinselchaussee /Nikolskoer Weg (Zehlendorf) Ⓢ Wannsee, dann 🚌 318 ☎ Besucherinformation: (0331) 969 42 02 ◷ März 9–17, April 9–19, Mai–August 8–21, Sept. 9–19, Okt. 9–17, Nov.–Febr. 10–16 ❸ Nur mit der Fähre erreichbar, Überfahrt kostet 2€ ▶Vergnügungsinsel

der Preußenkönige mit Schinkelschlößchen, Ruinenarchitektur und Pfauen. *www.spsg.de*

Schloß und Park Glienicke 1112

1013 **Schloßpark Charlottenburg** D1
(Charlottenburg) U Richard-Wagner-Platz ▶Halb französisch, halb englischer Garten. Sehr kultivierter Park ohne Freizeiteinrichtungen. So schön, daß einem auch kein wildes Grillen einfällt.

1014 **Tiergarten** E4-F6
(Tiergarten Süd) S Tiergarten ▶Einst kurfürstliches Wildgehege vor den Toren der Stadt, heute zentraler Grillplatz der Berliner. Der größte innerstädtische Park mit schönen Alleen, Gewässern, Denkmälern und Biergärten.

1015 **Treptower Park** H12
(Alt-Treptow) S Treptower Park ▶Der Park im englischen Stil wurde Ende des 19. Jahrhunderts für eine Gewerbeausstellung errichtet. Das langgestreckte, lichte Waldgebiet entlang der Spree hat seitdem als Ausflugsziel Tradition. Sehenswert ist das Sowjetische Ehrenmal (siehe Eintrag »Sowjetisches Ehrenmal«).

Kreuzberg mit Wasserfall 148

1016 **Volkspark Friedrichshain** D10
Landsberger Allee (Friedrichshain) Tram M5 M6, M8, M10 ▶Schöner großer Park mit sehenswertem Märchenbrunnen. Spielplatz, Skating, Halfpipe, Rodeln, Streetball. Vorwiegend junge Friedrichshainer.

1017 **Volkspark Hasenheide** H-J9
(Neukölln) U Hermannplatz ▶Im ehemals kurfürstlichen Hasengehege gründete »Turnvater Jahn« 1810 den ersten Turnplatz Deutschlands. Die Mauer von Jahns Denkmal bilden z.T. 140 Jahre alte Gedenksteine von Turnvereinen in aller Welt. Heute gibt es Spielplatz und Rodelbahn. Kreuzberg-Neuköllner Mischung.

1018 **Volkspark Wilmersdorf** J3
Freiherr-vom-Stein-Str. U Rathaus Schöneberg ▶Im Anfang des letzten Jahrhunderts angelegten Park wurden v.a. die aufwendigen Steinmetzarbeiten wieder hergestellt. Er beginnt am Rathaus Schöneberg mit einer tieferliegenden Wiese, die von halbrunden Terrassen umrahmt ist und gekrönt wird von einem goldenen Hirsch, dem Wappentier Schönebergs. Jenseits der Carl-Zuckmayer-Brücke beginnt der landschaftlich gestaltete Teil, der an der Kufsteiner Str. in den Volkspark Wilmersdorf übergeht. Ein Teil des Parks (östl.) heißt heute »Rudolf-Wilde-Park«. ✍

Grillplätze in Grünanlagen

Aktuelle Informationen erhält man unter: *www.stadtentwicklung.berlin.de/umwelt/stadtgruen/gruenanlagen/de/nutzungsmoeglichkeiten/grillen/de/hier.shtml*
Das Grillen ist kostenlos und muß nicht angemeldet werden).

1019 **Alt-Stralau – Wendenwiese** Übersicht f9
Tunnelstr. 1-4 / Alt-Stralau 32a (Friedrichshain) S Ostkreuz.

1020 **Blücherplatz** G7-8
Wiese zum Waterloooufer hin (Kreuzberg) U Hallesches Tor ▶Nicht gerade sehr romantischer Platz zwischen zwei Hauptverkehrsstraßen.

1021 **Fennpfuhlpark** C13
Nähe Anton Saefkow-Plat (Lichtenberg) Tram M8.

1022 **Görlitzer Park** G10-11
zwei ausgewiesene Grillflächen (Kreuzberg) U Görlitzer Bhf. ▶Hier stand einst der Kopfbahnhof Görlitzer Bahnhof. Im Zuge der verkehrlichen Umstrukturierung Berlins in der Nachkriegszeit wurde er, wie seine Kollegen Potsdamer und Anhalter Bahnhof, abgerissen.

1023 **Großer Tiergarten** E6
Grillgebiet zwischen John-Foster-Dulles Allee, Großer Querallee, Straße des 17. Juni und Spreeweg (Tiergarten Süd) S Bellevue, Bus 100.

1024 **Ludwigsfelder Str./ Neuruppiner Straße** Übersicht h5
(Zehlendorf) Bus 101, 623.

1025 **Mauerpark und Falkplatz** B8
(Prenzl. Berg) SU Schönhauser Allee.

1026 **Monbijoupark** D8
Ausgewiesene Rasenfläche, Oranienburger Ecke Monbijoustr. (Mitte) S Hackescher Markt.

1027 Rudolf-Mosse-Platz Übersicht g6
(Wilmersdorf) U Rüdesheimer Pl. ▶Rudolf-Mosse-Platz /Mecklenburgische Str.

1028 Stadtpark E13
(Lichtenberg) SU Frankfurter Allee.

1028a Volkspark Friedrichshain D10
Am kleinen Bunkerberg (Friedrichshain) Tram M5, M6, M8 ▶Schöner Platz mit viel Grün drumherum.

Kletteranlagen

Wenn man in Berlin klettern will, gibt es mehrere Möglichkeiten. Man kann in einen der beiden Sektionen des Alpenvereins eintreten, die auch die untenstehenden Kletterfelsen unterhalten und Kurse anbieten:

1029 AlpinClub Berlin e.V. Sektion des DAV E1
Spielhagenstr. 4 (Charlottenburg) U Bismarckstr. ☎ 345 08 804 ⌚Mo–Fr 16–18. *www.alpinclub-berlin.de*

1030 Deutscher Alpenverein Sektion Berlin e.V. F8
Markgrafenstr. 11 (Kreuzberg) U Kochstr. ☎ 251 09 43 ⌚Mo+Mi 14–19, Fr 9–13. *www.dav-berlin.de*

Dann gibt es noch die Seite *www.klettern-in-berlin.de* mit zahlreichen Links, die jeder Kletterinteressierte in Berlin eifrig studieren sollte. Ferner kann man beim Hochschulsport der Unis Einführungskurse buchen, bei denen das Material (bis auf Schuhe natürlich) zunächst gestellt wird. Als Einführung eigentlich erstmal die beste Lösung, weil man keine längerfristigen Bindungen eingehen muß und feststellen kann, ob der Sport einem liegt.

An folgenden Kletterfelsen, die von den Alpenvereinen unterhalten werden, ist aus haftungsrechtlichen Gründen das Klettern nur für Mitglieder erlaubt. Wenn man sich für den Sport interessiert, sollte man trotzdem einfach mal vorbeigehen und sich die Sache anschauen.

1031 Bunkerwand im Volkspark Humboldthain A-B7
Von der S-Bahn Gesundbrunnen führt ein breiter Weg zum Bunker (Gesundbrunnen) SU Gesundbrunnen ▶Die 14m hohe Wand gehört zu den größten Kletteranlagen in Norddeutschland. Benutzung leider nur für Mitglieder des DAV (Deutscher Alpenverein).

1032 Kirchbachspitze G5
Alvenslebenstr. (Schöneberg) U Bülowstraße ▶12,5m hoch, Deutscher Alpenverein.

1033 Kletteranlage Reinickendorf Übersicht c6–c7
Am Ende der Königshorster Str., Grundstücksnr. 13 (Märkisches Viertel) SU Wittenau ☎ Robert Scherer: 0172-393 41 06, AlpinClub ▶13m breit und 8m hoch. Eingezäunte Anlage mit Flutlicht. Vom Alpin Club genutzt. Öffnungszeiten tgl. 14–17 Uhr Jugendklub Reinickendorf. Do ab 18 Uhr Herr Scherer. Für sonntags Zeiten erfragen. Interessenten können gerne vorbeikommen, sollten aber Ausrüstung und Kenntnisse mitbringen.

☛ **Kletterfelsen am Teufelsberg 1066**

1034 Schwedter Nordwand im Mauerpark B8
Schwedter Steg (Prenzl. Berg) U Eberswalder Str. ⌚Mo+Mi 15–19 kostenloses Training für Kinder und Jugendliche. 15m hoher Kletterfelsen mit 18 verschiedenen Routen. Betreut wird der Felsen vom Alpinclub Berlin.

1035 Monte Balkon im Malchower Auenpark Übersicht d9
Ribnitzer Str. / Ecke Hohenschönhauser Weg (Hohenschönhausen) S Wartenberg ☎ Thorsten Kresse 0174-1910592 ▶400m^2 Kletterfläche bei 15m Höhe und eine Boulderwand 60m^2 bei 3m Höhe. Zaun.

1036 Wuhlewächter im Landschaftspark Wuhletal Übersicht d10
Havemann / Kremberger Str. (Mahrzahn) S Ahrensfelde ☎ 998 87 33 Ansprechpartner Joachim Rosenthal, 34 50 88 04 AlpinClub ▶Der sechsseitige Kletterturm hat eine Fläche von 500m^2 und ist 17m hoch. Kein Zaun.

Golf

1037 Global Golf Berlin G6
Schöneberger Ufer 7 (Tiergarten) U Men-

delssohn-Bartholdy-Park ☎ 22 69 78 44 🕒Sommer 01.04.–31.10., 9–22, Winter 01.11.–31.03., 10–Sonnenuntergang €Driving Range 40 Bälle 4/3€, 400 Bälle 35/28€, Nike Golfschläger 1,50€, Platzreifekurs 198€ ▶Es gibt hier einen öffentlichen Bereich und einen nur für Mitglieder. Im öffentlichen kann man preisgünstig üben. Im preisgünstigen Selbstbedienungscafé kann man aber auch einfach in der Sonne sitzen, mit einem schönen Blick auf die Hochbahn. ✍

Natural Born Golfers
☎ 040/851 29 85 (Tel. in Hamburg!) 🕒Die Crossgolfer treffen sich auf alten Industriegelländen und in Abrisshäusern. Mit einer E-Mail an *berlin@naturalborngolfers.com* erhält man Informationen über die Locations, wöchentlich wechselnd, z.B. Gleisdreieck. ▶Anfänger bekommen kostenlose Einführung und Ausrüstung gestellt.
www.naturalborngolfers.de

1038 Öffentliches Golfzentrum C6
Chausseestr. 94-98 (Mitte) U Zinnowitzer Str. ☎ 280 47 070 🕒Sommer tgl. 8 bis Abschalten der Flutlichtanlage, d.h. wenn nichts mehr los ist; im Winter tgl. ab 8 €40 Bälle 2€, Schnupperkurs 19,90€ ▶Auf dem Gelände des ehemaligen Stadions der Weltjugend kann man den ehemaligen Nobelsport zu Low-Budget-Preisen ausprobieren. 70 Abschlagplätze.
www.golfzentrum-berlin.de

Minigolf

Auch so ein schönes kontemplatives Sommervergnügen. Die Öffnungszeiten gelten für die Saison von April bis Oktober.

1039 Insulaner Minigolf Übers. g6/7
Prellerweg/Insulaner S Priesterweg ☎ 796 15 58 🕒Mo–Fr 11–21 €2,50/2€ ▶Netter Minigolfplatz an einem der großen Trümmerberge Berlins. ✍

☛ **Minigolf & Bootsvermietung 998**

1040 Minigolf Grunewaldturm Übersicht g3
Havelchaussee 61 (Grunewald) 🚌 218, 316 ☎ 300 07 30 🕒tgl. ab 11 bis Einbruch der Dunkelheit €Erwachsene 3€, Kinder 1,50€ ▶18 Löcher 1000m², Sonnenterrasse. *www.grunewaldturm.de*

1041 Minigolf Hasenheide H9
Hasenheide 81 (Neukölln) U Südstern ☎ 693 13 62 🕒tgl. 11–21 €Pro Runde 3/2(Kinder)€, 3. Runde frei, 13 Bahnen.

1042 Minigolf im Stadtpark Steglitz Übersicht g6
Steglitzer Damm/Albrechtstraße (Steglitz) SU Rathaus Steglitz, dann 🚌 180, 183, 283 bis Neue Filandstr ☎ 792 56 90 🕒Mo–Fr 13–19:30, Sa/So 12–19:30 €Erwachsene 1. Runde 2,50€, jede weitere 1,50€. Kinder 1,50/1,00€ ▶Schöne alte Minigolf-Anlage mit sehr netter Bewirtung: Bockwurst 1,20€, 0,3l Bier 1,10€. Inhaber: Eleni Garyfallakia.

1043 Minigolf Menge J3
Straße am Schoelerpark (Wilmersdorf) U Berliner Str. ☎ 861 12 54 🕒Mo–Fr 11–22, Sa, So + Feiert. 10–22 €Erwachsene 2,50€, Kinder 1,50€ (bis 16 Jahre) ▶1100 m², 18 Turnierbahnen.

1044 Minigolf-Bistro G8
Carl-Herz-Ufer (Kreuzberg) U Prinzenstr. ☎ 693 04 32 🕒Mo–So 9–24/open end €Erwachsene 2,50€, Kinder 2€. 0,4l Schultheiß 2,20€ ▶18 Bahnen und im Grünen gelegen.
www.brachvogel-berlin.de

Kricket

1045 Kricketspiele ansehen Übers. e/f5
Kornerplatz/Hans-Braun-Str. U Bhf. Olympiastadion ☎ Hr. Kötke 886 727 10 🕒Sa+So 11–17, bei starkem Regen nicht €kostenlos ▶Die englischste Sportart überhaupt kann man auch in Berlin betreiben oder bei Spielen zusehen. Daß Kontinentaleuropäer angeblich unfähig sind, die Regeln zu verstehen, sollte niemanden abschrecken. ✍
www.berlin-cricket.de

Trabrennen

1046 Trabrennbahn Karlshorst »Pferdesportpark« Übersicht g9
Treskowallee 129 (Karlshorst) U Karlshorst ☎ 500 170 🕒nach Veranstaltung €Fr frei, Sa/So 2/1€, am WE oft Freikarten

▶Wenn man nicht gerade wettet, eine sehr lustige und preisgünstige Art, seine Freizeit zu verbringen. Besondere Atmospäre inklusive. Trabrennnen, Voltigieren, Reiten. ✍ *www.pferdesportpark-karlshorst.de*

1047 Trabrennbahn Mariendorf Übersicht h7
Mariendorfer Damm 222–298 (Mariendorf) Ⓤ Alt Mariendorf 🚌 M76 ☎ 74 011 🕒nach Veranstaltung ❸2,50/1€ ▶Wirklich lustiges Freizeitvergnügen und preisgünstig, sofern man nicht unbedingt wettet. Die Bauten atmen hier noch den mondänen Muff des alten West-Berlin. ✍

Tennis

1048 Tennisplätze des Bezirksamts Charlottenburg-Wilmersdorf Messekarte c, im Rand
Harbigstr. 34 (Charlottenburg) Ⓢ Messe Süd ☎ 902 926 959 (Anmeldung Di 8–11) ❸kostenlos, Anmeldung telefonisch oder Di 8–11Uhr am Ort ▶Die drei Tennisplätze können nach rechtzeitiger Anmeldung kostenlos genutzt werden. Umkleideräume, Duschen und Toiletten stehen ebenfalls zur Verfügung.

Tischtennis

1049 Dr. Pong B9
Eberswalder Str. 21 (Prenzlauer Berg) Ⓤ Eberswalder Str. ☎ $$$ $$ $$$ 🕒So ab 16, tgl. ab 21 ❸Eintritt und Plattennutzng frei, Schläger 5€ Pfand ▶Treffpunkt für leidenschaftliche Tischtennisspieler. Man muß sich jetzt nicht mehr entscheiden zwischen Sport und Ausgehen. Es gibt hier auch regelmäßige schwule Ping–Pong–Partys. ✍ *www.drpong.net*

Skater/ Boards / BMX

Eine wichtige Netzadresse für Skater ist die *www.berlinparade.de.* Im Sommer gibt es wöchentlich Skaterparaden in der für Autofahrer gesperrten Innenstadt. Weitere Adressen: *www.skate-spots.de, www.skate.de, www.skateboard verein.de*

1050 Mellowpark (BMX) Übersicht g10
Friedrichshagener Str. 10-12 (Köpenick) Ⓢ Köpenick ☎ 652 60 377 🕒tgl. 14–21 ❸2€ am Tag, 10€ im Monat für BMX. Beachvolleyball und Basketball frei. ▶Die Ausrüstung (u.a. Helm) kann man gegen einen Pfand, ein BMX-Rad gegen 1 Euro am Tag ausleihen. Helmpflicht. Größte Rampenanlage Deutschlands. *www.mellowpark.de*

Freiluftkinos

Auch ein schönes Open-Air-Vergnügen. Hier nur die sensationellsten. Das Programm und die Preise dann bitte den Stadtzeitungen bzw. dem Internet entnehmen, z.B.:
www.berlinien.de/kino/filme.html

1051 Freiluftkino Filmrauschpalast C5
Lehrter Str. 35, »Kulturfabrik« (Moabit) ⓈⓊ Hauptbahnhof ☎ 394 43 44 🕒voraussichtlich bis Ende August, freitags + samstags ❸Eintritt frei ▶In der Kulturfabrik.

1052 Freiluftkino Wagendorf Lohmühle H11
Lohmühlenstr. 17 (Alt-Treptow) 🚌 194, z.B. ab Hermannplatz ☎ 0177-288 82 30 🕒bis Ende August, freitags immer, samstags manchmal ❸Eintritt 2€.

Open-Air-Konzerte

Ein verbreiteter Volkssport ist in Berlin auch der kostenlose Besuch von Open-Air-Konzerten. Die Akustik ist besonders gut in der Kulturbrauerei, wo der »Klassik-Sommer« stattfindet (*www.klassik-open-air.de*). Eine schöne Tradition ist es auch in Hundertschaften beim Museumsinsel-Festival mit Decken und Picknick anzurükken (www.museumsfestival.de). Hier ist die Akustik nicht so toll, dafür die Kulisse umso pompöser. Für die Popmusik sind eher die Fête de la Musique (*www.fetede lamusique.de*) und die Love-Parade (*www.loveparade.de*) zuständig.

Fledermäuse

Fledermausnotdienst
Odenwaldstr. 21 (Friedenau) ☎ 797 06 287 ▶Im Sommer und kurz vor dem Wintereinbruch verirren sich Fledermäuse

oft in Wohnungen. Da nicht jeder sich den flatternden Säugern gewachsen fühlt, hat die »Arbeitsgemeinschaft Freilandbiologie« diesen kostenlosen Dienst eingerichtet, der auch mit Tips vorläufig weiterhilft. Hier können auch Fledermausführungen in der Zitadelle Spandau vereinbart werden.

Wildtierpflege des Nabu
Zum Forsthaus 7 (Biesdorf) ☎ 547 12 892 ▶Hier werden verirrte bzw. kranke Wildtiere bis zu ihrer Auswilderung gepflegt, aber auch Tips gegeben.

1053 Zitadelle Spandau / Berliner Artenschutzteam Übersicht e4
Am Juliusturm (Spandau) U Zitadelle ☎ 367 50 061 (BAT Berliner Artenschutzteam). 354 94 40 (Zitadelle). € Eine Führung kostet für den Fledermmauskeller 2,50/1,50€ für ca. 1 Std. Die Erlebnisführung 8/6€ für 1,5 Std. (mit Anmeldung) ▶Die Zitadelle ist eines der größten Fledermauswinterquartiere in Europa. Das Berliner Artenschutzteam (BAT) kümmert sich um den Schutz der Tiere. 10 000 Fledermäuse überwintern hier. Am ersten Septemberwochenende gibt es hier ein Fledermausfest. Ganzjährig können Führungen vereinbart werden. Die beste Zeit ist allerdings der Sommer, weil man dann mit Hilfe des BAT-Detektors Fledermäuse im Flug erleben kann. *www.bat-ev.de* oder *www.zitadelle-spandau.net*

Herbst

Pilze suchen

Wirklich eine der schönsten Vergnügungen im Spätsommer und Herbst, aber auch gefährlich und für leichtsinnige Menschen nicht ratsam. Besorgen Sie sich am besten mehrere Bücher über Pilze und studieren Sie ernsthaft die biologischen Merkmale. Sie dürfen niemals nur nach dem äußeren Anschein urteilen, da viele Pilze rein äußerlich nicht zu unterscheiden sind. Hüten Sie sich vor dem grünen Knollenblätterpilz, dem schlimmsten aller Giftpilze und machen Sie überhaupt einen riesigen Bogen um alles, was im Boden eine knollenartige Verdickung des Stils und Lamellen hat. Wenn sie sicher gehen wollen, sammeln Sie ausschließlich Röhrenpilze, da können Sie eigentlich nur geschmacklich enttäuscht werden oder sich den Magen verderben.

Beratungsstelle für Vergiftungserscheinungen
☎ Giftnotruf: 192 40 (24 Std.) ▶Nur wenn alles zu spät ist. Besser sollte man sich vorher an eine Pilzberatungsstelle wenden.

Pilzberatungsstellen

1054 Naturschutzstation Malchow Übersicht d9
Dorfstr. 35 (Malchow) 🚌 259 ☎ 927 99 830 🕒bitte telefonisch erfragen € kostenlos ▶Die Naturschutzstation führt unregelmäßig Pilzberatungen durch.

1055 Pilzberatung im Botanischen Museum Berlin Übersicht g6
Königin Luise Str. 6-8 (Dahlem) 🚌 X83, 183, Halt: Königin-Luise-Platz / Botanischer Garten ☎ 838 50 105 🕒1.Juli–31.Okt. Mo, Di, Do 14–16, sonst tel. erfragen € kostenlos ▶Die Pilze können einem Pilzberater an den genannten Tagen direkt vorgelegt werden. *e.gerhardt@bgbm.org*

1056 Pilzberatung im Haus der Natur und Umwelt Wuhlheide Übersicht g9–7
An der Wuhlheide im »Haus Natur und Umwelt« im »FEZ« (Oberschöneweide) 🚋 27, 63, 67 bis Freizeit- und Erholunszentrum (FEZ) ☎ 535 19 86 🕒bitte telefonisch erfragen € kostenlos ▶Ab letztem September-Wochenende finden Pilzberatungen statt.

1057 Pilzkundliche Arbeitsgemeinschaft F6
Potsdamer Str. 68 (Tiergarten Süd) U Kurfürstenstraße ▶Pilzkundliche Arbeitsgemeinschaft Berlin-Brandenburg e.V.– Stiftung Naturschutz Berlin. Die Arbeitsgemeinschaft bietet Pilzwanderungen und Informationsabende an. *www.fiz-chemie.de/home/pabb/*

Drachen (steigen lassen)

1058 Flying Colors H4
Eisenacher Str. 81 (Schöneberg) U Eisen-

acher Str. ☎ 787 03 636 Mo–Fr 10–18:30, Sa 10–14 ▶Seit 1983 existiert Berlins ältester Drachenladen. Alles was man zum Selberbauen braucht, wie auch fertige Drachen (ab 2,50€), für jeden Schwierigkeitsgrad. Die sehenswerte Homepage enthält neben Drachenbauplänen auch aktuelle Veranstaltungs- und Link-Tips, sowie einen täglichen Wind- und Wetterservice. *www.flying-colors.de*

Auf der Seite *www.plans.kitez.com* findet man einfache aber auch komplizierte Drachenbaupläne.

An folgenden Orten kann man in Berlin besonders gut Drachen steigen lassen:

1059 Ehemaliger Flugplatz Johannistal Übersicht h9
Südlich des Segelflieger Damms (Alt-Treptow) S Schöneweide ▶Im ersten Weltkrieg war der 1909 angelegte Flugplatz der Mittelpunkt des Deutschen Flugzeugbaus und der Fliegerausbildung. Ein nicht mehr existierendes Flugmuseum war das erste in Deutschland.

1060 Freizeitpark Lübars Übersicht c7
Alter Bernauer Heerweg/Quickborner Straße (Lübars) S Waidmannslust, dann Bus 222 bis Alt-Lübars ☎ 90 24 90.

1061 Freizeitpark Marienfelde Übersicht j7
Diedersdorfer Weg (Tempelhof) S Buckower Chaussee.

1062 Gatower Rieselfelder Übersicht f4
Zwischen Potsdamer Chaussee und Gatower Straße (Gatow) Bus 135, 638 ab Rathaus Spandau bis Landschaftsfriedhof Gatow ▶Früher dienten die Rieselfelder der Abwasserreinigung, heute bilden sie eine künstliche Landschaft.

1063 Hahneberg Übersicht e3
Nähe Heerstraße / Weinmeisterhornweg (Spandau) S Heerstraße, weiter mit Bus X49, M49 bis Halt: Hahneberg ▶87m ü.d.M. Ganz in der Nähe kann man auch eine alte Festung erkunden, Fort Hahneberg.

1064 Osdorfer Feld Übersicht j6
Osdorfer Str. Richtung Süden. Hinter der Stadtgrenze links steht eine Scheune und dort befindet sich eine ganz große Wiese. (Landkreis Teltow-Fäming) S Lichterfelde Süd ▶Laut Auskunft des Drachenladens »Vom Winde verweht« soll das die beste Wiese sein. In loser Folge und privat organisiert der Drachenladen hier ein gemeinsames Drachensteigen. Kontakt-Tel. 787 03 636.

1065 Volkspark Rehberge A3–B4
Seestraße/Afrikanische Straße (Wedding) U Amrumer Str.

1066 Teufelsberg Übersicht **f5**
Teufelsseechaussee (Grunewald) S Heerstraße, dann 2km der Teufelsseechaussee folgen, Bus X10, 115 ▶Der Teufelsberg liegt im nördlichen Grunewald und besteht aus zwei Bergen, die direkt nebeneinander liegen. Der Klassiker unter den Drachenbergen, an den Wochenenden manchmal voll.

↗ **Aussicht** ▶Mit 115m eigentlich der einzige Berg Berlins, der diese Bezeichnung verdient. Aufgeschüttet aus 26 Millionen m³ Kriegsschutt. Neben Klettern, Drachensteigen, Rodeln eben auch ein weiter Blick. Die Stadt ist allerdings weit weg.

↗ **Kletterfelsen** ▶Auch diese 9,5m hohe Kletterwand sollte nur von Mitgliedern des DAV (Deutscher Alpenverein) genutzt werden.

↗ **Rodeln** ▶Der eine Berg eignet sich zum Skilaufen, der andere gehört den Schlittenfahrern. Eine der längsten Rodelbahnen Berlins.

1067 Treptower Park H12–13
Puschkinallee (Alt-Treptow) S Treptower Park ▶Hier befindet sich auch das Sowjetische Ehrenmal (s. dort).

1068 Volkspark Prenzlauer Berg C12
Eingang zwischen Hohenschönhauser Straße und Weißenseer Weg (Prenzlauer Berg) Tram M5, M6.

Winter

Rodeln

☛ **Fischtal 511**

1069 Humboldthöhe B7
Im Volkspark Humboldthain, Zugang über Wiesenstraße / Brunnenstraße (Gesundbrunnen) SU Gesundbrunnen ▶85m-

Bahn, über dem kleinen Bunker liegt die Rodelbahn, auf dem großen wurde eine Aussichtsplattform installiert.

1070 Insulaner Übersicht g7
Munsterdamm (Steglitz) Ⓢ Priesterweg ▶75m-Rodelbahn Nordhang Insulaner.

1071 Mont Klamott / Großer Bunkerberg D10
Volkspark Friedrichshain an der Landsberger Allee (Friedrichshain) 5M, M6, M8, M10 ▶78m-Rodelpiste vom kleinen Bunkerberg und eine vom großen Bunkerberg.

1072 Oderbruchkippe C12
Im Volkspark Prenzlauer Berg Hohenschönhauserstraße (Prenzl. Berg) 5,6,7,15 ▶98m-Bahn, zwei Berge mit flacherer und steilerer Rodelbahn, bei der man ordentlich Tempo bekommt.

☛ **Teufelsberg 1066**

☛ **Viktoriapark 148**

1073 Volkspark Hasenheide H-J9
Columbiadamm (Neukölln) Ⓤ Hermannplatz ▶Der Trümmerberg *Rixdorfer Höhe* verfügt über mehrere Rodelbahnen.

1074 Volkspark Jungfernheide Übersicht e5 / e6
Heckerdamm (Charlottenburg) Ⓤ Halemweg ▶Waldiges, schönes Parkareal mit Rodelberg.

1075 Volkspark Rehberge A3
Seestraße/Afrikanische Straße (Wedding) Ⓤ Amrumer Str. ▶Eine kleine und eine große Rodelbahn.

1076 Volkspark Wilmersdorf J3
(Wilmersdorf) Ⓤ Blissestr. ▶Flache Rodelbahn auch für kleinere Kinder.

Eislaufen

Gehört zu den schönsten Berliner Wintervergnügen und in kalten Wintern hat man auch gute Chancen, sofern man Schlittschuhe besitzt und laufen kann. Zum Üben empfehlen sich zahlreiche Eisstadien, wo man Schlittschuhe auch ausleihen kann. Die Öffnungszeiten und Eintrittspreise findet man auf der Internetseite des Sportsenators:*www.senbjs.berlin.de/sport/freizeitangebote/kunsteisbahnen/index.asp*. Dienstags von 12 bis 13:30 kann man in der Deutschlandhalle am Messedamm 26 kostenlos laufen.

Die eigentliche Wonne des passionierten Eisläufers sind jedoch die zahlreichen Berliner Seen. Es gibt hier allerdings einige wichtige Regeln zur eigenen Sicherheit zu beachten: Fließende Gewässer grundsätzlich meiden ebenso wie Eisbrecherstrekken, also keine Flüsse und Kanäle. Relativ sicher ist man auf den im folgenden aufgelisteten, geschlossenen Stadtseen:

1077 Grunewaldsee Übersicht g5
(Grunewald) M29 usw. bis Halt: Roseneck, dann 1km zu Fuß.

☛ **Krumme Lanke 1000**

1078 Lietzensee Messekarte d
(Charlbg.) Ⓤ Kaiserdamm Ⓢ Messe Nord.

1079 Müggelsee Übersicht h11
(Köpenick / Friedrichshagen) z. B. 61 bis Fürstenwalder Damm / Müggelseedamm.

1080 Plötzensee B3
(Wedding) Ⓤ Seestraße.

1081 Schäfersee Übersicht d7
(Reinickendorf) Ⓤ Franz-Neumann-Platz.

☛ **Schlachtensee 1003**

☛ **Teufelssee 941**

1082 Wannsee Übersicht h4
(Wannsee) Ⓢ Wannsee.

Eis-Info Wasserschutzpolizei

Man kann auch die Wasserschutzpolizei anrufen, die sich allerdings ausdrücklich weigert, Empfehlungen auszusprechen. Man kann jedoch die Eisdicke und -dichte erfahren und sich auf besondere Gefahren aufmerksam machen lassen. Was man erfahren will, erfährt man dann eher durch die Blume.

Wache 1 (Spandau) ☎ 466 498 3160
Wache 2 (Tierg. Süd) ☎ 466 498 3260
Wache 3 (Schwanenwerder) ☎ 466 498 3360
Wache 4 (Alt-Treptow) ☎ 466 498 3460

Wem das alles zu anstrengend ist, kann sich auch an der Untersuchung von Schneekristallen erfreuen. Zum Snow-Spotting braucht man lediglich eine Lupe sowie die unter *www.snowcrystals.com* zugänglichen Informationen.

Potsdam ✍

Nr. 1095

VON BERLIN AUS betrachtet assoziiert man mit Potsdam v.a. Ausflüge, Erholung, arkadische Landschaften und jede Menge Schlösser. Selbst scheußlichste Bausünden wie der neue Hauptbahnhof gehen in der allgegenwärtigen Schönheit irgendwie verloren, und daß große Teile der Innenstadt im Krieg zerstört wurden, fällt mir zumindest schon gar nicht mehr auf.

Der folgende neue Potsdam-Teil ist so konzipiert, daß man ein paar Tage gut überleben kann. Ich erreiche hier nicht die Infomationsdichte des Berlin-Teils, weil ich nicht in Potsdam lebe. Ich habe aber bei meinen Ausflügen mittlerweile vieles entdeckt, was ich meinen Lesern nicht länger vorenthalten möchte.

Potsdam ist teilweise teuer und exklusiv oder zumindest gut durchtouristisiert, und so habe ich mich bemüht um die Sehenswürdigkeiten herum gute und originelle Verpflegungsmöglichkeiten zu finden.

Wenn Sie die Wahl haben, fahren Sie nicht am WE nach Potsdam. Sie haben unter der Woche vormittags die besten Chancen eine Führung durch Schloß Sanssouci zu bekommen und können die schönsten Mensen und Kantinen besuchen sowie bei Oxfam Bücher kaufen. Auch sämtliche Parks und Schlösser treffen sie dann nicht überlaufen an und in den Biergärten gibt es keine grauenerregenden Unterhaltungsprogramme.

Die Innenstadt

Wie schon erwähnt ist von der Innenstadt nicht sehr viel übriggeblieben. Wenn Sie vom Bahnhof in Richtung Innenstadt gehen, passieren sie am Alten Markt rechter hand die riesige Nicolai-Kirche, die von Karl-Friedrich Schinkel ab 1830 im klassizistischen Stil errichtet wurde. Das schräg gegenüberliegende Fortunaportal ist der Nachbau eines Portals des ehemaligen Potsdamer Stadtschlosses, das im 2. Weltkrieg schwer beschädigt und in den 60er Jahren gesprengt wurde. Das Alte Rathaus des niederländischen Architekten Jan Boumann (1755) bildet zusammen mit dem benachbarten Knobelsdorff-Haus einen Veranstaltungs- und Ausstellungsort. Auf der anderen Seite der Straße befindet sich der ehemalige Marstall, der heute das Filmmuseum beherbergt. 1685 als Orangerie angelegt, wurde er unter dem »Soldatenkönig« zum Stall umfunktioniert und um die doppelte Länge erweitert.

Weiter Richtung Nauener Tor kommt man vorbei an dem riesigen Platz der Einheit. Schräg rechts dahinter liegt das Holländische Viertel. Die wirklich bezaubernden Häuser wurden unter dem »Soldatenkönig« in Erwartung holländischer Einwanderer errichtet (1732-1742), die aber großenteils ausblieben. Heute findet sich hier v.a. Kunsthandwerk und Gastronomie. Der Bassinplatz (hier hat sich einmal ein großes Wasserreservoir, ein »Bassin«, befunden) erhält seinen Charakter durch zwei bedeutende Sakralbauten, der katholischen Peter-und-Pauls-Kirche von Stüler (1870) und die vermutlich von Knobelsdorff entworfene und an das römische Pantheon erinnernde Französische Kirche. Jeden Tag findet hier außerdem ein Markt statt, auf dem Bauern aus der Umgebung ihre Produkte verkaufen. Die Brandenburger Straße führt von der Peter-und-Pauls-Kirche in Richtung Luisenplatz. Die 1735 angelegte Straße ist seit dem 19.Jh die Hauptgeschäftsstraße in Potsdam. Das Brandenburger Tor, das man jetzt in Richtung Sanssouci passiert, wurde 1770 in Erinnerung an den siebenjährigen Krieg errichtet.

Potsdam-Infos

1083 Potsdam Tourismus Service Potsd.
Brandenburger Str. 3 Ⓢ Potsdam Hbf.– 🚌 695 ☎ (0331) 27 55 80 🕒 April–Oktober Mo–Fr 9:30–18, Sa/So 9:30–16. November–März Mo–Fr 10–18, Sa/So 9:30–14 ▶Die offizielle Touristeninformation in Potsdam. Hier gibt es Auskünfte aller Art, aber v.a. auch sehr schönes Prospektmaterial. Die Broschüre »Zu Gast in Potsdam« enthält einen sehr übersichtlichen Innenstadtplan mit sämtlichen Schlössern. Die Potsdam Card erhält man hier ebenfalls (siehe dort). *www.potsdam-tourismus.de*

1084 Besucherzentrum der Stiftung Preußische Schlösser und Gärten Potsd.
An der Orangerie 1 Ⓢ Potsdam Hbf., 🚌 695 ☎ Info: 0331/9694–202 🕒 tgl. 8:30–17 ▶Die Stiftung verwaltet sämtliche Schlösser in Potsdam und Umgebung, sowie das Schloß Charlottenburg in Berlin. Hier bekommt man v.a. Auskünfte über Tarife und Öffnungszeiten. *www.spsg.de*

1085 Stadt- und Landesbibliothek Potsdam Potsd.
Am Kanal 47 Ⓢ Potsdam Hbf., 🚋 90,92 ☎ (0331) 289 66 00 🕒 Mo-Fr 10-19, Sofortausleihe Magazin 15-18:30, Samstag 10-16 € Jahresausweis 16/9€, 1 Monat 4€, Tageskarte 2€, W-LAN 1,50€ pro Stunde (auch für Nichtmitglieder) ▶Gute Abteilung für Brandenburgica, falls man sein Wissen über preußische Schlösser vertiefen will. Man muß auch nicht gleich Mitglied werden, den Lesesaal kann man auch so nutzen, wenn man nichts ausleihen will. *www.bibliothek.potsdam.de*

1086 Das Internationale Buch Potsd.
Brandenburger Str. 41/42 Ⓢ Potsdam Hbf., 🚋 90,92 ☎ (0331) 29 14 98 🕒 Mo-Fr 9-19, Sa 9-16 ▶Die Buchhandlung ist sehr gut sortiert, v.a. auch im Hinblick auf Reiseliteratur Potsdam und Umgebung.

Potsdam im Internet

www.inforiot.de
▶Seite, die über alternative Projekte und Aktivitäten in Potsdam und Brandenburg informiert.

www.potsdam.de
▶Offizielle Seite der Landeshauptstadt

www.potsdam–portal.net
▶Offizielle Seite des Tourismusverband Potsdam–Havelland e.V.

www.potsdamtourismus.de
▶Ofizielle Seite der TMB (Tourismus Marketing Brandenburg)

www.reiseland–brandenburg.de
▶Ofizielle Seite der TMB (Tourismus Marketing Brandenburg)

www.visit potsdam.de
▶Stadtführungen in und um Potsdam.

Hot Spot

1087 original smoothies Potsd.
Friedrich-Ebert-Str. 95 Ⓢ Potsdam Hauptbahnhof 🚋 90, 92 ☎ 0176/20 03 16 30 🕒 Mo-Fr 8-20, Sa+So 9:30-20, im Sommer vielleicht länger ▶Bemerkenswert an dem Laden ist v.a. das kostenlose W-LAN. Ansonsten gibt es Kleinigkeiten für moderne Menschen: Sandwiches, Smoothies, Suppen.

Bus, Bahn & Rad

1088 Verkehrsbetrieb Potsdam (ViP) Kundenzentrum Potsd.
Im Hbf. Potsdam (Südseite) Ⓢ Potsdam Hbf. ☎ (0331) 661 42 75 ▶Hier gibt es Informationen zum Nahverkehr und das Heft »Potsdam entdecken mit Bahnen und Bussen«. *www.stadtwerke–potsdam.de*

Straßenbahn und Bus

Im Folgenden die 5 wichtigsten Linien, mit denen Sie so gut wie alle Sehenswürdigkeiten erreichen.

Alle von Potsdam Hauptbahnhof:

Schlösser-Linie:
🚌 695 nach Pirschheide ▶Historisches Dampfmaschinenhaus, Park und Schloß Sanssouci, Orangerie, Drachenhaus, Neues Palais, Weg zum Park Charlottenhof.

Krongut-Linie:
92 nach Bornstedt Kirschallee ▶Holländisches Viertel, Russische Kolonie Alexandrowka, Pfingstberg, Ruinenberg, Krongut Bornstedt.

Tropen-Linie:
90 nach Viereckremise ▶Historische Innenstadt, Russische Kolonie, Pfingstberg, Biosphäre Potsdam, Volkspark Potsdam.

Cecilienhof-Linie:
90 oder 92 bis Reiterweg/Alleestr. Dort umsteigen in 692 Höhenstr. ▶Russische Kolonie, Neuer Garten, Marmorpalais, Schloß Cecilienhof, Pfingstberg.

Filmstadt-Linie:
90 oder 92 bis Reiterweg/Alleestr. Dort umsteigen in 694 Stern–Center/Gerlachstr. ▶Park und Schloß Babelsberg, Flatowturm, Gerichtslaube, Villenkolonie Neubabelsberg, Medienstadt babelsberg mit Filmpark.

Potsdam Card & Tarife

Potsdam Card AB (Erwachsene 11,50) und Potsdam Card ABC (Erwachsener +Kind 16 EUR). Innerhalb eines Jahres Rabatte auf allerlei attraktive Besuchsziele und 3 Tage kostenlose Nutzung aller öffentlichen Verkehrsmittel in Potsdam. Wenn man von Berlin aus lediglich einen Tagesausflug nach P. unternehmen will, ist man am besten bedient mit einer Tageskarte ABC. Sie berechtigt zur Nutzung aller öffentlicher Verkehrsmittel auch in Potsdam. Wer übrigens über eine Berliner Welcome Card ABC verfügt, auch sie gilt in Potsdam.

Fahrräder

1089 Cityrad Potsd.
Babelsberger Str. (14472) Ⓢ Potsdam Hbf. ☎ 0177/ 825 47 46 Mo–Fr 9–19, Sa, So, Fei.9–20 pro Tag 11€

1090 Potsdam per Pedales – die Fahrradstation Übersicht j3
Rudolf-Breitscheid-Str.. 201/Bhf. Griebnitzsee (14482) Ⓢ Griebnitzsee ☎ (0331) 748 00 57 Ostern bis 31. Oktober tgl. 9–18:30 pro Tag 10€ ▶Mit dem Fahrrad die preußische Schlösserlandschaft zu erkunden, ist die beste Möglichkeit. Zweigstelle im S–Bahnhof Potsdam Stadt auf dem S–Bahnsteig 1.5.–30.9., 9:30–19Uhr.
www.potsdam-per-pedales.de

1090a Potsdam per Pedales (Wannsee) Übersicht h4
Bhf. Wannsee in Berlin Ⓢ Wannsee
1. Mai – 30. Sept.: tgl. 9–19 ▶s.o

Unterkunft

Jugendherberge

1091 Jugendherberge Potsdam – Haus der Jugend Potsd.
Schulstr. 9 (Babelsberg) Ⓢ Babelsberg ☎ (0331) 581 31 00 Mitgliedschaft 20/15€ und dazu 21/15€ Übernachtung mit F. ▶27 4BZ, 16 2BZ, 1Schlafsaal + Gruppenräume. *www.jh–potsdam.de*

Camping

1092 Campingplatz Riegelspitze Außerhalb der Kartenbereiche
Fercher Straße (Werder/Petzow) 5 min zur Bushaltestelle nach Berlin und Potsdam ☎ (03327) 423 97 Ostern – 25.Oktober 5,75€ p.P. + Stellplatz 4–7€ ▶erstklassiger Campingplatz mit 250 Stellplätzen, auch Wohnungen.
www.campingplatz-riegelspitze.de

1093 ReCra Campingpark Sanssouci-Gaisberg Übersicht k1
An der Pirschheide 41 (Potsdam) Bahnhof Pirschheide ☎ (0331) 951 09 88 April–Oktober 8,80€ p.P, Zelt frei, Stellplatz 8,40€ ▶erstklassiger Campingplatz mit 170 Touri-Stellplätzen, am See gelegen.
www.campingpark-sanssouci-potsdam.com

Stadtbesichtigung und Kultur

Kostenlose An- und Aussicht

1094 Glienicker Brücke Potsd.
Königsstr. (Zehlendorf) Ⓢ Wannsee 116 ▶40 Jahre lang verlief auf der

Brücke die Grenze zwischen Ost und West. Der streng kontollierte Grenzpunkt durfte nur mit Sondergenehmigung passiert werden. Berühmt wurde sie wegen des spektakulären Austauschs von Agenten. Von hier aus hat man eine wunderbare Aussicht auf Schloß Babelsberg und die Havel Weitere Schlösser und Potsdam sind in nächster Nähe.

Schlösser und Gärten

Schlösserkarte

Nur an der Kasse von Schloß Sanssouci zu bekommen: 2-Tageskarte für alle Schlösser der Stiftung Preußische Schlösser und Gärten inkl. Charlottenburg, kostet 15 Euro (»Premium-Tageskarte«), ohne Sanssouci, 12 Euro (»Tageskarte«). Als Familienkarte kostet sie 20 Euro, ist dann aber 1 Monat lang gültig. Ferner das »Turmticket«. Es berechtigt ein Jahr lang zum Besuch aller 5 Türme in Potsdam, allerdings jeden nur einmal. Dann gibt es alternativ zum freiwilligen Parkeintritt in den Schloßpark Sanssouci noch die Jahreskarte für 12 Euro, mit der man den Park sooft man will besuchen darf.

Schloß und Park Sanssouci

Die touristische Hauptattraktion Potsdams ist aufs engste verknüpft mit Friedrich dem Großen (1712-1786, König seit 1740), der schon kurz nach seiner Thronbesteigung seine Sommerresidenz hierher verlegte. Die daraufhin nach Skizzen Friedrichs durch seinen Hofarchitekten Knobelsdorff errichtete Anlage wurde schließlich zu seiner Hauptresidenz, in der er auch die berühmten »Philosophenrunden« abhielt und sich schließlich mit Voltaire überwarf. Nach und nach ließ der König dann Sanssouci erweitern und den Park nach Versailler Vorbild anlegen. Hinzu kam z.B. der Ruinenberg, ursprünglich nur eine Verkleidung des Wasserreservoirs für die Wasserspiele. Die Bildergalerie (1753) , das Chinesische Haus (1754), das heute eine Porzellansammlung zeigt und das Drachenhaus (1770), einst von Gontard als Winzerhäuschen errichtet und heute ein Café. Unmittelbar nach dem Siebenjährigen Krieg verwirklichte der eigensinnige König sein größtes Bauprojekt: Das Neue Palais im Westteil des weitläufigen Gartens nannte er selbst eine "Fanfaronade", eine Prahlerei, mit der er Europa zeigen wollte, daß Preußen trotz der Kriegsfolgen noch nicht am Ende sei. Friedrichs Wunsch, in Sanssouci bestattet zu werden, ging erst 1991 in Erfüllung. Hier ruht er nun an der Ostseite von Sanssouci zusammen mit seinen geliebten Windspielen.

Die zweite große Bauperiode geht auf Friedrich Wilhelm IV, (1795-1861, König seit 1840), den Großneffen Friedrichs zurück. Dem »Romantiker auf dem Thron« verdanken wir das Schloß Charlottenhof (1826-29). Das von Persius erbaute Schlößchen ließ er von Peter Joseph Lenné in einen harmonisch gestalteten Garten eingliedern. Die nahe gelegenen römischen Bäder (1829-40) sind im Stil italienischer Landhäuser errichtet, wie sich die Italiensehnsucht des Königs auch in weiteren Bauten ausdrückt. So z.B. den Neuen Kammern (1771-74), die Neue Orangerie (1851-60) von Persius, von deren Westturm aus man den Blick auf Schloß und Stadt genießen kann. Und schließlich die Friedenskirche (1845-54) von Stüler und Persius nach dem Vorbild frühchristlicher, römischer Kirchen errichtet.

1095 Schloß Sanssouci Potsd.
Schopenhauerstr. Ⓢ Potsdam Hbf., dann 🚌 695 ☎ Fax: (0331) 96 94 107 für Gruppen ab 10 Pers. Kann man eine Führung reservieren, ab Nov. des Vorjahres für das kommende Jahr 🕒 Das Schloß Sanssouci kann innen nur mit Führung besichtigt werden. Am besten unter der Woche und vormittags. Alle 20 Minuten. 1.4.–31.10. Di–So 9–17, 1.11.–31.3. Di–So 9–16. € 2€ freiwilliger Parkeintritt, Schloß 8/5€ nur mit Führung, Damenflügel ohne Führung 2/1,50€
www.spsg.de
www.reiseland-brandenburg.de

1096 Orangerieschloß Potsd.
🕒 15. 5.–17.10. Di–So 10–17 € 3/2 mit Führung, Turm ohne Führung 2€
www.spsg.de
www.reiseland-brandenburg.de

1097 **Bildergalerie** Potsd.
15. 5.–17.10. Di–So 10–17 2/1,50€ ohne Führung. *www.spsg.de*
www.reiseland-brandenburg.de

1098 **Neue Kammern** Potsd.
1.4.–14.5. Sa+So 10–17, 14.5.–31.10. Di–So 10–17 3/2,50€ mit Führung, 2/1,50€ ohne Führung. *www.spsg.de*
www.reiseland-brandenburg.de

1099 **Neues Palais** Potsd.
Am Neuen Palais S Potsdam Hbf., dann 695 1.4.–31.10. Di–So 9–17, 1.11.–31.3. Di–So 9–16. Grand Tour mit Führung 6/5 (Winter 5/4) 5/4 ohne Führung, Königswohnung ohne Führung 5/4€. *www.spsg.de*
www.reiseland-brandenburg.de

1100 **Schloß Charlottenhof** Potsd.
S Potsdam Hbf., 96 15. 5.–17.10. Di–So 10–17 4/3€ nur mit Führung.
www.spsg.de
www.reiseland-brandenburg.de

1101 **Römische Bäder** Potsd.
15. 5.–17.10. Di–So 10–17 3/2,50€ mit Ausstellung, 2/1,50€ ohne Ausstellung. *www.spsg.de*
www.reiseland-brandenburg.de

1102 **Chinesisches Haus** Potsd.
15. 5.–17.10. Di–So 10–17 1€ ohne Führung. *www.spsg.de*
www.reiseland-brandenburg.de

1103 **Belvedere Klausberg** Potsd.
25.3–31.10. Sa, So, Fei. 10–17 2€ ohne Führung. *www.spsg.de*
www.reiseland-brandenburg.de

1104 **Ruinenberg mit Normannischem Turm** Potsd.
15. 5.–17.10. Di–So 10–17 2€ ohne Führung. *www.spsg.de*
www.reiseland-brandenburg.de

Der Neue Garten

Der von Lenné gestaltete Garten liegt außerordentlich romantisch am Heiligen See. Direkt am Wasser ließ Friedrich Wilhelm II, der Nachfolger Friedrichs des Großen, das Marmorpalais (1787) anlegen. Es wurde im frühklassizistischen Stil von Karl von Gontard entworfen und diente als Sommerschloß. Die nahe gelegene Pyramide diente als Kühlschrank, bertieben mit Eis aus dem winterlichen See. Am nördlichen Ende des idyllischen Parks liegt Schloß Cecilienhof, der letzte von den Hohenzollern kurz vor ihrer Vertreibung ins niederländische Exil errichtete Schloßbau. Berühmt wurde das Schloß durch die Potsdamer Konferenz im August 1945. Hier besiegelten Stalin, Truman und Churchill das Schicksal Deutschlands nach dem 2. Weltkrieg. Die Konferenzräume sind heute noch zu besichtigen

1105 **Neuer Garten** Potsd.
Am Neuen Garten S Potsdam Hbf., dann 92, oder 116 ab S Wannsee.
www.spsg.de
www.reiseland-brandenburg.de

1106 **Marmorpalais** Potsd.
25.3.–31.10. Di–So 10–17, 1.11.–31.3. Sa+So 10–16 4/3€ ohne Führung, mit Führung 5/4€. *www.spsg.de*
www.reiseland-brandenburg.de

1107 **Schloß Cecilienhof** Potsd.
1.4.–31.10. Di–So 9–17, 1.11–31.3. Di–So 9–16 5/4€ mit Führung, 4/3€ ohne Führung ▶Im Schloß befinden sich ein Hotel mit Restaurant und Gartenlokal.
www.spsg.de
www.reiseland-brandenburg.de

1108 **Belvedere Pfingstberg** Potsd.
April, Mai, Sept. tgl. 10–18, Jun, Jul, Aug.tgl. 10–20, Okt. 10–16, März+ Nov. Sa+So 10–16 3,50/2,50€, Kinder 1,50€▶Förderverein Pfingstberg e.V.
www.pfingstberg.de

Schloß und Park Babelsberg

Die Gestaltung des Babelsberger Parks übernahm anfangs Lenné, ab 1843 dann Fürst von Pückler-Muskau. Wilhelm I (1797-1888, König 1861-1871, Kaiser 1871-1888) fühlte sich mehr dem Kriegshandwerk als mediterraner Heiterkeit verpflichtet und schuf seine Sommerresidenz im trutzigen Tudor-Stil. Schinkel und andere Berühmtheiten bauten an der spätromantischen Burg ziemlich lange, so etwa von 1835-49 unter ständigen Erweiterungen. Angeraten sei auf jeden Fall ein Rundgang durch den Park und eine Besteigung des Flatowturms, von dem man eine wundervolle Sicht über die Potsdamer Landschaft hat.

1109 Schloßpark Babelsberg Potsd.
Am Babelsberger Park Ⓢ Babelsberg, Ⓢ Potsdam Hbf., dann 🚌 694.

1110 Schloß Babelsberg Potsd.
24.6.– 31.10 im Rahmen einer Renovierungsausstellung zu sehen. Di–So 10–17. 5/4€ mit Führung, 4/3€ ohne Führung ▶Das Schloß ist bis auf weiteres geschlossen. Es gibt aber einer Renovierungsausstellung, s.o. *www.spsg.de* *www.reiseland–brandenburg.de*

1111 Flatowturm Potsd.
25.3.–31.10. Di–So 10–17 2€
www.spsg.de
www.reiseland–brandenburg.de

Schloß und Park Glienicke (Berlin)

1112 Schloß und Park Glienicke Potsd.
Nördlich der Königstr. Ⓢ Wannsee, dann 🚌 116 15.5.-15.10. Sa/So/Fei 10-17 3/2,50 3/2,50€ ▶Der Schöne Park ist von Peter-Joseph Lenné angelegt, die Bauten von Schinkel. Neuerdings gibt es hier eine Ausstellung über die Preußischen Hofgärtner zu besichtigen, die alle Gartenfreunde begeistern dürfte.
www.spsg.de

Weitere Sehenswürdigkeiten und Museen

1113 Einsteinturm Potsd.
Telegrafenberg 1, 14473 Potsdam Ⓢ Potsdam Hbf. ☎ (0331) 28 82 331 Besichtigung des Turminnern nur in der Wintersaison, im Sommer aber teilweise Führungen über den Telegrafenberg ▶Inmitten des Wissenschaftsparks auf dem Telegrafenberg liegt eines der bedeutendsten Bauwerke des Expressionismus, der Einsteinturm, den Erich Mendelsohn für Albert Einsteins Experimente entworfen hat. Von innen kann man den Turm über eine Führung der Urania Potsdam kennenlernen, Tel. (0331) 29 17 41.
www.urania potsdam .de

1114 Filmmuseum Potsdam im Marstall am Lustgarten Potsd.
Breite Str. 1a (14467) 🚋 90, 92 ☎ (0331) 271 81-0 tgl. 10–18 3,50/2,50€ ▶In Deutschlands ältestem Filmmuseum gibt es eine Dauerausstellung über die Geschichte der Babelsberger Studios und immer wieder liebevoll konzipierte Sonderausstellungen zu bestimmten Themen sowie im angegliederten Kino thematisch passende Filmreihen.
www.filmmuseum–potsdam.de

1115 Hans-Otto-Theater Potsd.
Am Alten Markt Ⓢ Potsdam Hbf., 🚋 92, 94 ☎ (0331) 981 18 Kartentelefon ▶Das Brandenburgische Staatstheater bespielt ganz unterschiedliche Standorte, darunter auch eine alte Reithalle in der Schiffbauergasse und das Schloßtheater im Neuen Palais. Im September wird das neue, vom Kölner Architekten Prof. Gottfried Böhm entworfene Haupthaus in der Schiffbauergasse, direkt am Wasser eingeweiht. *www.hot.potsdam.de*

1116 Haus der Brandenburgisch-Preußischen Geschichte Potsd.
Kutschstall, Am Neuen Markt Ⓢ Potsdam Hbf., 🚋 90,92 ☎ (0331) 62 085 50 Di–Fr 10–17, Sa+So 10–18 Dauerausstellung 4,50/3,50€, Kinder bis 6 Jahre frei ▶V.a. bei schlechtem Wetter eine gute Idee, sich hier einen Überblick über die Brandenburgisch–Preußische Geschichte zu verschaffen. *www.hbpg.de*

1117 Kolonie Alexandrowka Potsd.
Russische Kolonie/Puschkinallee Ⓢ Potsdam Hbf., 🚋 90, 92 ▶1826 als Geschenk an 12 Sänger des Russischen Soldatenchors, die als ehemalige Kriegsgefangene in Potsdam geblieben waren errichtet. Die Siedlung besteht aus 13 kleinen Blockhäusern, die im russischen Stil reich mit Schnitzereien verziert sind. Nördlich der Siedlung auf dem Kapellenberg gibt es auch eine russisch-orthodoxe Kirche des heiligen Alexander Newski. Ein Museum und ein Café vervollständigen das Ganze.

1118 Museum Alexandrowka Potsd.
Alexandrowka Haus 2 Ⓢ Potsdam Hbf. 🚋 90, 92 ☎ (0331) 817 02 03 Di–So 10–18 3,50/2,50€, Kinder frei.

1119 Krongut Bornstedt Potsd.
Ribbeckstr. 6–7 🚋 92 ☎ (0331) 550 650 tgl. ab 10 Eintritt frei, außer

bei Veranstaltungen ▶Das Krongut Bornstedt ist ursprünglich ein romantisches Gesamtkunstwerk aus der Zeit um 1860, ein idealisierter Gutshof mit einem Hauch von Toskana für das Kronprinzenpaar Friedrich und Victoria. Jetzt leider ziemlich überrenoviert und gruselig touristisiert. Es gibt keinen Laden, der nicht irgendwie die Vorsilbe »Hof« in seinem Namen untergebracht hat – ein preußisches Disneyland. *www.krongut–bornstedt.de*

1120 Bornstedter Friedhof Potsd.
Ribbeckstr. 6–7 🚋 92 frei ▶Gegenüber dem Krongut Bornstedt (s.o.). Hier haben u.a. Peter Joseph Lenné und Ludwig Persius ihre letzte Ruhe gefunden.
www.spsg.de
www.reiseland–brandenburg.de

1121 Naturkundemuseum (Potsdam Museum) Potsd.
Breite Str.13 🚌 695 ☎ (0331) 289 67 07 Di–So 9–17 3/2€, Kinder 1€, 1. Montag im Monat 1€ ▶Das Museum sammelt und erforscht die Flora und Fauna des Landes Brandenburg.

1122 Park und Kirche Sacrow Potsd.
Fährstraße (Sacrow) Ⓢ Potsdam Hbf.– 🚋 90 bis Am Schragen – 🚌 697 bis Schloß Sacrow (ca. 1,5h); oder Wikingerfähre »Kari« (Nr.1149) ▶Der Schloßpark ist von Lenné gestaltet und die Heilandskirche nach italienischen Vorbildern von L. Persius erbaut. Man sollte hier einen kleinen Spaziergang machen und sehen, wie sich die Kirche im Wasser spiegelt.

Essen & Trinken

Mensen und Kantinen

1123 Kantine des Hans–Otto–Theaters Potsd.
Zimmerstr. 10 Ⓢ Potsdam Hbf., 🚌 695 11:30–18 2,50–3,50, Latte macchiato 1,30€ ▶Ganz bezaubernd nette Theaterkantine. In unmittelbarer Nähe des Parkes von Sanssouci. Tgl. auch ein veget. Gericht. Im Sommer auch draußen.

1124 Kantine Waisenhaus Potsd.
Dortustr. 36 (nördl. Innenstadt) Ⓢ Potsdam Hbf., 🚋 96 ☎ (0331) 60 12 933 8–10 Frühstück, 11–14 Mittagessen. ▶Solide Kantine mit normalen Kantinenpreisen.

1125 Mensa der FH Potsdam Potsd.
Friedrich-Ebert-Str..4 Ⓢ Potsdam Hbf. ☎ (0331) 580 27 01 Mo–Do 8–16, Fr. 8–15:30, Mittagessen 11–14 Mittagessen 3–4:60€ für Gäste, Studenten 1,20–2,30€ ▶Die Mensa verbirgt sich im Plattenbau der Fachhochschule, gegenüber dem wieder aufgebauten Schloßportal, und bietet eine solide kulinarische Basis für die aufreibende Schlössertour.

1126 Mensa der Uni. Potsdam Potsd.
Am Neuen Palais 10, Haus 11 Ⓢ Potsdam Hbf., 🚌 695 ☎ (0331) 977–13 91 Mo–Do 10–19, Fr. 10–15, Mittagessen 11–14 Mittagessen 3–4.60 für Gäste, Studenten 1,20–2,30€ ▶Gleich hinter dem Neuen Palais findet sich etwas versteckt eine hervorragende Verpflegungsmöglichkeit.

1127 Mensa Griebnitzsee Übersicht j3
August-Bebel-Str. 89 Ⓢ Griebnitzsee ☎ (0331) 977 46 94 Mo–Do 8–19, vorlesungsfreie Zeit –17, Fr 8–15, Mittagstisch 11–14. ▶Eine echte Prunkmensa mit Marmorsäulen und Kronleuchtern. Das Haus wurde in den Jahren 1938 bis 1943 als Präsidiumsgebäude für das Deutsche Rote Kreuz errichtet und war ursprünglich Bestandteil einer von den Nazis geplanten umfassenden Neugestaltung Babelsbergs als »Filmstadt«.

1128 Caféteria Filmriß - Hochschule für Film & Ferns. Konrad Wolf Übersicht j3
Marlene–Dietrich–Allee11, Raum 44.15S–Griebnitzsee ☎ (0331) 62 02 641 Mo–Do 9–17:30, Fr 9–14:30 Mittagessen 3–4.60 für Gäste, Studenten 1,20–2,30€

Restaurants, Imbisse, Cafés

1129 Bürgershof Klein Glienicke Übersicht h 2/3
Waldmüllerstr. 4–5 (PLZ 14482) Ⓢ Griebnitzsee ☎ (0331) 237 88 89 Mo–Sa ab 12–Sonnenuntergang, So ab 10, bei schlechtem Wetter geschlossen 0,4l Bier 2,50€ ▶Früher verträumter Lieblingsbiergarten, mittlerweile leider überrenoviert und mit ziemlich vielen Verbotsschil-

dern behangen. Trotzdem noch irgendwie o.k. *www.buergershof.de*

1130 Café Heider Potsd.
Friedrich-Ebert-Str. 29 Ⓢ Potsdam Hbf., 🚋 90,92 ☎ (0331) 270 55 96 🕑Mo–Sa 8–0, So ab 10 ❸ Bier 0,5l 2,90€ Sonntagsbrunch alles inklusive 11,50€ ▶Traditionscafé, das vom ehemaligen Preußischen Hofkonditor Rabin beliefert wird (s. Nr. 715).

1131 China-Thai Bistro Potsd.
Friedrich Ebert-Str. 19 (14467) Ⓢ Potsdam Hbf., 🚋 90, 92 ☎ (0331) 20 096 95 🕑Mo–Sa 11–22, So+Fei 11:30–22 ❸ 3,50–7, 0,5 Bier 1,20€ ▶Sehr netter Thai–Imbiß, im Sommer Tische draußen. Leider kein Klo.

1132 Forsthaus Templin Potsd.
Templiner Str. 102 (14473) Ⓢ Potsdam Hbf., dann 🚌 607 ☎ (033209) 217979 🕑So–Do 11–23, Fr+Sa 11–1, kostenlose Brauereiführung Mittwoch ab 19 Uhr ❸ 0,5l selbstgebrautes Bier 2,90€ ▶Das leckerste Bier in Brandenburg, selbstgebraut in der Hausbrauerei. Das Essen ist lecker, deftig und ausgesprochen fair im Preis. Man sitzt herrlich, der Service ist supernett. Eine Neugründung von Jörg Kirchhoff und Thomas Köhler, s. Text unten. ★★★ *www.braumanufaktur.de*

Neugründungen

Berlin steht ja bei Existenzgrundern hoch im Kurs, u.a. wegen der immer noch bezahlbaren Mieten, der fehlenden Arbeitsplätze und der vielen herumflirrenden Ideen. Ich stoße darüber hinaus aber immer wieder auf Läden, die etwas ganz Besonderes sind. Es sind oft Menschen, die sich einen Lebenstraum verwirklicht haben und sich einen eigenen Arbeitsplatz schaffen, sei es aufgrund von Jobverlust, oder weil sie es immer schon wollten und sich vielleicht eine Gelegenheit ergab. Sie springen nicht bei irgendeinem Trend auf, sondern haben eigene Ideen und eigene Geschichten. Meine liebsten Neuentdekkungen dieser Art sind das Tienda Cubana von Axel Ollk, der lange in Kuba gelebt und fast die ganze Inneneinrichtung selbst gebaut hat. Ferner das Horenstein von Cord Röttjen und Wolf Zube. Auch sie haben ihren Laden sehr liebevoll eingerichtet und eine große Kompetenz im Hinblick auf Schallplatten und südddeutsche Produkte. Ein Laden der mir ebenfalls sehr am Herzen liegt, ist das Forsthaus Templin von Jörg Kirchhoff und Thomas Köhler. Die beiden gelernten Brauer haben nach der Wende jahrelang Zubehör abgewickelter DDR-Brauereien aufgekauft und schließlich einen geeigneten Standort gefunden, wo sie nun mit ihrem selbstgebrauten Bier die Menschheit beglücken. Auch Boris Priebe vom "Bayrischen Schmankerlparadies" hat ein Jahr trinkend und essend in seiner bayrischen Heimat verbracht, bis er Lieferanten gefunden hatte, die seinen Qualitätskriterien standhalten. Den Gründer vom River-Snack, Alexander Käppler, habe ich bisher nur am Telefon kennengelernt, aber ich finde seine Idee mit einem Versorgungsboot die Havel runterzufahren ebenfalls besonders sympathisch.

1133 Gartenlokal »Am Kaiserbahnhof« Potsd.
Am Wildpark 4 (14461)S–Potsdam Hbf., 🚌 695☎ (0331) 97 08 19🕑Di–Fr ab 12, Sa+So ab 10. Grillimbiß (nur im Sommer) So 18–22, Mo 16–22 ❸ Bier 0,5 2,50, Essen 1,50–7.€▶Das gemütliche und ruhige Lokal liegt etwas ab vom touristischen Trubel im Schatten des ehemaligen Kaiserbahnhofs. In sehr entspannter Atmosphäre servieren Herr und Frau Przybyla hier Hausmannskost und erfrischende Getränke. Im Sommer wird auch gegrillt

1134 Madia e.V. Eine-Welt-Laden & Teestube Potsd.
Lindenstr. 47 Ⓢ Potsdam Hbf. 🕑Mo–Fr 12–18 ❸ Suppe 3€, Menu 5€, Hauptgericht 3,50€ ▶Verkauf von fair gehandelten Bioprodukten, ehrenamtlich und selbstorganisiert. mittags vegane Köstlichkeiten.

1135 Matschkes Galerie Café Potsd.
Alleestr. 10 (PLZ 14469) Ⓢ Potsdam Hbf., 🚋 90,92, 95 ☎ (0331) 270 12 10 🕑Di–So 12–23 ❸ Essen deutlich unter 5 Euro, auch russische Spezialitäten ▶Matschke hat hier eine echte Idylle geschaffen, man sitzt in einen gartenartigen Hof unter

Sonnenschirmchen, abseits vom touristischen Trubel. Sehr nett.

1136 Meierei Brauhaus im Neuen Garten Potsd.
Im Neuen Garten Ⓢ Potsdam Hbf. – 692 ☎ (0331) 704 32 11 1.4.–31.10. Mo–Sa 10–23, So 10–22, 1.11.–31.3. Di–Sa 12–22, So 10–20 0,5l selbstgebrautes Bier 2,90€ ▶Etwas überrenoviert, aber wunderschön gelegen, direkt am See und mit korrekten Bierpreisen.Am WE könnte es allerdings nervig werden, da es immer wieder Veranstaltungen gibt, die in der Art der Ankündigung nicht auf ein kultiviertes Publikum schließen lassen. *www.meierei–potsdam.de*

1137 Teestube Alexandrowka Potsd.
Alexandrowka Haus 1 Ⓢ Potsdam Hbf., 90,92, 95 ☎ (0331) 200 64 78 Di–So ab 11:30 Soljanka 5€, Kwas 2€ ▶Origineller, wenn auch nicht ganz billiger Laden. Man wird von Russinnen in bestickten Blusen bedient.

1137a Trattoria i Fratelli Potsd.
Geschwister-Scholl-Str. 3 Ⓢ Potsdam Hbf.– 96 ☎ (0331) 979 22 40 Di–So ab 11, Mo ab 17 Spaghetti ab 3,70€, Pizza ab 3,80€▶Übliches Italienangebot mit preiswertem Mittagstisch direkt am Park Sanssouci.

1138 Waschbar Potsd.
Geschwister-Scholl-Str. 82 Ⓢ Potsdam Hbf.– 96 ☎ (0331) 967 87 16 tgl.10–mind.24 Uhr Bier ab 1,80€, Kaffee 1€, Essen unter 5€ ▶Praktische Mischung aus Kneipe, Bar und Waschsalon. Ziemlich zwanglos, ein paar Tische auch vor der Tür. *www.waschbar-pdm.de*

Einkaufen

1139 Spezialitätenmarkt am Nauener Tor Potsd.
Friedrich-Ebert-Str./Ecke Hegelallee Ⓢ Potsdam Hbf., 90, 92 ☎ 0171-529 38 13 Mi+Sa 9–16 ▶Exquisites Markttreiben mit Biogemüse + Biofleisch, frischer Pasta und den zugehörigen Antipasti. Promifaktor: Wolfgang Joop.

1140 Bauernmarkt auf dem Bassinplatz Potsd.
Bassinplatz Ⓢ Potsdam Hbf., dann 90,92 Mo-Fr 7-17, Sa -12 ▶Saisonale Gartenprodukte sowie Blumen aus dem Havelland. Faire Preise und ohne Gedöns. Vietnamesen verkaufen dazu noch riesige Gebirge aus fleischfarbenen Büstenhaltern in Übergrößen. Interessant wäre zu wissen, wer die alle trägt.

1141 Gustav Stahlberg - Eisenwaren Hausrat Potsd. -
Brandenburger Str. 69 Ⓢ Potsdam Hbf., dann 90,92 ☎ (0331) 29 11 98 oder 0173/215 10 47 Mo-Fr 8-18, Sa -15 ▶Ein ganz wundervolles, echtes altes Haushaltswarengeschäft, das alles bietet, was das Herz begehrt. Die DDR hat der Laden überlebt, hoffentlich übersteht er auch den Turbokapitalismus. Ein Juwel auf der völlig verkitschten Brandenburger Straße (Inhaber Albrecht Fiedler). ★★★

1142 Prima Markt Potsd.
Am Kanal 50 (14467) 93 ☎ (0331) 979 34 26 Mo–Fr 9–18, Sa 9–14 ▶Großer Russenmarkt mit teilweise sehr günstigen Preisen. *www.prima–markt.de*

1143 Oxfam Shop Potsd.
Friedrich-Ebert-Str. 11 90,92 ☎ (0331) 201 53 90 Mo–Fr 10–18, Sa 10–14. *www.oxfam.de*

1145 Wilhelm Braune - Bäckerei seit 1853 Potsd.
Friedrich-Ebert-Str. 101 (14467) Ⓢ Potsdam Hbf. 90,92 Di-Fr 6:30-18, Do-18:30, Sa 6:30-14 ▶Schöne alte unprätentiöse Bäckerei und Konditorei. Hier wird noch selbst gebacken und das seit 1853.

1146 Ye Olde British Shoppe Potsd.
Lindenstr. 18 (PLZ 14467) 90,92 ☎ (0331) 505 87 92 Mo–Sa 10–18, So 13–18 ▶Britische, amerikanische, australische und neuseeländische Lebensmittel. *www.united–lifestyles.de*

1147 Foerster-Stauden GmbH Potsd.
Am Raubfang 6 (PLZ 14469) 90,92, dann 692 ☎ (0331) 52 02 94 Frühjahr bis Spätherbst Mo–Sa 9–19, So 11–14 ab 1,35€▶Einkaufsgarten für alle Gartenfreunde mit 1.700 verschie-

denen Staudensorten für alle Gartensituationen, sowie ungewöhnlichen Sorten und Neuheiten. In unmittelbarer Nachbarschaft kann der unter Denkmalschutz stehende Foerster-Staudengarten zu jeder Jahreszeit besucht werden.

Freizeit, Sport & Spiel

1148 Schiffahrt in Potsdam Potsd.
Lange Brücke 6 (PLZ 14467) Ⓢ Potsdam Hbf. ☎ (0331) 275 92 -10/ -20/ -33 ⌚ März–Dez. Büro Mo–Fr 8–18, Sa/So/Fei.9–15 € Schlösserrundfahrt 9€ ▶ Sehr vielfältige Touren in der wasserreichen Umgebung, sogar bis in die Berliner Innenstadt. Programm im Internet oder bei der Touristeninformation.
www.schiffahrt-in-potsdam.de

1149 Wikingerschiff »Kari« Potsd.
Schwanenallee Ⓢ Wannsee, dann 🚌, ☎ 0160/98 58 59 90 ⌚ 31.3.–5.11 11–18 nach Sacrow, 11:30–18:30 von Sacrow € Einfache Fahrt, Pro Pers. 3€, Kinder bis 3 1€, 4–13€, Fahrrad Kinderwagen Hund 1€; Bratwurst 2€, Bier 0,3l 1€ ▶ Hier wurde auch ein zerstörtes Tor der Kaiserzeit 1892–1896 wieder aufgebaut, als ehemaliges Zeugnis norwegischer Holzbaukunst, denn die Anlegestelle sollte Seine Majestät an die alljährliche Nordlandfahrt, die er auf seiner Yacht »Hohenzollern« unternahm, erinnern. Das Wikingerschiff kann auch gechartert werden.
www.wikingerschiff.de.pn

1150 Bootsverleih Freundschaftsinsel Potsd.
Freundschaftsinsel Ⓢ Potsdam Hbf. ☎ 0174-6248145 ⌚ 15.5.–15.10. tgl. 10–20, außer bei Regen € Ruderboot pro Stunde 6€, jede weitere 5€, Bier 0,5l 1,50€ ▶ Netter Bootsverleih, wo man am Wasser Bier trinken kann.

1151 Badestelle am Heiligen See Potsd.
Am Nordufer zwischen Grünem Haus und Hasengraben. 🚋 90, 92, dann 🚌 692; oder Ⓢ Wannsee – 🚌 116 ▶ Immer noch die schönste Badestelle, wenn auch am WE völlig überlaufen. Es hebt ganz einfach die Seele, angesichts preußischer Pracht, unpreußische Tugenden zu pflegen.

1152 Schwimmhalle am Brauhausberg Potsd.
MaxPlanck-Str.. 10 Ⓢ Potsdam Hbf. ☎ (0331) 661 98 50 ⌚ Di, Mi, Fr 6:30–21, Mo+Do 8–21, Sa 8–17, So 8–15 € 3/1,50€ für 1 1/2 h, Fr+Sa +50c Warmbaden ▶ Wunderschöne Schwimmhalle aus den 70er Jahren, ein Kleinod für Freunde der DDR-Architektur.
www.stadtwerke-potsdam.de

1153 Strandbad Babelsberg am Tiefen See Potsd.
14482 Potsdam, Park Babelsberg Ⓢ Potsdam Hbf., 🚋 90,92 bis Platz der Einheit, dann 🚋 95 ☎ (0331) 661 98 34 ⌚ 15.5.–15.9. tgl. 9–20 € 3/1,50€ ▶ Zwischen Humboldbrücke und Matrosenhaus liegt ein kleines Strandbad mit Liegewiese, Sandstrand und Liegestuhlverleih.
www.stadtwerke-potsdam.de

1154 Softeis Potsd.
Lindenstr. 16 Ⓢ Potsdam Hbf., dann 🚋 90,92 ⌚ Mo-Fr 11-19, Sa/So ab 11 ▶ Sehr nette kleine Softeisbude, die es auch schon zu DDR-Zeiten gab. Gewissermaßen die einzig echte Eisbude im Potsdamer Disneyland.

Index

Angabe von Nummer oder Seite !
(P) = Potsdam

Betrifft Errata: Falls sich für das Buch noch Korrekturen ergeben sollten, werden wir diese in der Stadtplan-Legende vermerken, da der Stadtplan einen etwas späteren Redaktionsschluß haben wird als das Buch.